U0140539

中国社会科学院中国边疆史地研究中心　厉声　主编

当代中国边疆·民族地区典型百村调查：**新疆卷（第二辑）**

分卷主编：**马品彦　李　方**

分卷副主编：**孟　楠　许建英**

暮色中的村庄

维吾尔民居

入户调查

整洁的院落

村清真寺

打馕的村民

纯真的笑脸

富有民族特色的摇床

中国社会科学院中国边疆史地研究中心 厉 声 主编

当代中国边疆·民族地区典型百村调查：新疆卷（第二辑）

和谐发展的维汉村庄

——新疆库车县比西巴格乡格代库勒村调查报告

古丽燕 陈 琪◎著

社会科学文献出版社
SOCIAL SCIENCES ACADEMIC PRESS (CHINA)

"当代中国边疆·民族地区典型百村调查"

总　序

　　深入实际、开展国情调研，是中国社会科学院肩负的重要科研任务，也是中国社会科学院履行好党中央、国务院赋予的"思想库"、"智囊团"职能的重要方式。中国边疆省区占国土面积的60%以上，边疆区情及当地的民族社会调研（边疆调研）是中国国情调研的重要组成部分。正如一位边疆工作者所说：不了解少数民族，就不了解中华民族；不了解边疆，就不了解中国。1983年中国社会科学院中国边疆史地研究中心建立后，特别是1990年以来，一直将边疆调研作为学科研究的重点之一。

　　2004年，中国边疆史地研究中心承担国家社科基金特别项目"新疆历史与现状综合研究"（简称"新疆项目"）。2006年，中国边疆史地研究中心牵头，立项开展"当代中国边疆·民族地区典型百村调查"（简称"百村调查"），作为此特别项目的子课题。"百村调查"以新疆为重点，在全国新疆、西藏、内蒙古、宁夏、广西五个民族自治区和云南、吉林、黑龙江三省基层地区同时开展，共调查100个边疆基层村落。调查工作在"新疆项目"领导小组和专家委员会指导下，由"百村调查"

专家委员会暨编委会组织实施。在中国边疆史地研究中心主持拟定的调查大纲框架下，发挥每个省区的优势，体现各自的特色。

本项目的实施得到了边疆地区各级地方党政部门的支持。首先，调查工作注意与地方党政部门的相关工作衔接、听取意见，在实施调查之前，主动向各级党政部门汇报情况，听取指示和意见。其次，调查组主动让各级党政部门了解调研的全过程，在调研过程中出现问题时及时向相关党政部门请示。再次，调研阶段成果和最终成果的副本同时提供地方党政部门参考。

"百村调查"的调研主题是：改革开放30年来中国边疆基层村落的民族社会和经济发展的历史与现状。具体内容包括：乡村概况、基层组织、经济发展、社会生活、民族、宗教、文教卫生、民俗风情等。项目调研的时间是：2007～2008年（资料下限至2007年底或适当延长）。

"百村调查"的调研对象为：100个具有典型意义与特色的中国边疆基层村落。课题以基层乡、村两级为调查基点，大致每个省区选择2个地州，每个地州选择1～2个县，每个县选择2个乡，每个乡选择2个村。新疆共调查22个村，其他地区均为13个村（辽宁、吉林、黑龙江以东北边疆为单元，共调查13个村）。调查点的选择要求：

（1）本地区社会稳定与经济发展中具有典型意义的基层乡和村。

（2）存在边疆现实政治、社会或经济发展的热点、难点问题。

（3）与 20 世纪 50 年代全国边疆民族调查能有一定的衔接。

"百村调查"采取学术调查与现实政治相结合的方法，以社会人类学入村入户调研方法为主，同时关注现实政治、社会与经济发展中的热点、难点问题：一般共性调查与专题专访调查相结合，在一般综合性调查的基础上，选择好专访或专题调研的"切入点"——总结经验与完善不足相结合，在总结各项工作经验的同时，善于发现问题和提出解决问题的对策与建议。调研注重入户访谈和小范围座谈的专访调查。在一般性问卷和统计资料收集的基础上，注重对基层干部、群众典型、教师、宗教人士等特定人员的专题访谈，倾听和收集他们对基层社会稳定与经济发展的看法、意见和建议，形成能说明问题的专访或专题调研报告。

"百村调查"的成果形式分为调查综合报告与专题报告两大类。

（1）调查综合报告：依据大纲规定，撰写有关乡村经济社会等发展状况的综合报告，课题结项后分期公开出版。专题报告及调查资料可以公开发表的，在篇幅允许的情况下，作为附录附在综合报告末尾。

（2）专题报告：内容较敏感、不适宜公开出版的专题报告，集成《专题报告集》，内部刊印。

"百村调查"总主编　厉声　谨识

2009 年 8 月 25 日

目 录
CONTENTS

图目录
FIGURE CONTENTS

表目录
TABLE CONTENTS

序 言
FOREWORD

　　"当代中国边疆·民族地区基层社会与经济发展典型调研"是中国社会科学院中国边疆史地研究中心主持的国家社会科学基金特别项目"新疆历史与现状综合研究"的子课题，这项课题调查的范围包括新疆、西藏、内蒙古、广西、云南、吉林、黑龙江7个边疆省区及宁夏民族地区。2006年12月，课题在北京正式启动。课题组（以后称丛书编委会）在这次会议上决定，在上述地区选择具有典型意义的100个村落开展调查，因此，这项课题又称"当代中国边疆·民族地区典型百村调查"（简称"百村调查"）。作为会议的重要内容之一，这次会议还决定了各个地区调查村落的数目，新疆作为这次大型调查活动的重点区域，分配了22个村的调查任务，其他地区均为13个村（后来有所调整，吉林省与黑龙江省共调查了13个村）。

一　新疆作为重点调查区域的原因与选点的基本思路

　　新疆地区之所以作为这次调查的重点区域，除了该课题是"新疆历史与现状综合研究"的子课题，理所当然应以新疆为重点之外，还有深刻的客观原因。

第一，新疆是中国行政面积最大的边疆省区，全疆共有160多万平方公里。新疆"三山夹二盆"（北为阿尔泰山脉、中有天山山脉、南为昆仑山脉，前两山夹准噶尔盆地，后两山夹塔里木盆地），自然地理环境独特，天山居中将新疆分为南北两部分，俗称南疆、北疆；东部哈密、吐鲁番等地俗称东疆。南疆、北疆、东疆鼎足而三，调查点要覆盖这些地区，村落的数目自然要比其他地区多。

第二，新疆是中国国境线最长、接壤国家最多的省区。新疆从东北到西南与蒙古国、俄罗斯联邦、哈萨克斯坦共和国、吉尔吉斯斯坦共和国、塔吉克斯坦共和国、阿富汗共和国、巴基斯坦共和国、印度共和国8个国家接壤，国界线长达5600多公里。国界线长意味着边境村镇众多，接壤国家多意味着国际关系复杂。改革开放以来，新疆作为中国对外开放的窗口和前沿阵地，制定了"全方位开放，向西倾斜，外引内联，东联西出"发展外向型经济的方针。2001年6月，中、俄、哈、吉、塔、乌六国成立上海合作组织。该组织刚开始主要进行军事和安全领域的合作，2006年发展到11个成员国和观察员国，合作范围扩展到政治、安全、经济与人文各个领域，新疆连接欧亚大陆桥的桥头堡的作用更加凸显。新疆的这种地理环境和形势格局，势必深刻影响到本地区的各个层面。本次调查以"边疆基层地区"为主题，调查内容不仅涉及新疆基层地区的经济社会发展状况，而且涉及对外交流状况、边境安全问题、边境村生产生活的现状，甚至跨国婚姻、跨境民族（新疆在边疆省区中跨国、跨境民族最多），等等，内容相当广泛。

第三，新疆是少数民族最多的省区之一。全疆有47个民族（据说近年来又有所增加，达到 50 多个），其中 13 个民族是世居民族，分别是维吾尔族、汉族、哈萨克族、回族、蒙古族、柯尔克孜族、锡伯族、塔吉克族、乌孜别克族、满族、达斡尔族、塔塔尔族和俄罗斯族。维吾尔族是新疆的主体民族。本次调研虽然不以少数民族为主题，而以"边疆村落"为主旨，但是新疆的社会人口结构，以及本课题所要求的"典型性"，都决定了调查点必须考虑各民族的分布、各民族不同生产方式和生活习俗对社会经济的影响、各民族之间的关系等问题，以便于更清晰地反映新疆基层地区的现实状况。

第四，新疆是唯一现存生产建设兵团的边疆省区。屯垦戍边，开发边疆，巩固边防，是中国传统的治国方略。早在 1949 年 10 月，中央即开始筹备建立新疆军区生产建设兵团，1954 年建成正规化的兵团国营农场，其后其他边疆地区如广西、云南、内蒙古、黑龙江、西藏也都陆续建立了生产建设兵团（或生产建设师）。兵团在维护边疆社会稳定、建设和保卫边疆、维护国家统一和安全方面发挥了重要的作用。但是，"文化大革命"期间兵团生产遭到了严重破坏，1975 年，中央决定撤销新疆建设兵团，以后其他地区生产建设兵团（建设师）也陆续进行了改制。1981 年，由于形势发展的需要，新疆生产建设兵团得以恢复。新疆生产建设兵团有一套自己的管理体制和系统，与地方的管理体制和系统不同，在改革开放的形势下，新疆生产建设兵团的经济社会发展状况如何，基层连队的生产生活状况如何，其与地方基层村落的关系如何，也是我们必须关注的问题。

第五，新疆自然条件相对恶劣。新疆是典型的干旱气候区，降水稀少，导致新疆的地表资源非常有限。在新疆的地表资源中，60%是荒漠化土地（全国荒漠化土地面积332.7万平方公里），耕地面积为4万平方公里，仅占新疆土地面积的2.5%；可用草地面积为47.09万平方公里，占新疆土地面积的28%；森林覆盖率为2.1%，居全国倒数第二位（全国平均覆盖率为16.55%）；总水量为691.3亿立方米，属于严重缺水的地区；适合人类居住的面积为14.76万平方公里，占新疆土地面积的8.89%，而新疆总人口为2010万人（2005年）。在地表资源如此贫乏的土地上发展农牧渔业，养活如此多的人，实属不易。在近30年的发展过程中，新疆与东部沿海地区及内地经济发展差距日益增大，尤其是南疆维吾尔族聚居的农村贫困问题还十分严重。如何克服地表资源的不足，发展农林牧渔业，缩小与全国其他地区的差别，搞好扶贫开发工作，也是我们调查工作不能回避的问题。

另外，新疆宗教状况复杂，有些地区民族关系较为复杂，"东突"分裂势力一直没有放弃分裂的企图，"三股势力"与国际恐怖势力关系甚密，近年来贩毒、艾滋病问题较为严重，这些都是新疆比较特殊的地方，也是新疆备受国际、国内关注的原因。因此，在新疆进行全面调研，任务十分艰巨。

以上是新疆何以成为这项大型调查工作重点的原因，实际上，这些原因就是新疆的基本特点，也是我们安排布置22个调查点的基本出发点。我们正是根据这些基本特点来梳理这次调查的基本思路，力图将这些基本特点反映在本次调查工作之中。当然，选择调查点还要考虑以下三个因素：（1）在本地区的社会稳定与经济发展中具有典型意义的基层乡村；（2）存在边疆现实政治、经济、社会发展热点、难点问题的基层乡村；（3）能与 20 世纪 50 年代全国边疆民族调查有一定衔接的基层乡村。

二　新疆22个调查点（村）的具体安排情况

按照丛书编委会的要求，选择调查点以基层乡村为基点，原则上一个县选择 2 个乡，一个乡选择 2 个村。新疆共有 22 个村，总体上应选择 11 个乡。我们在充分调研的基础上，按南疆、北疆、东疆三大区域分配，将这 11 个乡安排在 5 地州、6 县之中。具体安排如下。

南疆地区：

1. 和田地区墨玉县

（1）扎瓦乡：①夏合勒克村（20 世纪 50 年代初、80 年代、90 年代进行过调查）；②依格斯艾日克村。

（2）喀尔赛乡（与 47 团相邻）：①阿塔村；②喀尔墩村。

2. 阿克苏地区库车县

（1）比西巴格乡（20 世纪 50 年代进行过调查）：①格达库勒村（民汉混居村，2005 年进行过调查）；②科克提坎村（扶贫重点村，20 世纪 50 年代中期、2005 年进行过调查）。

（2）牙哈乡（距塔里木油田较近）：①守努提一村；②阿合布亚村。

3. 乌什县

牙满苏柯尔克孜民族乡：尤卡特村（与吉尔吉斯斯坦共和国相邻）。

北疆地区：

4. 伊犁地区霍城县

（1）清水河镇（20世纪50年代进行过调查，粮食生产为主，汉、回、维吾尔族为主）：①二宫村；②西卡子村。

（2）三宫回族乡（回、东乡族为主）：①上三宫村；②下三宫村。

（3）新疆生产建设兵团农四师61团农二连。

5. 阿勒泰地区布尔津县

（1）杜来提乡（1972年进行过调查，属"2817"工程区域，农牧业结合）：①哈拉塔尔村；②阿合达木村。

（2）冲乎尔乡（哈萨克、蒙古、汉、东乡等多民族聚居）：①奇巴尔托布勒克村；②布拉乃村。

东疆地区：

6. 哈密地区巴里坤哈萨克自治县

（1）石人子乡：①石人子村（汉，农业为主）；②韩家庄子村（汉、蒙古、哈萨克族为主，牧业为主）。

（2）沙尔乔克乡：苏吉东村。

（3）花园乡：花园子村（农业为主）。

下面有必要说明我们选择这6个县的主要理由。

（1）墨玉县、库车县、霍城县、巴里坤哈萨克自治县这4个县20世纪50年代皆曾做过调查；而布尔津县、乌什县，以及霍城县、巴里坤县这4个县又均为边境县。

（2）南疆的墨玉县和库车县，均以维吾尔族为主，分别代表着传统农业经济占主导地位和现代工业迅速发展的两种类型，目前又都是社会局势较为复杂的区域。

（3）北疆的霍城县是原伊犁地区的大县，邻近边境，霍尔果斯口岸即在该县，多民族人口杂居，社会局势相对复杂。近年由江苏无锡市一批援疆干部担任县的主要领导，成为东西部协调发展的一个典型。北疆的布尔津县在20世纪80年代末实施了由联合国粮食计划署资助的"2817"项目，1000多户牧民因此定居。追踪调查该县牧民定居后的生活状况及经济发展情况，探讨牧民发展之路，很有必要。

（4）东疆的巴里坤哈萨克自治县，亦为多民族聚居区，汉族文化影响较大，在东疆有一定的代表性。

（5）新疆社会科学院的研究人员对这6个县均进行过多次不同主题的调查，情况较为熟悉。

从上述安排我们也可以看到，这6县中的11乡、22村（点）也同样具有各自的特点和典型意义，这里有南疆维吾尔族农业村，北疆哈萨克族为主牧业村、多民族和谐聚居村、石油工业带动发展村、旅游业促进发展村、特色产业发展村、边境贸易民族村、边境生产建设兵团连队、兵地密切互助村，南疆扶贫开发村、联合国项目资助新建村，等等，这些村（点）可以从不同侧面，集中反映新疆农牧区的基本情况和主要问题。

三　新疆课题组构成及调查方法与进展状况

本项目新疆方面的课题主持人是新疆社会科学院的马品彦研究员、中国边疆史地研究中心的李方研究员和许建英副研究员。课题主持人主要负责课题设计的指导规划、调查工作的组织实施、调查报告的内容审查，以及出版工作的组织协调等工作。

课题组成员主要由新疆社会科学院的研究人员和新疆

大学的教师组成。课题组共分5个调查小组，其中新疆社会科学院有4个调查小组，新疆大学有1个调查小组。每个调查小组各有4~5名调查员，其中少数民族、汉族成员若干。调查组成员的要求是：（1）有田野调查的经验；（2）工作负责，吃苦耐劳，有协作意识；（3）能够独立完成村级报告的写作。每个调查小组有组长一人，全面负责调查小组的具体工作。调查小组组长是本次调查工作的关键人物。

各调查小组的具体分工是：孟楠教授负责南疆和田地区墨玉县；王磊组长负责南疆阿克苏地区库车县、乌什县；李晓霞组长负责北疆伊犁地区霍城县；石岚组长负责北疆阿勒泰地区布尔津县；苏成组长负责东疆巴里坤哈萨克自治县。

我们这次调查工作主要采取的是社会学、人类学、民族学的基层调查方法，通过入户访谈、问卷调查、会议座谈，收集县乡村各级政府、自治组织的文献材料，拍摄各种图像资料，以专访、专题调研为"切入点"，在一般性问卷和统计资料收集的基础上，注重对基层干部、群众典型、教师、宗教人士等特定人员的专题访谈，倾听和收集他们对基层社会稳定与经济发展的看法、意见和建议，在此基础上形成能说明问题的专访或专题调研报告。同时，将一般共性调查与专题专访调查结合起来，进行全面深入的分析研究。

具体工作可分为四个阶段。

第一阶段：前期准备工作。（1）按照丛书编委会提供的样板和要求，设计调查方案、调查问卷及访谈提纲，组织调查小组组长在巴里坤县一个点进行试调查，在此基础上修改调查方案；（2）将调查问卷、访谈提纲分别翻译成维吾尔文、哈萨克文；（3）调查成员研读所负责县乡的现有相关资料；（4）培训所有调查人员，内容包括调查方案的解析、调查方法及注意事项、访谈提纲和调查问卷的详细说明，试填调查问卷，分配各调查组成员的调查写作任务；（5）与调查县联系调查事宜；等等。

第二阶段：各小组分别下县乡村实地调查，在县、乡召开座谈会，入村入户进行访谈，收集文字资料，拍摄图像，对调查点及所在县乡形成初步认识。

第三阶段：整理、分析、研究收集到的材料和数据，深化对调查点的认识，撰写调查报告。

第四阶段：按照新疆分卷主持人和丛书编委会的要求，补充材料，修改、完善调查报告。

四　本次基层调查活动的评估和预期

"当代中国边疆·民族地区典型百村调查"是中国首次以"边疆基层村落"为主题进行的大型调查活动，这项调查活动在新疆也是仅见的，因此，无论从学术价值，还是从现实价值而言，这项调查工作的意义都是重大的。这里我们有必要回顾一下中华人民共和国成立以来在新疆开展的各次调查活动，在比较中明确本次调查活动的意义。

中华人民共和国成立后，国家对新疆少数民族的调查研究非常重视。从 1952 年起，国家曾组织众多专家学者在新疆进行大规模的社会历史调查。路径是先调查各少数民族的社会生产力、社会所有制和阶级情况，然后搜集历史发展资料和风俗习惯，进而对各民族历史做系统研究。这次对少数民族社会历史的调查参与人数之多、调查地域之广、撰写资料之丰富，都是前所未有的。调查人员不辞辛苦地做了大量调查笔记，搜集了各种文献资料。根据这次调查和文献研究，出版了"民族问题五种丛书"及大量的调查报告。调查报告主要收集于《新疆农村社会》（上、下册）、《新疆牧区社会》两本文集中，从而为新疆开展民族识别，推行民族区域自治制度，推动民主改革和社会主义改造，制定各项民族政策，发展少数民族地区的经济文化和各项事业，加强民族研究工作，提供了科学的依据和丰富的材料。但是，这次调查以少数民族为重点，不是以边疆基层为主题。另外，规定要为政治服务，许多值得调查的问题如传统文化等，都不同程度地被忽视了，这是这次调查活动的主要不足。

此后对于新疆基层社会的调查研究时断时续，覆盖区域或涉及内容均十分有限。如1972年新疆民族研究所对阿勒泰地区的阿勒泰市、哈巴河县、布尔津县进行牧区社会调查，发表了《解放前阿勒泰哈萨克牧区社会》调查报告；20世纪80年代后期新疆社会科学院与新疆大学在南疆莎车县和墨玉县进行"新疆开发与民族问题研究"课题的调查，出版了《南疆脱贫问题社会学调查》；20世纪80年代末在库车县进行国情调查，出版了《国情丛书·库车卷》；20世纪90年代中国社会科学院民族研究所组织"中国少数民族现状与发展调查"，出版了《富蕴县·哈萨克族卷》、《墨玉县·维吾尔族卷》；2002年云南大学组织研究人员分别对新疆维吾尔、哈萨克、柯尔克孜、塔吉克、乌孜别克、塔塔尔、俄罗斯7个少数民族较为集中的村寨进行选点调查，出版了《中国民族村寨调查丛书》7 本；2005 ~ 2006 年新疆社会科学院民族研究所对库车县、察布查尔锡伯自治县进行调查；等等。这些调查仍然以少数民族为主要调查对象，或就某一专题而设计，或着眼于某一局部地区，对于边疆问题基本未涉及或涉及得较少。国外更无有关边疆的调查和相关研究。

　　中华人民共和国成立尤其是改革开放以来，新疆发生了巨大的变化，同时出现了不少新的现象和新的问题，在这样的情况下，全面、深入调查研究新疆基层地区情况和新疆出现的新现象、新问题，就成为边疆工作者义不容辞的责任。中国边疆史地研究中心作为国家级专门研究边疆的学术机构，以高度的社会责任感和敏锐的职业嗅觉，认识到边疆基层调研的重要性和迫切性，从而设计了这个大型课题。生活、工作在新疆的边疆工作者对这个课题当然也十分感兴趣，从而有了这一次的合作。本课题的实施，预期将对党和政府制定相关政策，国人探讨新疆基层发展道路，学者研究边疆社会、经济、民族、文化等问题，发挥重要的作用。

　　这次调查工作总体来说是比较圆满的。这是因为，虽然每位调查工作者了解的情况有多有少，认识的程度有深有浅，理论水平有高有低，表达能力有强有弱，但是，参与这项工作的每位同志都是以认真负责的态度对待这项工作的，这就为这项工作的圆满完成打下了坚实的基础。此其一。中国边疆史地研究中心在设计调研提纲时，对调查的内容做了较为详细的规定，举凡乡村概况、基层组织、经济发展、社会生活、民族、宗教、文教卫生、民俗风情都规定有专门章节论述（也允许有地方特色的章节），并规定必须到当地获取第一手资料，以亲眼所见和调查问卷、座谈访谈等方式，结合文献书面材料，综合分析研究，以保证内容的完整性、信息的可靠性和结论的可信性。此其二。在选择调查点和前期准备工作及人员安排方面，新疆课题组都做了精心的安排，以确保调查点具有典型性，调查撰写工作具有实效性，从而以点带面，较全面地反映新疆村落经济社会发展的基本状况。此其三。如前所述，此前尚无从"边疆基层"这个角度进行调查的活动，因此，这次调查工作具有开创性的意义。从开创性这个层面来看，这个工作无论如何都是有贡献的。此其四。当然，由于新疆地域广大，路途遥远，我们下去调查工作的次数不多，下到基层的时间亦不长，对基层的认识或许有所不足；且由于参加调查撰写的作者众多，水平不一，成果质量参差不齐，甚至可能出现一些错讹。在此，作为丛书新疆卷的主编，我们代表相关作者表示歉意，并恳请广大读者和专家批评指正。

这次调查的一本本调查报告，就像一个个坐标，将把新疆基层村落发展的状况定格在瞬息万变的历史发展阶段之中，留下永恒的记忆；又像一把把钥匙，将把新疆基层村落的发展引向无穷无尽的未来，成为新的历史阶段的新起点。这是我们对这次调查活动的评估，也是我们对这次调查工作效果的预期。确实与否，有待读者的评价。

马品彦　李　方

2009 年 8 月 22 日

第一章　概述

　　库车县是古丝绸之路上一颗璀璨的明珠，是东方艺术瑰宝——龟兹文化的发祥地，素有"西域乐都"、"歌舞之乡"、"中国白杏之乡"的美誉。历史上，库车曾是西域三十六国中的大国之一，汉"西域都护府"、唐"安西大都护府"相继设在此地（古称龟兹），它是当时中央政府统辖西域的政治、经济、军事、文化和商贸中心。库车县境内有星罗棋布的文物古迹和旅游景区。被列为国家级重点文物保护单位12处，自治区级重点文物保护单位57处，县级以上文物保护单位142处。①涵盖古遗址、古墓葬、古建筑、石窟寺及石刻、近现代重要史迹及代表性建筑等多个类别，是全疆重要的文物县市之一。② 世界独有的、神秘的龟兹文化每年吸引着大量的中外游客。

　　库车是一个资源富集的地区，是塔里木石油、天然气勘探开发的主战场，是国家西气东输工程的气源地。丰富的石油、煤炭资源使库车被国家和自治区列为新疆的石油化工基地和南疆的煤炭、电力基地。充沛的光热资源使其成国家和新疆的重要粮食基地、畜牧业基地以及国家优质

---

① http：//www.xjkc.gov.cn/structure/kcgl/kcgkzw? infid = 9134&categoryid = ，
2011 年 11 月 12 日访问。

② http：//www.xjkc.gov.cn/ ，2010 年 8 月 30 日访问。

棉基地，同时还被自治区规划为南疆北部的中心城市。

库车得天独厚的旅游资源又使其成为新疆的旅游基地，据新疆旅游界专家称，库车是新疆保存历史遗留人文景观最多的县。[①] 其有闻名于世的克孜尔千佛洞、苏巴什古城、克孜尔尕哈烽燧、天山神秘大峡谷、天山大小龙池、龟兹古城、库车王府等 100 余处国家及自治区级的名胜古迹和自然风光，其中天山神秘大峡谷 2009 年被批准为国家地质公园。2004 年库车"龟兹文化旅游区"被评为"中国西部大开发新疆十大风景名胜旅游区"之一，2006 年被评为"中国魅力名县"，2007 年被评为"自治区旅游强县"，2010 年库车县摘得"中国最具特色魅力旅游百强名县"桂冠。

2008 年 7 月 5 日到 6 日，中国县域经济科学发展理论研讨会发布的第八届中国县域经济基本竞争力与科学发展评价报告显示：地处中国最大沙漠塔克拉玛干沙漠北缘的库车县排在西部 12 省（区市）百强县的第 13 名，较上一届提升了 2 个位次；科学发展环境处于 A 级。[②]

第一节　县乡概述

一　调查区域

确定库车县作为一个调查区域，是因为那里是新疆的人口大县、农业大县、经济强县。传统的绿洲经济——农

---

① 朱景朝：《古丝绸之路重镇库车今成新疆第一县》，新疆新闻网，2008 年 8 月 20 日访问。

② http://www.cnr.cn/xjfw/jjxj/shxw/200807/t20080711_505032499.html，2010 年 8 月 30 日访问。

2

业经济在这里很发达，但随着塔里木盆地油气资源的开发，使库车不仅成为国家西气东输的重要气源地，而且随之带动库车县经济社会的迅猛发展。库车县是典型的维吾尔人口集中居住区，其虽属新疆南部重镇，但北靠北疆的伊犁哈萨克自治州，以南疆社会特点为主，兼具北疆社会特点。

库车，古为龟兹国。龟兹，维吾尔语是"十字路口"的意思。它十分明确地告诉我们，这里就是"丝绸之路"的十字路口。玄奘在《大唐西域记》中有这样的记载："屈支（龟兹）国，东西千余里，南北六百余里。国大都城，周十七八里。宜糜麦，有粳稻，出葡萄、石榴，多梨奈桃杏，土产黄金、铜、铁、铝、锡。气序和，风俗质。文字取之印度，粗有改变。管弦伎乐，特善诸国。"季羡林先生说："龟兹是古印度、希腊—罗马、波斯、汉唐四大文明在世界上唯一的交汇处。"作为历史文化名城，库车历史悠久、文化灿烂，曾造就了如鸠摩罗什这样的杰出人物，留下了丰富的文化遗产。

库车历史上还曾是伊斯兰教和佛教两大宗教势力对峙、较量和冲突的中心，库车人由信奉佛教改信伊斯兰教，经历了300多年的时间，可见其宗教冲突的激烈，这使其成为佛教文化和伊斯兰文化都十分浓重的地区。在近代史上库车是一个多事之地，人民长期处于社会动乱之中。但在历史转折的关键时刻，库车人民一贯深明大义，维护统一，反对分裂，如乾隆年间维吾尔首领鄂对和夫人热衣木，先后支持清政府统一准噶尔部和平定大小和卓叛乱，功勋卓著，《清史》留名。19世纪末20世纪初，随着伊斯兰教对新疆各族人民的社会生活的影响力日益加深及近现代世界范围的民族解放运动的蓬勃发展，泛突厥主义、泛伊斯兰主义思想逐渐从西亚、中亚传播到新疆，并逐步演变成为一股民族分裂主义思潮和民族分裂势力。民国七年（1918），买买铁力汗在英商奈依木策动下叛乱，库车县知事陈宗器带领维吾尔人民，击毙首犯，平定叛乱。从20世纪初开始直到中华人民共和国成立的半个世纪的时间内，新疆民族分裂主义已经形成一股颇具影响力的社会思潮和社会势力，民族分裂主义的活动也更加具有了公开鲜明的政治目标，成立独立的"东突厥斯坦共和国"是他们的政治目的，这是民族分裂势力首次公开打出"东突厥斯坦独立论"。此后所谓的"东突厥斯坦独立"成为新疆民族分裂主义分子进行分裂破坏活动的旗帜一直沿袭至今，并在当前的分裂宣传中仍具有极大的煽惑力。

新中国成立以后，国内外民族分裂势力对新疆的分裂、颠覆活动，从来没有停止过，特别是进入20世纪80年代以来，由于宗教极端思想在世界范围内的传播，加之自治区在当时执行国家宗教政策过程中出现的一些失误，导致这一时期在库车出现宗教狂热，非法讲经点屡禁不止的社会现象，这些活动为"三股势力"① 以后进行的暴力恐怖犯罪活动培养了一批骨干分子。如库车县民族分裂分子克然木·阿不都外力在库车培养了900余名弟子，并组建了反动组织"伊斯兰改革党"，这一反动组织自20世纪90年代以来在新疆制造了一系列的暴力恐怖犯罪活动，将库车推到当代新疆反分裂、反恐怖斗争的前沿阵地。

由于库车县的敌情社情在新疆经济社会生活中极具典型性，它一直是社会科学专家学者关注的地区。我们通过

---

① "三股势力"：指民族分裂势力、宗教极端势力和暴力恐怖势力。

田野调查，在事实的基础上对村庄的具体情况和形势进行
阐述和分析，从而更好地了解处于复杂敌情、社情地区的格
代库勒村。该村位于库车县比西巴格乡，属于维汉混居的村
庄。虽然地处敌情社情复杂的库车，但这里的民风朴实，维
汉村民一向和睦相处，社会治安良好，很少有刑事案件发生。
通过对这个典型村庄的调查分析，一方面可以使我们了解这
个维汉混居村庄是如何在复杂敌情社情下建构了一个和谐的
社会生活环境的，另一方面分析在当前社会变革条件下，村
民是如何积极适应社会发展满足自己的有效需求的。因此，
有必要对其所在的县乡基本情况有所了解。

二　库车县概况

　　库车县位于新疆维吾尔自治区中西部，阿克苏地区东
部，地处天山中段南部，塔里木盆地北缘，地处东经
82°35′~84°17′、北纬 40°46′~42°35′之间。北是绵延的群
山，南是浩瀚的塔克拉玛干大沙漠，在高山和沙漠之间是
一望无际的平原，河渠纵横，阡陌相连的绿洲点缀其间。
库车县总面积 1.52 万平方公里，其中南部平原就约占总面
积的 53.8%。2007 年，库车辖 9 镇 6 乡①和 5 个国营农牧
场，217 个行政村，38 个社区居委会，总人口 45 万人，其
中城市人口 20 万人，是一个以维吾尔族为主体多民族聚居
的县。城市已建成区面积 42 平方公里，有中央、自治区、
地区、兵团、外省区驻库车企事业单位 200 多个。有维吾
尔、汉、回、柯尔克孜、哈萨克、蒙古、俄罗斯、锡伯、

---

① 9 镇 6 乡：库车镇、乌恰镇、阿拉哈格镇、齐满镇、墩阔坦镇、牙哈
镇、乌尊镇、依西哈拉镇、雅克拉镇，玉奇吾斯塘乡、比西巴格乡、
哈尼喀塔木乡、阿克吾斯塘乡、阿格乡、塔里木乡。

满、乌孜别克等14个民族。

（一）地理位置与交通

库车县东与轮台县交界，距乌鲁木齐751公里，西与新和县、拜城县接壤，距阿克苏市257公里，东南与沙雅县相连，北部与和静县毗邻，其区位优势十分突出，扼居南北疆中部，是阿克苏地区和南疆四地州的东大门，是连接南北疆的交通枢纽和五地州交通要道，同时也是历史上著名的丝绸之路重镇和西域军事重镇。库车县境内交通便捷，国道314线贯穿全县5镇1乡1场，国道217线贯穿天山南北，终至库车与国道314线相连，在库车成"＋"字交会，国道、省道、县乡公路纵横交织，南疆铁路横穿县城与亚欧大陆桥相接，并与石油、煤炭铁路专用线连接，民航直达乌鲁木齐、阿克苏等城市，形成便利快捷的立体化交通网络。库车县是南疆五地州的交通枢纽和南疆至北疆的大动脉，具有南联北拓、东进西挺的地域优势。2009年，国道314线新线建设完工；总规模为1500万吨，一期500万吨的铁路货站正在改扩建之中；建设规模为4D型的库车机场搬迁项目《工程选址报告》已由国家民航管理局组织相关部门评审通过，进入预可研编制阶段；国道217线改扩建正在开展前期工作，该线路起点独山子，终点和田，建成后将成为新疆第二条沙漠公路。库车处于此线路的中心，与独山子、和田相距均为550公里左右，交通要道的地位凸显。目前独山子正在进行1000万吨炼油工程扩建和100万吨乙烯工程建设，库车的500万吨炼油工程扩建也正在加紧做前期工作。"十一五"期间，南北疆隔天山已形成"一山挑两城"的油气隆起带，并将成为拉动新疆经济发展的重

要力量。同时，南疆铁路复线工程建设于 2006 年开工，
2008 年建成运行，库车县独特的区位优势和便利的交通条
件已日益凸显。

（二）地貌特征

库车县地势北高南低，地貌可分为北部天山山地、冲
积扇形砾石戈壁地和南部冲积平原三大部分。县境北部分
布着天山山脉，各支脉多系东西走向，连绵起伏，面积
7305 平方公里，海拔 1400～4550 米。海拔 1900～2200 米的
却勒塔格山，是平原与山区气候分界线。乌（鲁木齐）喀
（什）公路以南是平原，总面积 8073 平方公里。自西北向
东南倾斜，海拔 922～1120 米。平原的北半部，自西向东是
渭干河冲积洪积平原、库车河洪积平原和东部的洪积扇群
带，南部是塔里木河冲积平原。平原西部是一个近似直角
三角形的绿洲，南北边长约 60 公里，东西边长 55 公里，总
面积约 1700 平方公里，这里是库车县灌溉农业区的集中地
带，村落密布，绿洲毗连，水渠道路纵横。东南部有塔里
木河自西南向东北方向穿过，由于塔里木河的洪水漫溢和
渭干河下游段的泉水，使塔里木河两岸约 2500 平方公里植
被繁密，生长着茂盛的胡杨林或红柳丛和牧草，俗称草湖，
为本县重要牧区。东部山前洪积平原，由于土层较薄，又
缺乏水源，大部分是盐碱荒漠。境内有少量沙丘，土质分
布不匀，因地域而异，有风沙土、盐碱土、灌淤土、灌耕
风沙土等。耕地分属渭干河灌区和库车河灌区两部分，南
部为渭干河灌区，北部为库车河灌区，中部有条"西水东
调"大渠。

（三）气候特征

库车县地处暖温带，属大陆性暖温带干旱气候。具有典型的温带大陆性干燥气候特点，四季分明，冬季干冷，夏季酷热，昼夜温差大，光照充足，降水量小，蒸发量大。由于境内地貌复杂，形成明显的区域性气候差异，靠近天山的牙哈、伊西哈拉、乌恰、乌尊及比西巴格乡北部冬季形成一条暖带，气温偏高，暖带两侧温度降低，至草湖地带，因冷空气堆积，年较差达 36.1℃。

冰雹是库车县局部地区的主要农业气象灾害，虽时间短，范围小，但来势凶猛，危害严重，破坏力极大。1958年 6 月 29 日下午 8 时，骤降冰雹，其大的似拳，小的像鸡蛋，降雹 20 分钟，地面积雹可达 25～40 厘米厚，使一、二、三、五、九区等 5 个区的农业生产合作社遭受严重损失，受灾面积 4.1 万亩。1979 年 7 月 15 日下午降雹，危及比西巴格、齐满两社及二八台河农场和良种繁育场的 17 个大队 69 个生产队的 4.4 万亩农作物受灾。1988 年 8 月 20日，三道桥乡、比西巴格乡的 10 个村、30 个村民组受到冰雹袭击，2.5 万亩的春玉米、棉花、复播玉米和蔬菜等被冰雹打坏，损失惨重。春季大雪、寒流会造成牲畜、禾苗和林果木冻。此外，库车县还处于天山地震带，地震频繁，1983～1987 年共发生 4.7 级以上地震 21 次；1979 年3 月 29 日，在县城东北发生 6 级地震；1987 年 12 月 17日，在县城东北发生 5.3 级地震；1999 年 3 月 15 日，库车县发生 5.7 级地震，地震造成直接经济损失 1636.8 万元人民币。

（四）资源概况

1. 肥沃的土地资源

2004 年库车全县可资开发的土地面积达 153.9 万公顷，北部高山区 24.6 万公顷，占总面积的 16.03%，低山区 48.46 万公顷，占 31.49%，南部平原区 80.77 万公顷，占 52.5%，其中：耕地 6.02 万公顷，可垦荒地 23.66 万公顷。全县扩大耕地面积的潜力非常大，土地肥沃，土壤类型主要有潮土、灌淤土、灌溉棕漠土 3 种。潮土面积为 6.51 万公顷，占耕地总面积的 70.38%，分布在渭干河灌区 7 个乡镇场和牙哈、乌尊镇南缘一带。灌淤土面积 1.78 万公顷，占耕地总面积 19.25%，灌溉棕漠土面积 0.62 万公顷，占耕地总面积的 6.73%。[①]

2. 充沛的光热资源

库车县全年日照 2924.8 小时，年无霜期 266 天，是全国年平均晴天最多的县市，作物生长期超过 200 天，生长期积温 4515.6℃，足以使粮、棉、油、菜、瓜、果成熟，从而使库车成为新疆主要的粮食、棉花和瓜果等农作物生产基地之一。这里的风向以北或西北风为主，大风多集中在夏季，气温适宜，山上冰雪夏日消融，涓涓细流汇为巨澜，补给县境的大小河流，适于灌溉农业（粮食、棉花）和果林业（杏、枣、核桃等）的发展。

3. 种类繁多的生物资源

库车县山区山地草原带与森林带交错，林缘地带、林

---

① 中共库车县委宣传部：《辉煌库车》（新疆库车地情丛书），新疆人民出版社，2005。

间空地牧草茂盛，产草量亦丰，是优良的夏秋牧场。高山区有成片的雪岭云杉原始森林，有山杨、苦杨、高山杨等。山坡和中低山带河谷两岸生有多种灌木，主要品种是新疆圆柏、沧果白刺、蔷薇、刚毛、忍冬、梭梭、小檗、天山花楸、黑果枸杞等。海拔 2000 米以下低山带，地表砾石裸露，土壤干燥贫瘠，牧草稀疏。但湿润地带也生长着适口性较好的灌木和牧草。山区草甸、草场和山林中多菌尖、藻尖等低等生物。有 17 种菌类如大白枯蘑、黑棱羊肚菌、獐子菌等均可食用，有的可入药，也有少数有毒菌类。山前荒漠地带植被很少，以骆驼刺、戈壁藜、霸王鞭较多。盐碱地带多耐盐植物，主要有碱蓬、梭梭、红柳、骆驼刺、胖姑娘、盐蒿、盐爪爪、假木贼等。塔里木河两岸草湖地带植被丰富，古老的胡杨林广布县区内。从山区到平原野生药材资源相当丰富，主要药用植物有：水菖蒲、秦艽、大黄、野葱、野蒜、马齿苋、麻黄、罗布麻、薄荷、紫草、瓦松、车前子、木贼、手掌参等 80 多种。野生动物较多，有 18 种哺乳动物，如野骆驼、马鹿、黄羊、雪豹、金钱豹等均被列为国家重点保护对象，27 种鸟类，苍鹰、雪鸡、天鹅、黑鹤、鹳均为珍稀鸟类。据《文献通考》载："（龟兹）土多孔雀，群飞山谷间，人取而食之，孳乳如鸡鹜，其王家恒有千余只云。"现已绝迹。

4. 丰富的水利资源

全县水资源较丰富，共有 3 个湖泊，分别为龙池、巴依孜库勒湖、恰克玛克湖，其中巴依孜库勒湖水质微咸，不宜灌溉，可供畜群饮用。全国最长的内陆河——塔里木河流经县域，渭干河、库车河两大河系年径流量达 14.8 亿立方米，地下水补给量 0.33 亿立方米。县域内还有跃进水库、克日希水库、乔喀博斯坦水库、新城水库、铜场水库、堰塘水库等5个人造水库。灌溉水源主要来自天山山区的冰雪融水和夏季降雨。全县水能资源蕴藏量丰富，拥有水能资源15万千瓦，水能资源主要分布在渭干河、库车河和二八台河。水能资源的开发利用主要在渭干河流域的上游。已经建成库木吐喇电站、骆驼脖子电站等。20世纪60～70年代在库车河流域建成的几座小型电站现已报废。

5. 品种繁多的农作物

库车种植历史可上溯两三千年前，汉代龟兹国时期即有众多的栽培作物，这些作物往往沿丝绸之路传入中原，同时东至中原，西至葱岭以西的谷物、瓜果、蔬菜也传入龟兹，使当地作物品种更趋多样化。中华人民共和国成立以来，特别是改革开放后，农林业发展迅速，引进品种更多。目前，库车县农作物主要有小麦、玉米、棉花、水稻及梨、杏、葡萄、石榴、无花果等果品。特别是棉花、苹果、小白杏等以品高质优深受客商欢迎。农作物主要在库车河、渭干河、二八台河灌区栽培。

6. 丰美的草场资源

全县有草场38.59万公顷，占土地面积的25.07%。可利用面积33.12万公顷，饲草储藏量31.26万吨，年理论载畜量21.41万只羊单位。按地理位置划分，山区草场13.33万公顷，平原草场25.26万公顷。农区饲草饲料（包括玉米、工副业下脚料、饲草）年产约4.8万吨，可载畜64.41万只羊单位。全县农区和天然草场年理论载畜量为85.82万只羊单位。

7. 丰富的油气、矿藏资源

库车县境内油气资源和矿产资源丰富，矿产资源主要有铜、铁、锰、煤、石油、石英、明矾、石膏等，已探明煤炭资源储量 20 亿吨，远景储量 100 亿吨。目前，库车的原煤产量每年在 500 万吨左右，主要是气煤、焦煤和肥煤，境内的俄霍布拉克煤矿是西北地区保存最完整、储量最大、开采条件最好的整装煤田。除煤炭外，库车还有一批石油探井已获高产优质油气流，库车境内已探明的天然气储量 2 万亿立方米以上，占塔里木盆地探明储量的 90% 以上，其中亚肯背斜特大气田，是我国目前发现的最大的天然气气田。库车境内已探明的原油储量 15 亿吨以上，占塔里木盆地探明储量的 92% 以上，其中凝析油占探明储量的 95% 以上。库车牙哈凝析油气田是亿吨级的全国最大的凝析油气田，迪那 2 气田储气 1500 亿立方米。亚肯斜气田储气量为 7000 亿～15000 亿立方米，堪称世界级的大气田。目前在库车境内已探明的油气田有雅克拉、塔河、东河塘、牙哈、伊奇克里克、大涝坝、依南、依深、迪那 2、亚肯背斜等整装油气田。新的油气田还在源源不断地被发现。石英沙储量约 430 万吨，品位高达 95% 以上；岩盐储量达 36 亿吨。石膏、陶土、石灰石、大理石、铁、铜、锰等十余种矿产均有较大的储量和开采价值。

8. 丰富的旅游资源

库车县是古西域大国的政治、经济、文化中心，历史悠久，文化灿烂，全县旅游资源丰富，有文物古迹 100 多处。塔里木河的壮美，库车河的绮丽，大龙池的深广，独库公路隧道的幽静，盐水沟的雅丹地貌五彩斑斓的自然景观，令人流连忘返。汉唐以来的冶炼遗址、古城、古堡、烽火台、千佛洞遍布县境，举世闻名的克孜尔千佛洞已申请列入联合国世界文化遗产，始建于两晋时期的中国四大石窟之一的库木吐拉千佛洞是全国重点文物保护单位，洞中的大量壁画反映了魏晋至宋朝库车地区的历史，其他还有默拉纳额什丁墓、可可沙炼铁遗址、龟兹古城遗址、林基路纪念馆、库车王府高山湖泊大龙池等。考古发现的精美佛像、金铜和玉石器物、古文字文书和古钱币，闪烁着人类文明的辉煌业绩。

图1-1　克孜尔尕哈烽燧

汉代的克孜尔尕哈烽燧是丝绸之路北道上时代最早、保存最好的历史古迹。库木龟兹乐在西域音乐中首屈一指，同石窟艺术一样久负盛名。历史上，著名音乐家苏祇婆就是龟兹人，他根据龟兹民间音乐创作的乐曲《龟兹》成为唐代官制的10部乐曲之一，《琵琶曲》被定为唐朝的宫廷宴乐。而龟兹的"胡旋舞女"也曾经让李白、杜甫、白居易这些大诗人倾倒。

库车老城区维吾尔人的百年民居也是龟兹文化遗产的一个组成部分，屋顶的"福"、"寿"等象征汉文化的刻字以及维吾尔语的前身察合台文字的记述，令人感受到今天的库车积淀着多民族文化的交融，感受到从龟兹故地到石化新城历史前进的每一步都凝结着多民族的携手共建与和谐相处。2007 年 12 月 5 日，库车县荣获中华人民共和国文化部、国家文物局授予的 2007 年全国文物工作先进县光荣称号，库车县是新疆第五个获此殊荣的县市，也是新疆该年度获此殊荣的唯一县市。[①] 独特的塞外风光、民族风情、文化古迹、土特产等，使库车成为新疆著名的旅游胜地。近年来，库车县通过整合各种旅游资源，大力塑造龟兹文化品牌，利用得天独厚的地缘优势和人文环境，开发出了国家 4A 级旅游名胜风景区库车王府、龟兹绿洲生态园，国家 3A 级旅游名胜风景区天山神秘大峡谷，其他还有南天池、库木吐拉千佛洞、森木塞姆石窟、克孜尔石窟、龟兹故城、苏巴什古城、塔里木河沿岸原始胡杨林等，5 家自治区三星级农家乐。1990 年来库车旅游的人数仅 1880 人次，2007 年接待的中外游客则达 85 万人次，其中国外游客 2.2925 万人，旅游总收入达到 4.3 亿元。库车已成为中国西部重要的旅游胜地，国际旅游目的地的趋势更加明显。

（五）经济发展概况

库车县原是一个以农业为主，林果业、畜牧业、工业并存发展的县城。党的十一届三中全会以后拨乱反正，全党工作重点转移到经济建设上来。1981 年春，全县公社逐步健全和完善了农业生产责任制，至 1982 年 10 月农业生产责任制在全县完成，农民的生产积极性调动起来了，各种

---

① 《开放的库车欢迎您》，http：//www.xjkc.gov.cn/structure/kcgl/kcgkzw? infid。

专业户、重点户、科技示范户应运而生。近几年，库车县加大农业产业结构调整，2008 年全县耕地面积有 79 万亩之多，粮、棉、畜、园四大主导产业已基本形成。粮食生产连续五年喜获丰收，棉花总产量保持在 100 万担以上，进入了国家优质棉生产大县、自治区粮食生产先进县行列，成为国家、自治区重要的粮、棉、畜基地，也是新疆著名的瓜果之乡。为发挥区域性特色优势产业，截至 2007 年全县先后引进和培育了农副产品深加工企业 25 家，建立了"一村一品"专业村，并先后建成了 36 个农业产业示范基地。全县高油大豆、专用玉米、有机小麦、葡萄、红辣椒等特色产业基地面积已经达 25 万亩，带动农户 3.5 万户；通过大力发展标准化农业，全县无公害、绿色食品、有机食品认证面积达到 50 余万亩。2009 年全县实现农村经济总收入 26.43 亿元，增长 12.34%。实现农民人均劳务创收 369 元。农业产业结构调整向纵深发展，综合生产能力不断提高。实现粮食总产 21.83 万吨；棉花效益良好，新增棉花节水滴灌面积 3.4 万亩。设施农业总面积已发展到 2.18 万亩，亩均效益万元以上温室面积达 7514 亩；为鼓励发展经济效益高、生态效益好的林果业，库车县出台了林果业种植基金，对那些果木成活率高的农民种植户给予奖励，仅 2007 年一年农民得到的奖金就达 1500 万元。2009 年在上海对口援助单位的帮助下，库车县成功将特色果品窗口开设到了上海，销售果品主要以获得国家地理标志的库车小白杏干、库车酸梅和库车红枣、核桃等。自 1998 年至 2008 年，库车县逐渐步入快速发展阶段，其原因可以归结为两个方面，一方面是国家实施了西部大开发战略，在资金和政策上新疆都得到了国家的大力支持；另一方面就是库车提出了将库车资源优势转化为经济优势的发展战略．正确的发展思路、长期的坚持使库车又现古丝绸之路时期的辉煌。

农村改革的成功，也促进了城市经济体制的改革由点到面，工交、商贸、建筑等各行各业，在改革中求生存，求发展，企业活力增强，经济效益提高。特别是西部大开发战略和"西气东输"工程的实施，使库车的资源优势和地缘优势得以发挥，经济发展步伐明显加快。经过几年努力，库车经济结构发生了巨大的变化，已从一个以往主要种棉花、小麦、杏的传统农业县，变成了新疆赫赫有名的石油化工基地和能源基地，成为新疆经济增长速度最快、投资环境最佳的县市之一，主要经济指标始终保持了两位数增长。目前已吸引了二十多个省（区、市）的一大批知名企业到库车投资建厂，相继建成了一批改变库车县经济格局的石油化工、煤炭和煤化工、电力、建材、机械加工制造、农副产品加工、旅游、商贸物流、基础设施等项目。其中世界 500 强企业 2 家、中国 500 强企业 2 家；投资超过 10 亿元以上的项目 4 个、投资 1 亿元以上的项目达十几个。2009 年，库车完成国内生产总值（不含石油部分）57.1 亿元，增长 13.5%，其中第一产业增加值 11.6 亿元、增长 10.5%，第二产业增加值 29.5 亿元、增长 16.4%，第三产业增加值 16 亿元、增长 11.5%，三次产业结构调整为 20.3：51.6：28.1。地方财政一般收入 10.67 亿元，受国际金融危机影响，同比下降 20.5%。完成固定资产投资 43 亿元，增长 21.1%，万元 GDP 综合能耗下降 5%；二氧化硫和化学需氧量排放完成年度减排目标。城镇居民可支配收入 12743 元、增长 8.55%，农牧民人均纯收入突破 5000 元、增加 443 元。①

2002 年库车县首次进入西部百强县（市）第 99 位，2009 年，库车县以超常规的发展速度跃居西部百强县（市）第 12 位，进入"中国最具投资潜力中小城市百强"第 51 位，进入全国最具区域带动力中小城市百强，入选"全国百佳全民创业示范县（市、区）"。在中国西部大开发五年回顾系列活动中，库车荣获"中国西部大开发新疆十座经济增长最快县（市）"和"中国西部大开发新疆十座投资环境最佳县（市）"荣誉称号，库车自治区级化工园区也因这几年的快速发展，被评为全国 10 个"中国石油和化学工业最具投资价值高新园区"之一。②

从库车县城通往化工园区的路上，一出县城，眼前出现的就是一条宽敞笔直的双向八车道，一直向前延伸 22 公里。这条大道被中共库车县委、县人民政府命名为"中国石化大道"。这是迄今为止我国以及世界上唯一一条被政府命名的中国石化大道。

（六）库车县社会各项事业发展概况

库车县在发展经济的同时，坚持把有限的财力向以惠及民生为重点的社会事业倾斜，让各族群众得到更多实惠。自 1996 年始，县委开始在全县范围内进行防病改水工程。2002～2007 年 5 年间，通过国家和自治区的支持，采取落实配套资金、市场化运作和帮扶共建等办法，先后实施了县乡道路、供排水、绿化、抗震安居、农电网改造、改水

---

① 2009 年库车县人民政府工作报告。
② 《迅速发展的国民经济》：http://www.xjkc.gov.cn/structure/kcgl，2010 年 8 月底访问。

图1－2　库车化工园区

防病等一批改变城乡面貌和提高各族群众生活质量的基础
设施建设工程。新修农村铺油道路735公里。完成农电网改
造2280公里。建设抗震安居房37507套，完成农村改厕1
万余户，新建沼气池4722座。新修防渗渠430公里，新建
桥、闸、涵、渡槽等水利配套设施3988座，新打机井236
眼。改扩建水厂12座，解决了5.3万人、10.1万头（只）
牲畜的饮水问题。以阿格乡栏杆村、乌恰镇萨哈古村、齐
满镇渭干村为代表的9个社会主义新农村建设已初具规模，
新农村建设开局良好。

城镇医疗保险制度自2002年实施以来，运行良好。新
型农村合作医疗已全面实施，农民参合人数达23.3万人，
参合率达82%。城镇居民基本医疗保险已正式启动。在做
好"五大保险"基金征缴和扩面的基础上，针对困难职工、
城镇弱势群体和城市化进程中所涉及的村改居等问题，制
定并落实了相应的保障措施，保证了困难群众的基本生活。
2002～2007年5年间，全县累计安置就业再就业人数3.1
万人次，城镇登记失业率始终控制在3%以内。累计发放最低生活保障金 4321 万元，7.84 万人次城镇贫困人口享受了最低生活保障。与此同时，结合扶贫开发工作，有效解决了 8399 户 41674 名农村人口的脱贫问题。2007 年全县预计实现社会消费品零售总额 7.98 亿元，年均增长 17.8%。城镇居民人均可支配收入预计达 10020 元。预计实现农牧民人均纯收入 4146 元，与 2002 年的 2237 元相比增加 1909 元，年均增长 13.13%。

科技助推新农村建设。为促使科学技术在新农村建设当中的应用力度不断得到提升，自 2002 年以来，全县累计投入"科技三项"经费 3073 万元，实施科技项目 112 个，引进各类科技人才 168 名，培养各类专业技术人员 8010 名，一批先进适用的科技成果得到了广泛推广和应用。2006 年，库车县主要农作物良种覆盖率达到 100%，畜牧良种覆盖率达到 80% 以上，科技对农业的贡献率达到 60% 以上，全县建成科技示范乡（镇）4 个、科技示范村 50 个、科技示范户 6000 余户，建成农牧民科技文化学校 19 所、文化室 204 个，实施膜下滴灌等 31 个科技项目，使科技在农业结构调整中的显示度和贡献率不断提高。其中，棉花带状高密度栽培面积 26.7815 万亩，复播玉米种植面积 22.14 万亩，设施农业（大棚）亩产效益万元以上面积达 3132.2 亩，中低产田培肥改良 20.098 万亩，无公害农产品生产面积 42.428 万亩，实施农作物病虫害综合防治面积 112.19 万亩（累加数据），积极推广高产间作模式、加快种子良种繁育力度，小麦良种繁育面积 3.1835 万亩，测土配方平衡施肥提取土样 3189 个，代表面积 55.2 万亩，建成高新技术节水示范区 2550 亩，购进 60 盏太阳能智能杀虫灯光在 4 个乡（镇）进行试点推广应用。同时，畜禽品种改良步伐加快，黄牛冷配怀胎率达到 75% 以上；青贮秸秆 5 吨以上高产面积达到 12.883 万亩；科学饲养、防疫等一大批先进实用技术，已被群众所接受并广泛应用；新建定植 1640 亩高密度红枣园；嫁接核桃 48202 亩，嫁接成活率达 86% 以上；新建果树（红枣、核桃、杏）等采穗圃 1120 亩；建成林果业科技培训示范基地 36 个，总面积 10924 亩。通过提高农业机械化装备水平，全县耕、种、收综合机械化率达到 40%。科技在促进库车县经济社会发展中发挥了重要作用。①

库车县基础教育快速发展，教学环境明显改善。2002～2007 年全县累计投入教育资金 11 亿元，先后实施了国家二期义务教育、农村寄宿制学校、农村中小学现代远程教育和危旧校舍改造工程，新改扩建学校 104 所，消除校舍危房 4.3 万平方米。在 1998～2008 年的 10 年里，库车县乡村三级中小学的校舍都得到了改造或重建，学校成为当地最漂亮的建筑。② 由于县委重视，库车县教学质量不断提高，高考、中考上线率始终保持地区前列，并以全疆第一名的优异成绩通过了自治区"两基"验收。同时，文化阵地建设不断加强。2002～2007 年投入资金 4500 余万元，新建了 7 个乡镇文化站和 170 个村级文化室，并对林基路纪念馆等一些文化阵地、文化设施进行了修缮和配套。目前，库车县已基本健全了文化网络，实现了乡镇有文化站，村有文化室、读书室，群众性业余文艺演出队也发展到目前的 40 个，每到节假日、农闲、周末，这些群众文艺组织就走村串乡

---

① 刘敦：《新疆库车县科技助推新农村建设》，新疆新闻在线网，2007 年 4 月 22 日访问。
② 朱景朝：《古丝绸之路重镇库车今成新疆第一县》，http://2009.xjnews.cn/newsshow，2010 年 8 月 30 日访问。

表演群众喜闻乐见的文艺节目。集文化、娱乐、休闲等多功能为一体的文化活动中心在库车大地应运而生，县财政还拿出数百万元资金，购买农民急需的实用技术书籍分发到各乡镇，举办多种形式的读书用书座谈会，交谈读书体会。每当夜幕降临，男女老少不约而同地来到村里的文化活动中心，吹拉弹唱、看书读报、看电教片，许多乡镇还在农牧民中开展家庭卡拉 OK 比赛、科技文化知识竞赛等活动，用一系列健康文化活动充实农牧民的精神生活。通过开展群众文化活动，实现各民族间的情感融合、思想融合、文化融合。① 同时，库车县宣传部门还在区内外主流媒体上推出了一批反映库车风光、民俗风情和龟兹文化的专题片，成功举办了第四届新疆国际旅游节暨龟兹文化旅游节、龟兹学学术研讨会等系列活动。龟兹文化研究系列专著已成功出版，大型革命历史题材影片《塔里木河的呼唤》成功首映，"乡村大世界"走进库车，"魅力龟兹"走进央视，龟兹文化的影响力和库车的对外知名度日益提高。

医疗卫生服务体系不断加强，卫生条件明显改善。2002～2007 年库车县投入资金 4500 余万元，投入资金 3600 余万元，新改扩建乡镇卫生院 15 所，建成标准化村级卫生室 209 个。计划免疫、妇幼保健、地方病、艾滋病综合防治等项工作取得新的成效。2006 年，库车投资 4000 万元建设了县人民医院门诊大楼，并购进了核磁共振、脑 CT 等先进的医疗设备，病人做相关检查就不用千里迢迢到首府乌鲁木齐了。同时，计划生育优质服务不断延伸，先后完成县、

---

① 张国领、张辉、陈鹏、胡秋香：《新疆·库车 30 万农牧民共享改革开放成果》，http：//www.farmer.com.cn/wlb/nmrb/nb8/200811220081.htm。

乡 11 个计生服务站改扩建工程，计划生育各项奖励优惠政策得到有效落实。全县先后荣获了"国家卫生县城"、"全国计划生育优质服务先进县"等一系列荣誉称号。

（七）库车县人口与民族

库车县是一个以维吾尔族为主体、多民族聚居的县。在有史记载的 2000 年间，众多的民族或部族活跃在库车绿洲上，汉代有龟兹土著、来自中原的都护府官吏和众多的汉族屯垦士卒，游牧驰骋的匈奴族；魏晋南北朝时的柔然，隋唐时的突厥、吐蕃曾是这片绿洲的过客，唐开成五年（840）以后，回鹘的一支迁徙到安西都护府的东部地区和当地土著民族逐渐融合，共同开发这一地区。宋元之际，西辽王朝、蒙古汗国先后统治库车，其后为察合台汗封地。明清时期，本地维吾尔族人口不断增多，清朝和民国期间增加了柯尔克孜、满、回、俄罗斯、乌兹别克等民族成分。

1949 年新中国成立时，全县总人口 14.89 万人，其中少数民族 14.76 万人（其中维吾尔族 14.66 万人，占人口总数的 98.46%，回族 834 人，占总人口的 0.56%，乌孜别克、塔塔尔、柯尔克孜、哈萨克等民族合计 95 人，占总人口的 0.06%）。汉族 1371 人，占总人口的 0.92%。随着经济建设的发展，汉族干部、工人和专业技术人员支边落户，民族构成稍有改变，1990 年，全县人口 33.74 万人，与 1949 年相比，人口增长了 1.27 倍，其中少数民族 30.83 万人（其中维吾尔族 30.62 万人，占总人口的 90.75%，回族 1857 人，占 0.55%，还有柯尔克孜族、蒙古族、俄罗斯族、锡伯族、塔吉克族、乌孜别克族等其他少数民族 2064 人，占总人口的 0.61%），汉族 2.91 万人，占总人口的 8.62%。

2006 年全县总人口达 42.31 万人，县境内分布着 21 个民族，有维吾尔、汉、回、柯尔克孜、哈萨克、蒙古、俄罗斯、锡伯、满、乌孜别克等，少数民族人口总计 37.59 万人。其中维吾尔族占 88.16%，其他少数民族占 0.69%；汉族占 11.2%（见表 1-1）。库车县农村人口基数比较大，农村人口占全县总人口的 68% 左右。1949 城镇人口 1.79 万人，占总人口的 12.02%，乡村人口 13.1 万，占总人口的 87.98%；1990 年城镇人口 8.17 万人，占总人口的 24.2%；到 2006 年城镇人口 20 万人，占总人口的 47.3%。全县人口主要集中分布在库车镇及周围乡村，北部山区、牧区和边远农村分布较为稀疏，人口分布总态势是库车镇以南稠、以北稀。

表 1-1　库车县 1990~2006 年主要人口指标[①]

单位：万人

年份	总人口	维吾尔	汉族	其他
1990	33.74	30.62	2.91	0.2064
1995	35.44	32.02	3.19	0.2338
2000	38.09	34.00	3.85	0.2356
2005	41.91	36.93	4.62	0.3603
2006	42.31	37.30	4.72	0.2942

（八）库车县的历史沿革

库车系突厥语音译，维吾尔语地名，胡同之意。"因其地为达南疆腹地之要街，故名。""库车"一名自古有多种写法，有"丘慈"、"屈兹"、"曲先"、"鸠兹"、"库叉"

---

① 此数据由库车县统计局提供。

等。1758年定名为库车。"库车"系古代龟兹语，意为"龟兹人的城"。

库车是西域三十六国之一，汉时西域都护府设于此，唐时安西都护府驻地，汉唐时期领辖西域22个都护府及龟兹、焉耆、于田、疏勒四镇驻军，是中央政府统辖西域的政治、经济、军事、文化和商贸中心。五代至宋称龟兹回鹘，元明时期改称亦力巴力，库车是察合台汗渊封地。但察合台汗后裔自元末就争战不休，人民流离失所，土地荒芜，生产和社会发展受阻。在宋代龟兹回鹘国创立时，西迁回鹘民族融合当地文明，由游牧转向定居接受了佛教文化。

14世纪中叶，库车发生了重大变革，伊斯兰教战胜佛教，佛塔、石窟衰败，带有阿拉伯色彩的文化艺术开始传播，当地的居民由信奉佛教改信伊斯兰教。

清康熙十九年（1680），准噶尔部深入南疆，库车受准噶尔汗国控制。乾隆二十三年（1759），清朝设库车办事大臣，统管地方军政，并沿袭旧制，续行伯克制，辖理回部事务。光绪十年（1884）设库车直隶抚民厅，管辖境域约为今库车、沙雅、新和3县。下设东乡、上南乡、中南乡、西乡4乡，141庄。

光绪二十八年（1902）改库车直隶抚民厅为库车直隶州，归属阿克苏道，辖沙雅县。

1913年改设库车县，县境仍沿用清末政区设置，即划县城为第一区，四乡分设二、三、四、五区。

1922年隶属新疆省第四区行政督察专员公署，设托克苏县佐。1930年，辖12庄托克苏县（今新和县）。1944年，实行保甲制，全县设6镇、6区、18乡、228保、

2417 甲。

1947 年 9 月，新疆省政府民政厅电令整编乡镇保甲，经县参议会合议，全县划为 4 区、2 镇、8 乡、98 保、996 甲。

1949 年 10 月，中华人民共和国成立后，库车县隶属于阿克苏专员公署。

1950 年属阿克苏专区，设库车镇。1950 年 3 月 29 日成立中共库车县委，4 月 1 日成立库车县人民政府。5 月 1 日，乡人民政权相继建立，全县设 7 区、21 乡、155 个行政村。

1955 年，撤库车市，改库车镇，改城区街公所为 14 个居民委员会，原 10 个区调整为 9 个区。

1971 年隶属阿克苏地区。

库车是丝绸之路上的著名商埠，在历史上是个工商业发达的地方，特别是紫羔皮及其加工品、刀剪、冶炼手工业等，在全疆享有一定的声誉，地毯编织已有两千年的历史。据 1908 年《库车直肃州乡土志》记载"库车县当时从事手工业者 1316 人，其中皮匠、木匠、砌匠、染匠、铜匠、铁匠、裁缝、漆匠、银匠等"。汉唐时期库车就有中原富商和胡商定居，胡商来自古代大秦、波斯、阿拉伯等国家和地区。不论土著民族还是客居民族，在这块地上都留下了自己的烙印和影响。在特定的历史环境下，人数较少的民族往往改变自己的习俗，通过联姻融入人口众多的民族。勤劳朴实的维吾尔族，在成为主体民族的过程中，既保留了自己的优势和特点，又融合了众多民族的经验和智慧。汉唐屯垦带入的中原文化和农艺，历代中央政权经营边疆时带来的工匠和技术，对库车社会发展起到重要作用。

三 比西巴格乡概况

比西巴格乡系维吾尔语译音，意为"天堂果园"。早先当地果园繁茂，硕果累累，各种水果香甜可口，远近闻名，进了果园顿觉心情舒畅，犹如进了"天堂"，故得名。

比西巴格乡位于库车县西南部，离县城 12 公里，距国道 314 线 10 公里，省道 210 线贯穿全乡，乡人民政府驻科克提坎村。东邻乌恰镇、墩阔塘镇，西接玉奇吾斯塘镇，北靠伊西哈拉镇，南接齐满镇。清光绪十年（1884），新疆建省时属库车直隶厅上南乡。光绪二十八年（1902），属库车直隶州第三区。1913 年库车建县时，仍属第三区。1948年，比西巴格分别编入第二区人和乡、第三区百社乡和第四区长兴乡。1950 年建人民政权时，划编为第三区，1956年划归第五区。人民公社化以后，称比西巴格公社。1984年，改公社为乡时，称比西巴格乡。乡下辖其乃巴格村、依格孜库木村、肖尔库勒村、牛场村、科克提坎村、哈尼喀村、吾斯塘博依林场村、博斯坦一村、博斯坦二村、比西巴格村、库库什一村、库库什二村、格代库勒村、艾力玉素甫村、林场村等 15 个行政村①，其中博斯坦一村距乡政府比较远，全村人多地少，平均人口耕地还不到 9 分地，博斯坦二村是自治区级贫困重点村，基础设施条件差、农业生产缺水是该村贫困主要原因之一。

比西巴格乡由于地处库车西南部平原地区，光照充足，年均气温 11.4℃，年均降水 65 毫米，多集中在 3~8 月，年均蒸发量为 2638.4 毫米。地势北高南低，呈倾斜状。境

---

① 比西巴格乡派出所，2006 年 12 月档案。

26

内有少量沙丘，土质分布不匀，因地域而异，有风沙土、盐碱土、灌淤土、灌耕风沙土等。耕地分属渭干河灌区和库车河灌区两部分，南部为渭干河灌区，北部为库车河灌区，中部有条"西水东调"大渠，县城至哈拉哈塘公路从境内穿过，有班车通行。渭干河和库车河主要由地下水、雪水和冰川融水补给，境内水资源较为丰富。丰富的土地资源和优越的自然环境，为比西巴格乡发展林业、畜牧业、农业提供了良好的条件。2006 年，全乡土地总面积 12.8 万亩，耕地面积 6.08 万亩，人均耕地面积 2.33 亩。全乡总人口 26138 人，5555 户、68 个村民小组，其中维吾尔族占99.4%，汉族、回族和乌孜别克族仅占总人口的 0.6%。该乡是个传统农业乡，乡民的主要收入来源于农业收入，农业收入在农村经济收入中占很大比重（见表 1－2）。

表 1－2　比西巴格乡 2001～2006 年人口与人均收入情况①

年份 （年）	户数 （户）	人口 （人）	耕地面积 （亩）	农村经济 收入（元）	净收入 （元）	人均收入 （元）
2001	5126	24107	58724	55530473	42112499	1747
2002	5126	24420	58700	68127092	47791197	1957
2003	5370	24554	60160	89259374	56750000	2311.23
2004	5449	25672	60200	95390000	63840000	2553.29
2005	5449	25672	60200	105450000	71980000	2804
2006	5555	26138	60800	121500000	77610000	2969

比西巴格乡农业经济管理站为我们提供的资料显示：比西巴格乡的乡村经济中第一产业所占比例始终很大，虽然有制造业、交通运输业、建筑业、商饮业等第二、三产业，但规模都不大。1996 年，比西巴格乡还没有乡镇企业，

---

① 相关数据由比西巴格乡农业经济管理服务站提供。

仅有 1 个乡镇（级）合作经济组织，村级合作经济组织 15 个。当年，全乡农村经济总收入为 5819439，而工业收入仅为 596183 元，占总收入的 10%；建筑业、交通运输业和服务业等第三产业的总收入为 771170 元，仅占全乡经济收入的 13%。经过产业结构调整后，2001 年全乡农村经济收入 55520473 元，其中：农业收入 40883283 元，林果业收入 3911112 元，畜牧业收入 3815984 元，第二、三产业收入 6910094 元。到 2006 年，全乡农村经济收入 121500000 元，其中：农业收入 62800000 元，林果业收入 9760000 元，畜牧业收入 36020000 元，第二、三产业收入 12920000 元。2006 年农村经济收入比 2001 年增加 1.19 倍，其中：农业收入比 2001 年增加 0.54 倍，林果业收入比 2001 年增加 1.5 倍，畜牧业收入比 2001 年增加 8.4 倍，第二、三产业收入比 2001 年增加 0.9 倍，2001~2006 年村集体经济大幅增加（见表 1-3），9 个村集体改变了砖房标准的村委员会面貌。[①]

表 1-3　比西巴格乡 2001~2006 年经济建设情况

单位：元

年份	农业收入	林果业收入	畜牧业收入	第二、三产业收入
2001	40883283	3911112	3815984	6910094
2002	43945551	4380124	6107758	13668659
2003	55354013	9127316	14743000	10035045
2004	60120000	6680000	15750000	12840000
2005	58540000	8810000	26240000	11860000
2006	62800000	9760000	36020000	12920000

---

① 相关数据由比西巴格乡农业经济管理服务站提供。

为发展经济，增加农民收入，比西巴格乡近些年来不断调整产业结构，以市场为导向，坚持以优化种植业、主攻畜牧业、大上林果业为重点，进一步推进粮、棉、畜、园艺为主的四大产业链建设，大力发展畜牧业、林果业等特色农业，开辟了农民增收的新途径，培育新的经济增长点，全乡林果业和畜牧业收入逐年增加。全乡第二、三产业的收入与第一产业相比虽然较少，但近几年也逐步发展起来。

2001 年为加强对农村经济的管理和服务，乡里设立了农业经济管理服务站（下简称农经站），农经管理人员共 6 人，全部为在编国家干部，他们的文化程度在中专以上，均有专业技术职称，但缺乏中级以上专业技术职称的人员。为加强村里的财务管理制度，农经站成立后即培训了村组会计 15 名，其中 13 人获得了《会计证》，这些人员均为维吾尔族，其中中专学历以上的有 4 人，6 人担任村会计已达 20 年以上（含 20 年）。

比西巴格乡是地区级的贫困乡。截至 2006 年 10 月底，全乡有 22 个基层站（所），11 所中小学（其中中学 1 所，小学 10 所），在校小学生 2954 人、中学生 2440 人；全乡有宗教场所 47 座，宗教人士 49 人（其中哈提甫 2 人、依玛目 47 人），其中享受生活补助的 35 人，每月生活补助 100～500 元不等。塔里甫① 43 人，重点塔里甫 9 人；刑释解教人员 101 人，危安人员 7 人，重点部位 23 处；"十户长"② 14 人，"五好"宗教场所 13 个，"五好"宗教人士 20 人，流

---

① 塔里甫：伊斯兰教的学经人员。
② "十户长"：在农村以每十户为单位，推选一名"十户长"，再由若干"十户长"组成治安联防小组，协助派出所负责一定区域内的治安管理。

动人口在册登记 169 人。① 乡党委下设 1 个党总支，33 个党支部，有 634 名党员（预备党员 21 名），其中男党员 460 人，女党员 174 人，男女党员比例为 2.64：1，农牧民党员 464 名，设岗定责党员 89 名。全乡团员总数 1451 人，团委下属 5 个团总支，20 个团支部，党团员比例为 1：2.28 。"三老"人员 142 名，其中老干部 42 名，老党员 97 名，老模范 3 名。村两委干部 108 人，35 岁以下 52 人，初中以上文化 97 人，后备干部 120 人。本乡设农村党员干部现代远程教育站点 12 个，其中扩展型站点 1 个，基本型站点 11 个。截至 2007 年 9 月，比西巴格乡政府干部共 45 人（领导班子成员 17 人），其中 7 名女性干部，33 名维吾尔族、11 名汉族、1 名回族；文化程度方面，乡干部中本科学历的 7 人，大专学历 19 人，中专学历 17 人；35 岁以下的 22 人，35～40 岁的 10 人，其余为 41 岁以上，其中 50 岁以上的 3 人；乡党委班子成员 9 人，除一人为中专学历外，其余均为大专以上学历，班子成员文化程度较高。此外，站所干部 159 人，人民满意站所 10 个，学校教师 299 人（其中中学教师 90 人）；联系"两项"制度②的民族干部 104 人，其中乡领导 10 人，机关站所干部 47 人，村干部 47 人。

库车县地处新疆反分裂、反恐怖斗争的前沿阵地，是境内外"三股势力"在阿克苏地区进行分裂破坏活动的"重灾区"。由于比西巴格乡离库车县城比较近，处于较为中心地界，周边多个乡镇与其相邻，人员流动大，贯穿全乡的 210 省道车辆来往频繁，稍有疏忽就会出问题。乡领导

---

① 摘自比西巴格乡 2006 年社会治安综合治理工作总结。
② "两项"制度：民族干部联系宗教人士、联系宗教活动场所。

班子非常重视社会治安综合治理工作，并专门成立了由乡党委书记任组长的综合治理领导小组，其他领导为副组长、乡党政机关相关职能部门及村党支部书记为成员的比西巴格乡综合治理领导小组。领导小组下设办公室，由 1 名副书记、1 名副乡长任办公室主任和副主任（专职专用），配备 2 名专职综合干事（一汉一维）、1 名统战干事、1 名宗教干事。同时，乡直各单位、各村也相继成立了维稳小组。全乡形成了党政一把手为稳定、安全的第一责任人，抓全盘；政法委书记为第二责任人，具体抓；其他领导干部协助抓、全乡各族干部群众共同参与的上下联动、齐抓共管的良好综治工作格局。在乡综合治理工作中，各相关部门坚持"两手抓"和"打防并举、以防为主、标本兼治"方针，建立健全了社会治安防控体系，形成了以比西巴格乡党委为核心，派出所、武装部治安联防队和民兵为骨干，"十户联防"为基础的辖区防控体系，强化对社会面的全面控制；对重点区域场所的流动人口和外来人口进行严格管理，加强对重点人员、重点村（组）的监控，妥善处理辖区内群众内部矛盾和纠纷，尽可能地把不稳定因素消除在萌芽状态，防止矛盾激化。2005 年年初，乡党委、政府先后进行了三次大清查行动，在重点路口设卡 41 处，对守卡人员配备了警棍，对来往人员进行严格盘查、登记，加强值班、值勤巡逻力度，严查外来人口。通过清查、排查及时掌握乡流动人口的数量及所从事的工作，要求用人单位与派出所签订责任书、与出租屋主签订责任书、外来人员及时到派出所登记等。在加强防范工作的同时，乡综治办还在全乡加大法制宣传、教育培训的力度。2006 年会乡共举办各类培训学习班 167 期，组织开展集中教育、设立法律咨询点等宣传教育活动 44 次，受教育人数达 3.4 万余人次；加强对宗教场所和宗教人士、学校的管理，实行民族领导联系清真寺制度、与宗教人士定期谈话制度和"六不准"制度，了解和掌握清真寺的基本情况和宗教人士的思想动态，及时发现和处理宗教事务管理存在的问题。乡里还组织召开了由有关部门及村治保主任参加的会议，听取了斋月前期的工作汇报，并进一步完善"十户联防"工作机制。全乡从 2006 年开始，由每个村集体筹资 1500～2500 元，个人出资一部分为治保主任购买治安专用摩托车，全年用于解决"十户长"费用 193959 元。由于乡"两委"的高度重视，经过十多年以集中整治为主要内容的"严打"整治工作，比西巴格乡取得了对敌斗争的阶段性胜利，自 1996 年以来没有大的刑事、治安案件发生。全乡社会治安形势稳定。

比西巴格乡在行政管理上还在各村实施干群民主议事会制度，以增强群众民主意识和参与村级事务管理的积极性，使各种矛盾化解在基层，干群民主议事会由村"两委"干部、党员、村民代表及乡包村干部组成，定期召开会议，研究讨论群众关心的热点、难点和焦点问题。为更好地落实所议事项，由各村委会安排专人组织实施所定事项，明确办理时限和要求，实施过程接受村民主议事会成员监督。如今，该乡干群议事会已成为广大村民表达意愿、化解矛盾的重要途径。2008 年，其乃巴格村被列入新农村建设扶持项目村。村里建起了温室大棚蔬菜基地，组建了蔬菜专业合作社，集体经济有了收入，但有部分村民在私下议论："村里现在有了钱，花多花少都是村干部说了算。"群众的意见很快被干群议事会成员托乎提·肉孜提出，村委会当天就召开干群民主议事会，并选举出 3 名村民代表共同对村里的财务进行民主监督。村民热合曼·买买提说："实行干群民主议事会后，村里无论大事小事，都由村民议事会成员讨论决定，群众心服气顺，邻里关系越来越融洽，我们群众参与新农村建设的积极性也更高了。"①

第二节　格代库勒村基本情况

2007 年 9 月，根据课题需要我们来到格代库勒村进行田野调查。我们发放了 53 份调查问卷，收回有效问卷 51 份。在发放调查问卷的同时，我们还对村干部、村民进行了调查访谈，翻阅了村委会有限的资料，并将公开宣传栏上的版面拍下作为资料使用。由于调查时间短，当地村民以为我们是去了解问题、帮助解决问题的，所以给我们介绍或者反映的也大多是他们在生产及管理方面面临的困难和问题，而我们还想了解村民的生产、生活、礼俗等方面。问卷调查 51 人（户），其中男 48 人，占 94.1%；女 3 人，占 5.9%。其中 10～19 岁的 1 人，占调查人数的 2%；20～29 岁的 12 人，占调查人数的 23.5%；30～39 岁的 17 人，占调查人数的 33.4%；40～49 岁的 5 人，占调查人数的 9.8%；50～59 岁的 4 人，占调查人数的 7.8%；60 岁～69 岁的 6 人，占调查人数的 11.8%；70 岁以上的 4 人，占调查人数的 7.8%；2 人年龄不详，占调查人数的 3.9%。51 人中 1 人哈萨克族，38 人维吾尔族，12 人汉族。村干部 3

① 杨章：《库车比西巴格乡设立民主议事会》，新疆日报网，2009 年 5 月 21 日 10：38 访问。

人，党员6人，团员1人，38名为普通村民，另有8人未表明政治身份。51户中，家中人口最多的16人，最少的3人。有60岁以上老人的家庭有19户，有残疾人的家庭3户；半劳动力家庭17户，无劳动力家庭6户，家中有外出打工人员的仅有2户。由于调查对象的文化程度水平不一，加之存在语言障碍，问卷调查中内容大部分为自填，个别为调查员与访谈对象一对一地问答。被调查人员中大中专文化程度的2人，高中文化程度的2人，初中文化程度的17人，小学文化程度的23人，文盲及半文盲7人，后两项占被调查人员总数的59%，导致调查问卷中的部分问题没有得到回答。

一 格代库勒村外观描述及其形成

格代库勒村位于比西巴格乡的东南方，距库车县约20公里，属于平原地区。格代库勒村距乡政府约8公里。2006年年初，该村通往县乡的柏油公路铺通。县城至哈拉哈塘的沥青公路沿该村东侧而过，村里有一条长约1000米的南北向公路，两条长约500米的东西向公路，三条公路呈"工"字形，沥青路面，道路两侧林带成荫。

关于格代库勒村的名称，79岁的维吾尔族村民加马力·巴斯提是这样说的：

> 以前这有个美丽的湖，叫"古扎丽库勒"，顺口后称作"格代库勒"。最早这个村本来是一个湖，湖的周围有5户人家，1956年全村250人。（后来有）十几户是1962年迁来的。（后来迁来的）那些汉族同胞（在这里劳动生活的）也很辛苦。

图 1 - 3　格代库勒村村景

也有村民说，1958 年库车县发洪水，也不知道为什么从那以后就叫这个名字了。发洪水后，乡里从其他大队迁来了一部分人，（村里的）人就多了。本村的汉族人是 1966 年下放来的（几个）铁路职工，都是湖北人。

格代库勒村的村委会、村小学均位于村民二组，学校与大队部分别在一条乡村公路的两侧相隔而望。一条南北向的主干公路穿过本村，由南向北通往乌恰镇。另有一条东西走向的村级公路与主干公路交会，村委会和学校分别位于公路交会处的西北部和北部。一条东南、西北走向的八区河流经村的西南部。

二　人口、民族与居住分布

格代库勒村有 4 个村民小组，没有自然村。村民主要是维吾尔族和汉族，是一个典型的维汉混居的村庄，这也是我们将其作为调查点的主要原因之一。1956 年全村 250 人全部是维吾尔族群众，1966 年，湖北籍的汉族铁路职工下放到此，以后又陆续迁入几名山东籍及一名甘肃籍的汉族人。2000 年村里合计 213 户，其中维吾尔族 204 户；总人口有 962 人，其中男性 491 人、女性 471 人，其中维吾尔族 915 人。汉族 47 人；当年出生人口 25 人，其中男婴 14 人、女婴 11 人，自然增长率为 19 人，死亡 6 人，迁出 12 人。[①] 2001 年村总户数为 219 户，其中维吾尔族 209 户。总人口为 976 人，男性 499 人、女性 477 人，其中维吾尔族 926 人、汉族 50 人；出生 10 人，其中男婴 6 人、女婴 4 人，死亡 4 人。截至 2006 年年底村里共有 249 户，总人口 1070 人，其中男性 545 人、女性 525 人，其中有 76 名汉族村民（见表 1 - 4）。全村共有 10 名残疾人，60 户贫困户。目前汉族村民中 1 户是湖北人，9 户是山东籍人（其中 8 户有着亲戚关系）。

表 1 - 4　格代库勒村不同年份人口构成

年份	户数		人口	民族		性别		出生	死亡
	总户	维		维	汉	男	女		
2000	213	204	962	915	47	491	471	25	6
2001	219	209	976	926	50	499	477	10	4
2006	249	239	1070	990	76	545	525		

我们调查时，村里还没有进行统一规划，村民居住的较为分散，抗震安居房建不多。维吾尔族村民居住的多为土木结构的房屋，汉族村民居住的基本上是砖混结构的房屋。村民的庭院里，基本都饲养有牲畜、家禽，种有葡萄、苹果、梨树等。现在除 1 户汉族村民混居在当地维吾尔族村民中外，其余汉族村民相对集中在一处。这可以从本村三

① 比西巴格乡派出所 2000 年年终人口统计表。

小组村民的居住分布具体反映出来。

三　经济发展状况

格代库勒乡村经济以农牧业为主，经济不发达、产业结构不合理。主要的经济活动是以第一产业为主，二、三产业不发达，第一产业中种植业比重高，而畜牧业比重较小，种植业中粮食种植又占较大面积。2004 年格代库勒村有耕地 3575 亩，人均耕地 3.78 亩，小麦平均单产 441 公斤，棉花平均单产 109.04 公斤，从 2004 年比西巴格乡人均纯收入来看，格代库勒村是全乡最富裕的村。格代库勒村第一、二、三产业占农民家庭经营总收入的比重分别为93.78%、3.05%、3.16%①，这说明农民的收入主要依靠传统农业生产，影响农民富裕、贫穷的决定因素仍是第一产业的收入。近几年，根据县乡对农业产业结构的调整，格代库勒村也开始开展特色家禽养殖。到 2007 年 9 月，村里有 5 家专业养殖户，设施农业也开始起步。村里没有工业企业。只有 5 户村民自己开的 5 家商店，主要卖些日常生活用品和蔬菜。有 1 家专门打馕的。有 2 户个体户，1 户从事运输，1 户进行建筑工程承包。有 2 户村民拥有汽车（一辆捷达车、一辆面包车），有 110 人拥有摩托车，上学的孩子基本都有自行车。村里有三轮摩托车通往乡里和县里，去县里收费 3 元，去乡里收费 2 元。乡里的巴扎日是星期日，县里的巴扎日是星期五，村民一般都会在巴扎日去赶巴扎，购买必需的生活用品或出售自产的农产品

---

① 陈霞：《新疆南疆贫困乡村的发展——库车县比西巴克乡调查》，载于《新疆社会科学》2005 年第 6 期，第 87～88 页。

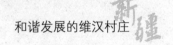

或家禽、家畜。由村里去县城坐摩托车半小时就到了，坐驴车得两小时。

四　社会事业发展状况

目前，绝大部分村民参加了新型农村合作医疗。新型农村合作医疗制度在本村很受村民欢迎，已有就医村民从中得到了实惠。在被调查人中还有 15 户参加过各类保险，主要是交通工具险、人寿保险；农业种植险，村民一般都参加了。目前村里 95% 的村民家中都有电视机，还有 2 户装了机顶盒。乡广播站配备的无线广播，早、中、晚各播 1 小时。在县财政支持下，村里还建起了村文化活动室和农牧民文化学校，极大地丰富了村民的业余生活。

格代库勒村的社会治安情况较好，多年来没有发生大的刑事、治安案件。村里有 2 座清真寺，有宗教教职人员 6 名，没有营业性娱乐场所和从业人员。格代库勒村有村干部 5 人，管理全村的行政事务，"十户长" 16 名，伊玛目 3 名。村里还设有哨卡 1 个，有一个民兵连，由 30 人组成，每天晚上有 10 人巡逻。村里目前有 2 名重点人，没有地下讲经现象，清真寺的管理人员和伊玛目严格遵守国家法律、法规，不让学生进入寺内。村干部、党员中没有参加宗教活动的，大部分村民一般一天最多做两次乃麻孜。平时居马礼拜（星期五礼拜）去清真寺的人也不多，只有节日、婚嫁、葬礼时去清真寺的人才较多。

五　民族关系

格代库勒村是个维汉混居村庄，我们的调研显示，该村建村历史仅 50 多年。但自建村以来，村里的民族关系一直很融洽。维吾尔族村民和汉族村民能和睦共处、团结友爱、互相帮助，基本没有发生过什么矛盾、纠纷，有的维汉村民还成为朋友。村里没有汉族村民前，村里的维吾尔族村民一年四季很少吃蔬菜，种的蔬菜品种有限且数量很少。自村里有汉族人迁来后，蔬菜的种植面积和品种在不断增多，很多维吾尔族村民开始从汉族村民那里学习种植蔬菜技术。此外，维、汉村民间不断相互融合，各自的一些生活习惯、民间文体活动特别是饮食爱好不断被双方互相吸收、借鉴。从 20 世纪 90 年代末起，由于库车县"三股势力"违法犯罪活动较为频繁，一些重点地区的无辜汉族群众成为他们实施犯罪的对象，为保护本村的汉族群众免受伤害，村"两委"决定，村里的汉族村民不再参加村里的夜间巡逻任务，并一直延续到现在。

六 取得的荣誉

自 20 世纪 90 年代以来，随着社会主义精神文明工作不断深入开展，格代库勒村取得了不少县乡两级政府授予的荣誉。在村委会办公室，我们看到了悬挂在墙上的各种牌匾。如 1999 年 8 月，格代库勒村获得比西巴格乡"两基"合格单位称号；2000 年 12 月 30 日成为库车县"自治示范先进村"；2003 年、2004 年、2007 年格代库勒村的清真寺分别被库车县人民政府、县委统战部授予 2002 年度、2003 年度、2006 年度"五好"宗教场所称号，同时被库车平安建设工作领导小组授予"平安清真寺"称号。

图 1 - 4 "平安清真寺"牌匾

第二章　基层组织

多年来的实践证明，抓好基层领导班子建设，是保证基层组织工作深入开展的关键。推进社会主义新农村建设，实现农村经济社会又好又快发展，关键在于把农村基层党组织建设好。随着社会主义新农村建设工作的广泛开展，在县委、乡党委的领导与帮助下，格代库勒村按照政治上强、德才兼备的原则配齐了本村的村级领导班子。2004年，格代库勒村根据县乡两级党委、政府的安排与要求选出了本村的党支部书记，并选拔出一些具有一定文化素质、政治觉悟高、工作能力强、能够领导农牧民科技致富的优秀青年充实到村级两委班子中，村里的政权组织建设得到充实和加强。与此同时，格代库勒村还充分注意发挥"三老"人员、共青团、民兵连等社团组织和其他群众自治组织的作用，在他们的积极支持与协助、配合下，本村经济社会持续向前发展，社会治安秩序良好，维、汉两族村民和睦相处、互助互爱、安居乐业。

第一节　村基层政权组织

在格代库勒村调研期间，正值当地农民忙于秋收的时节。虽然乡、村干部工作非常繁忙，但在了解了我们的意图后，还是在百忙中抽出时间与我们座谈，介绍当地的社会经济发展情况。乡党委王书记三十多岁，是个非常精干的人，会说一口流利的维吾尔语，有着丰富的基层工作经验，由于工作繁忙，我们在他下乡的路途中、田间地头与其进行了短时间的谈话。从他身上，我们深切地感受到基层乡村干部默默奉献、吃苦耐劳的精神。在村里调研时，我们在村委会办公室找到了一点有限的资料，且大多数资料都是维吾尔文。村委会没有档案柜和专门的管理人员，资料零乱地堆放在角落或办公桌内。鉴于村里资料有限，我们又到比西巴格乡政府、农业经济管理站、派出所以及其他一些相关单位或部门搜寻资料。

一 村党支部

党的十七届四中全会通过的《中共中央关于加强和改进新形势下党的建设若干重大问题的决定》（以下简称《决定》）指出："党的基层组织是党全部工作和战斗力的基础，是落实党的路线方针政策和各项工作任务的战斗堡垒。"农村基层党组织是农村经济社会发展的领导核心。推进社会主义新农村建设，实现农村经济社会又好又快发展，关键在于把农村基层党组织建设好，农村基层党组织建设直接关系农业发展、农村稳定和农民福祉。

近年来，格代库勒村党支部着眼于本村经济社会的发展，把加强农村基层党建工作与全面建设小康社会、推进社会主义新农村建设紧密结合起来，着力解决本村经济社会发展中的矛盾和问题，使村党建工作贴近农民群众的实际生产生活、紧紧围绕农村经济社会发展来展开，使本村党建工作的路子越走越宽。比如，为不断提高本村党支部成员的政治修养和业务水平，不断强化思想政治教育，严把党员入口关，认真确定入党积极分子，组织、抓好党员先进性教育工作。为提高理论水平与业务素质，村党支部书记、村委会主任先后参加了县委组织的农村干部政治理论、市场经济理论和业务知识培训班、专业技术培训班和"双语"培训班。通过"大教育，大培训"，他们的综合素质明显提高，管理水平和服务水平明显增强。本村其他干部和党员、入党积极分子、后备干部、致富带头人等也分批分次先后参加了比西巴格乡举办的各类培训，村党支部还对本村党员设岗定责，教育和引导广大党员干部真心实意地为群众办实事，切实发挥党员的先锋模范带头作用。为此，村党支部根据《中国共产党农村基层组织条例》和《党章》中的有关规定，明确了村党支部的主要职责和任务、村党支部会议的主要任务和支部书记的职责。在村"两委"办公室我们看到，村里将上述这些职责与任务都做成牌子高高悬挂在村办公室的墙上，时刻提醒村干部牢记自己的职责与任务。

格代库勒村党支部的主要职责和任务：一是贯彻党的方针、政策和上级党组织及本村党员大会的决议；二是讨论决定本村经济建设和社会发展中的问题，团结、带领群众发展生产，壮大集体经济，努力实现建设社会主义新农村的目标。需要由村民委员会、村民大会或集体经济组织决定的事情，由村民委员会、村民大会或集体经济组织按照法律和有关规定作出决定；三是组织全村党员认真学习有中国特色的社会主义理论、时事政治和科学文化知识，提高干部队伍素质；四是搞好支部委员会的自身建设，充分发挥党支部的战斗堡垒作用和党员的模范作用，对党员进行监督；五是对要求入党的积极分子进行教育培养，做好发展工作，扩大党员队伍；六是领导和推进村级民主选举、民主决策、民主管理、民主监督，支持和保障村民依法开展自治活动，密切联系群众，维护群众的正当权益；七是加强对共青团、妇联、民兵等群众组织的领导、宣传，支持和保证这些组织依照国家法律法规及各自章程充分行使职权；八是搞好全村的社会主义精神文明建设和社会治安、计划生育工作。

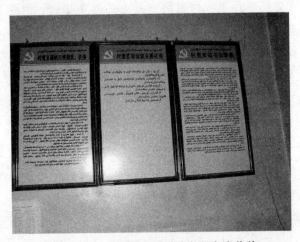

图 2 - 1　村党支部主要职责与任务宣传牌

在这一精神指导下，村党支部组织带领全村党员干部和群众深入进行改革，大力发展农村经济，狠抓自身建设。由于村党支部工作到位，格代库勒村在 2001 年库车县开展的争创"五好"村党支部、"六好"乡镇党委和农村基层组织建设先进县的"三级联创"活动中，通过检查验收跨入"五好"村的行列。表 2 - 1 为 2004 年改选以后的村党支部组织情况。

表 2 - 1 村党支部成员名单

单位：元

职 务	姓 名	性别	族别	出生年月	文化程度	任职时间	年补贴
书 记	亚森·吾买尔	男	维	1978.2	大专	2004.9	2690
副书记	—	—	—	—	—	—	—
支委班子成员	巴哈甫·库尔班	男	维	1956.9	小学	2005.1	2600
	米吉提·依明	男	维	1965.1	高中	2005.1	3085

从表 2 - 1 可以看出，通过换届，村党支部成员的年龄结构和文化层次得到改善，其中支部书记年仅 29 岁，且文化程度较高——大专，为本村的社会经济发展打下了坚实的组织基础。改选后的村党支部书记在村党支部委员会的集体领导下，按照支部党员大会、支委会的决议，主持党支部的日常工作，按党章要求积极履行支部书记的职责，结合本村实际情况，认真贯彻执行党的路线、方针、政策和政府的法令，以及上级的决议、指示，积极组织本村党员干部加强政治学习，促进党员干部队伍建设和党风廉政建设，改变工作作风，着力改善党群干群关系；及时组织召集支部委员会议和支部党员大会，研究安排支部工作，将支部工作中的问题及时提交支委会和支部大会讨论决定；组织和带领全村党员干部和群众深入进行改革，大力发展农村经济，脱贫致富奔小康，搞好精神文明建设，建设富裕文明的社会主义新农村；深入细致地做好群众的思想政治工作，积极向群众宣传党的路线、方针、政策和法规，切实提高群众的思想政治觉悟，充分调动群众建设社会主义新农村的积极性、创造性。经过努力，格代库勒村的基层党组织的战斗力、凝聚力和驾驭农村工作的能力比以往

有了明显提高。

从乡里提供的 2006 年格代库勒村党员资料材料，我们看到格代库勒村共有党员 24 名，设有基层党支部。格代库勒村的 24 名党员中，包括 1 名汉族党员，1 名妇女党员。2005 年以来，本村选拔了 5 名 40 岁以下的青年作为村级后备干部，其中大专生 1 名，妇女后备干部 1 名。格代库勒村的党员，从民族构成来看，仅有一名汉族，其余均为维吾尔族。从文化程度来看，大专 2 人，高中 1 人，初中 4 人，其余均为小学。从年龄构成上看，党员平均年龄为 50 岁，25 岁的 2 人，这 2 人分别是 24 名党员中唯一的汉族、唯一的女性；26～35 岁的 6 人，36～45 岁的 2 人，46～55 岁的 2 人，56～65 岁的 7 人，66 岁以上的（含 66 岁）4 人，其中年龄最小的 25 岁，最大的 76 岁，45 岁以下的党员占全体党员的 41.7%。现有党员年龄有些偏大，文化程度也偏低，小学文化程度的就有 17 人，占全体党员的 70.8%，急需补充新鲜血液（见表 2－2，2006 年统计）。

表 2－2　格代库勒村党员名单

序号	姓　　名	性别	族别	出生年月	文化程度
1	阿布拉·巴拉提	男	维	1974.10	小学
2	阿布拉·努尔	男	维	1943.9	小学
3	阿里木·努尔	男	维	1977.2	初中
4	阿帕尔·卡日	男	维	1962.9	小学
5	巴哈甫·库尔班	男	维	1956.9	小学
6	巴吐尔·巴斯提	男	维	1944.5	初中
7	达比提·努尔	男	维	1941.5	小学
8	何建兴	男	汉	1981.7	小学
9	加马里·巴斯提	男	维	1930.5	小学

序号	姓　　名	性别	族别	出生年月	文化程度
10	库尔班·依明	男	维	1946.7	小学
11	买买提·买米提里	男	维	1978.2	大专
12	米吉提·依明	男	维	1965.1	高中
13	莫明·肉孜	男	维	1973.10	小学
14	莫沙·卡斯木	男	维	1940.8	小学
15	努尔·尕依提	男	维	1938.9	初中
16	帕提古丽·热合曼	女	维	1981.2	初中
17	沙塔尔·卡日	男	维	1949.12	小学
18	吐尔地·卡米里	男	维	1938.1	小学
19	吐尔地·玉苏甫	男	维	1946.12	小学
20	吾格拉木·艾依提	男	维	1974.9	小学
21	吾买尔·艾库里	男	维	1942.6	小学
22	亚森·吾买尔	男	维	1978.2	大专
23	依米提·肉孜	男	维	1957.3	小学
24	买买提·巴拉提	男	维	1957.7	小学

　　为加强农村党支部的核心领导地位，提高党支部议事效率和议事规则，格代库勒村党支部一般一周或两周召开一次支部委员会议，村支部会议一般每月召开一次，如有特殊情况，可临时决定召开。党支部会议由支部书记召集和主持，凡是开支部会议，支委成员都必须参加，有事应请假。参加会议的委员必须超过委员的半数。村支部委员会议主要是学习文件，决定村里的大事。村党支部会议的议事内容一般包括：（1）党的思想、作风建设和组织建设，党员干部的教育管理，入党积极分子的培养。（2）学习文件，贯彻落实党的路线、方针、政策和国家的法律、法令

以及上级党委、政府布置的工作任务。（3）村经济和社会事业发展中的长期规划。主导产业开发和发展项目的确定，年度工作计划的制订，工作措施的落实。（4）农村各组织人员培养、选拔、工作政绩的考核和奖惩。（5）定期组织党员和入常积极分子观看电教片，对本村党员干部群众的法律知识、科学文化知识和农村实用技术的培训等。（6）计划生育各项指标的完成和工作措施的落实；评优创先活动的开展，村规民约的制定和执行，土地征用和宅基地审批；财务管理的公开和监督；教育基金的征收和各种税收的完成等。（7）研究解决本村发生的突发性事件，以及需要研究的其他问题。

村支部会议讨论的议题一般由支部书记拟定，重大问题在广泛征求村党内外群众意见的基础上，与支部委员交换意见后再在会上作出决定，力求做到决策的准确性和科学性。每个问题必须得到大部分支部委员的表决后方可定案。会议表决实行每人一票制，分赞成票、反对票或弃权票。形成决议可采取两种方式，少数服从多数或由会议主持人归纳结论。会议要有专人负责记录，记录必须要完整、准确，会后由主持人审阅签字。决议形成后，支部要分工负责，抓好落实，在执行过程中确有困难的，支部可以进行复议，未经正式复议，任何人不得擅自改变会议决议。近几年，村党支部加强培养新党员的工作，培养重点是带头致富的农民积极分子和回乡的大中专毕业生，现在在培的入党积极分子有 5 名，其中 1 名是回乡大专生。这项举措调动了农村优秀人才追求进步的积极性，改善了农村党员队伍结构（见表 2 - 3）。

表2-3 格代库勒村入党积极分子情况

姓 名	性别	族别	出生年月	文化程度	被确定时间
依明·热合曼	男	维	1977.9	大专	2003.10
塔依尔·沙塔尔	男	维	1980.3	初中	2004.6
卡哈尔·卡热	男	维	1965.7	小学	2003.10
尼亚孜·卡斯木	男	维	1955.8	小学	2004.6
买买提·吉里力	男	维	1967.3	小学	2005.1

　　格代库勒村党支部为带领全村走上富裕道路，根据本村的人员、土地和水源优势发展庭园经济，积极调整种植业结构，把发展蔬菜大棚作为今后本村农业经济的重点发展目标。在党支部自身建设方面，针对村民所提意见及自我反思查摆出来的问题进行认真整改，深入开展争创"五好"党支部，解决了极少数干部党员政治立场不坚定、思想认识模糊、服务意识差、作风浮夸等问题，村干部思想作风明显好转。同时，在库车县委、县政府的支持下，村里建起了基层电教站室，专用电教设备得到解决，村党员干部的现代远程教育工作得以实现，党员电化教育工作走上经常化、规范化轨道。

二　村民委员会

（一）村委会现状

　　格代库勒村是比西巴格乡的"五好"村。村民委员会主要负责管理本村的公共事务和公益事业，调解民间纠纷，协助维护社会治安，向人民政府反映村民的意见、要求和提出建议。我们调研时，村主任为我们提供了现任格代库勒村委会班子名单（见表2-4）。从这个名单中可以看出，本届村委会成员均是维吾尔族，村委会成员的年龄在25～45岁之间，其中有 1 名女性，也是村委会中最年轻的一位，当选时年仅 23 岁，村委会中年龄最大的 51 岁，另两位年龄分别是 39 岁、41 岁，村委会成员的平均年龄为 39 岁，领导班子成员较为年轻（见表 2 - 4）。

表 2 - 4　村委会成员名单

职　务	姓　　名	性别	族别	出生年月	文化程度	任职时间	年补贴	政治面貌
主　任	卡哈尔·卡热	男	维	1965.7	初中	2004.12	3000	—
副主任	尼亚孜·卡斯木	男	维	1955.8	小学	2004.12	2500	—
	买买提·吉里力	男	维	1967.3	小学	2004.12	2500	—
委　员	帕提古丽·热合曼	女	维	1981.2	初中	2004.12	2200	党员

为落实村干部责任，村委会明确了每位村干部的工作任务。村委会成员具体分工情况如下：

村主任：卡哈尔·卡热，主管行政工作；

副主任：尼亚孜·卡斯木，主管生产用水、税收；

副主任：买买提·吉里力，主管林业扶贫；

村委委员：帕提古丽·热合曼，主管计划生育、妇女工作。

为改善村委会的办公条件，使基层干部安心工作，近几年，库车县委把村级组织办公活动场所建设作为社会主义新农村建设和加强基层政权建设的重要抓手，按照统一施工图纸、统一规划土地的原则，同时，依托自治区村级组织办公活动场所建设、少数民族地区"三室"建设等项目，除多方筹集资金外，县财政每年拿出 500 余万元用于村级组织办公活动场所和文化阵地建设。格代库勒村的村级办公活动场所因此得到了一次全面的改扩建，村委会的办公条件得到明显改善。

图 2-2 村委会外景

在村委会中，主任的地位非常重要。村委会的办公室悬挂的维汉两种文字的关于村主任主要职责与任务的牌匾上，详细地规定了村委会主任的主要职责：（1）负责全村村务工作，贯彻落实上级工作部署和指示，组织实施本村的经济、社会发展计划，带领村民致富奔小康；（2）做好全村的生产服务和协调工作，维护集体统一经营和农户分户经营的合法权益；（3）维护全村社会治安，及时调解民事纠纷，创造良好的生产、生活秩序，促进村民团结友爱、家庭和睦；（4）抓好精神文明建设，积极开展创建"文明村"、"文明户"和"五好家庭"活动，引导村民开展健康有益的文体活动，办好村公益事业；做好"五保户"、贫困户和特困户的工作，搞好全村计划生育工作。

为提高村干部的工作积极性，2005年以来，县委在村干部中大力推行养老统筹和人身意外伤害保险制度。按照

"低标准、全覆盖"的原则，本村干部全部被纳入养老统筹，县委按 120 元的标准为全体村干部购买了人身保险。库车县委还立足农村工作的实际，建立了关爱农村干部基金，用于村干部的人身意外伤害保险（2007 年取消）、特困党员干部的生活救助、表彰奖励有突出贡献的农村干部、村级后备干部的选拔培养、村干部外出学习培训补助等。在县委关心下，各乡每位正职村级干部每年免费体检一次。村干部除拿工资外，每年还有 300～500 元的交通补贴，村委会主任和党支部书记另有 50 元的电话费补贴。2005 年村里有 7 名干部参加了基本养老保险，每人年工资为 2898 元，按工资的 12% 缴纳，缴纳金额为 231.84 元，实现了村干部老有所养（见表 2－5）。

表 2－5　格代库勒村干部参加基本养老保险缴费名单

单位：元

项目　　姓名	缴费年月	财政缴纳			个人缴纳		
		缴费工资	%	金额	缴费工资	%	金额
买买提·买米提里	2005.4.9	2898	12	347.76	2898	8	231.84
巴哈甫·库尔班	2005.4.9	2898	12	347.46	2898	8	231.84
买买提·吉里力	2005.4.9	2898	12	347.46	2898	8	231.84
卡哈尔·卡热	2005.4.9	2898	12	347.46	2898	8	231.84
亚森·吾买尔	2005.4.9	2898	12	347.46	2898	8	231.84
尼亚孜·卡斯木	2005.4.9	2898	12	347.46	2898	8	231.84
帕提古丽·热合曼	2005.4.9	2898	12	347.46	2898	8	231.84
合　计		20286.00		2434.32	20286.00		1622.88

（二）村委会的职责

村委会负责全村的各项工作，包括经济、教育、计划生育等；上级部门对村委会的具体工作没有明文规定，一般是通过指示、传达、开会、学习，或者上级派领导专门负责和监督村委会的日常工作。村委会成员各有分工，农闲时走家串户，发现问题及时解决，指导农民从事农业生产活动，帮助农民解决矛盾、调解纠纷。村委会的活动没有固定时间，村民有事情，可随时找村委会成员解决。星期一至星期五，村干部一般在村委会办公室正常上班，农忙时根本没有休息时间。村委会还对村干部实行考勤制，由村委会主任和党支部书记负责考勤，考勤表每月上报乡政府，如果旷工按有关规定扣除一定数额的工资。村里有事情时，由党支部书记和村委会主任直接召开村委会成员开会，研究解决方法，每位村民委员分管一个村民小组，一般情况由村干部解决，遇到大事，由村委会主任和党支部书记出面解决。村民大会每年 30 次，长的 10 天、半个月一次，短的 5 天一次，主要内容就是农业生产、计划生育、维稳工作、抗震安居、林果业等，一般 180~200 人参加（基本一家一人）。

村民大会的主要任务：一是听取和审查村委会年度工作总结、村财务收支情况、农民减负执行情况；二是讨论和制定本村经济社会发展情况和年度规划；三是依法评议、选举和免除村委会委员；四是讨论、制定和修改村规民约；五是讨论和解决本村生产承包中的问题和本村发展福利事业的有关事宜；六是讨论、制定村集体经济种类，村集体土地使用费、承包费和其他收入情况，村宅基地分配情况及村集体经济收入、开支情况；七是废止和修改村民代表大会和村委会的不合理决定；八是涉及村民合法权益的其他事项。涉及村级的重大事项，一般要经过村民大会讨论通过后决定。

村级重大事项主要包括：一是村级工作中止；二是增加、选拔、管理、监督和免除村集体经济组织、共青团、妇联、民兵等班子成员，村财务人员，村民小组组长及村级企业管理人员等；三是重大数额的财务支出；四是制定集体经济的种类、承包期限方案；五是制定村级福利事业、农民筹资筹劳计划和建筑承包期限等；六是农村土地承包方案；七是审核村建设规划；八是使用集体经济收入；九是社会事务和宗教事务的管理；十是计划生育工作；十一是决定扶贫事项和赈灾物资的发放；十二是村民普遍关注及涉及村民切身利益的其他事项。

在调研中，我们感受到，由于县乡两级的重视，格代库勒村的基层政权建设工作比较扎实，村民委员会能积极主动地与群众沟通交流，村民对于本届村委会的工作还是较为满意的，也正是在他们的努力与带领下，格代库勒村的各项工作才能取得丰硕的成果：村基层基础设施建设初步取得成效，村庄面貌有明显改变，该村还先后被县农户小额贷款工作领导小组、县政府等部门授予"信用村"、"县级文明村"、"人民满意村"和"九年义务教育合格村"。

（三）村财务管理情况

对于村级财务，格代库勒村采取"村财乡管县监督"的原则，严格财务管理和审批程序，500元以下由村委会主任审批，500～1000元的经村党支部研究，经民主理财小组讨论，报乡镇农经站审核开支；1000～2000元由乡镇分管领导审核开支；对重大开支经村民代表大会研究决定，报乡镇政府审批。村委会按照财务管理的要求将村集体的所有收入和开支都定期在公告栏里公布，公开接受村民监督。如每季度对村财务情况向村民公布，每半年进行一次检查，每年对财务人员进行一次轮训，每两年对村级财务进行一次审计，防止村级财务乱开支的情况发生。我们在村委会财务室看到了悬挂在墙壁上的本村 2007 年第二季度的财务收支情况表。

图 2-3　村财务收支情况（2007 年第二季度）

（四）村行政事务管理

为提高各村村干部依法管理村级行政事务的能力，县委每年举办村级干部法律法规培训班，每年对乡村干部执行制度情况进行一次考评，完善村级管理制度。为使本村公共事务的管理规范化、制度化，村委会根据县乡相关的规定和本村的实际情况制定了《村党支部职责》、《村委会职责》、《村务公开制度》、《村财务管理制度》、《三会一课制度》、《村规民约》、《宗教事务管理制度》和《重大事项报告制度》等规章制度，使村委会对村组的管理有章可循、有法可依，增强了村干部依法行政、依法管理的意识。格代库勒村委会还根据库车县《库车基层组织制度汇编》、《库车县基层组织建设五年规划》和《村级阵地建设三年规划》以及"三级联创"的长远目标，逐步规范本村议事谋事和决策程序，村务、财务基本实现了民主决策、民主管理、民主监督，不断加强村级事务管理，创新村级管理体制，大力推进村级组织规范化管理，三级管理呈现良好局面，农村议事谋事和决策程序得到规范，并形成了重大事项集体研究、集体讨论决定的良好局面，为本村的政治社会稳定和发展打下了坚实的组织基础。同时，村委会还不断加强村级调解组织、治保会和民兵连等村配套组织的建设工作（见表2－6），以协助村委会管理本村的各项行政事务和公共事务；建立健全了村级矛盾纠纷排查调处工作机制，充分发挥村级调解组织、妇联、民兵连和治保会的作用，及时把矛盾纠纷消灭在萌芽状态，做到小事不出村，大事不出乡，有力维护了本村的稳定与和谐发展。

表2－6　村配套组织名单

职务	姓　名	性别	族别	出生年月	文化程度	政治面貌	任职时间	此项工作在乡镇中的排名
团负责人	依明·热合曼	男	维	1977.9	大专	—	2004.12	2
妇联主任	帕提古丽·热合曼	女	维	1981.2	初中	党员	2004.12	15
民兵连长	依明·热合曼	男	维	1977.9	大专	—	2004.12	8
治保主任	尼亚孜·卡斯木	男	维	1955.8	小学	—	2004.12	8

我们在村委会的办公室中，找到了一张有关村委会2007年主要工作任务的资料。2007年村委会主要工作任务：

1. 林果业，种植红枣苗150亩，种子1050亩。

2. 抗震安居（共）55 户，（已）完成 40 户，还有 15 户正在盖。

3. 县乡两级人士代表换届选举。

4. 平安村建设。

5. 宗教事务管理重点抓。

6. 三五（应为四五）普法，组织全村村民学习法律，宣传法律。

7. 加大对农民进行科技培训、实用技术培训的力度，完成县、乡下达的工作任务。

（五）村后备干部培养

除共青团、民兵连、妇联等配套组织配合村党支部、村委会管理村行政事务和公共事务外，2003 年、2005 年，为缓解村级班子选人难的问题，根据县乡两级政府的部署与安排，村里立足于长远，开始强化村级后备干部队伍建设，将一些积极上进、表现突出的青年作为村后备干部进行培养（见表 2-7）。这几名青年除一人外，自身都有一定技能。表明村里在选择后备力量时，拥有一定的知识文化和技能、能带领村民共同富裕，是今后选拔农村干部的重要标准。

表 2-7 村后备干部名单

姓　　名	性别	族别	出生年月	文化程度	政治面貌	有何特长	被确定为后备干部的时间
米吉提·依明	男	维	1965.1	高中	党员	农机	2003.10
依明·热合曼	男	维	1977.9	大专	—	驾驶	2005.1
买买提·库尔班	男	维	1970.7	初中	—	园艺	2005.1
欧古兰木·艾买提	女	维	1972.4	初中	—	编织	2005.1
塔依尔·沙塔尔	男	维	1980.3	初中	团员	—	2005.1

（六）村思想文化阵地建设

由于县乡两级政府非常重视基层农村的思想文化阵地建设，全乡14个行政村全部建了文化站（室），标准文化室达70%以上，共有图书7000册以上。乡政府每年还组织各种文艺汇演及农民运动会，活跃农民的业余文化生活，增强各民族间的交流与沟通。同时，县乡宣传部门还组织"电影下乡"活动，采取相关措施巩固"村村通"成果，确保各村的广播音响率达95%以上，有力地巩固了基层文化阵地。格代库勒村在县乡两级财政的大力支持下，不仅修建了村级标准文化站，还设立了专门的图书阅览室，使村民在农闲期间或平时有了学习和娱乐的固定场所；村委会还组织村民利用农闲开展一系列的文化活动和农民运动会，丰富了村民的业余生活。

第二节　基层政权组织的民主选举

格代库勒村村民十分关心村干部选举工作。2004年至2005年年初，格代库勒村"两委"进行换届选举。村党支部根据《中国共产党党章》和《中国共产党基层组织选举工作暂行条例》的有关规定，进行了换届选举，推选出了新的领导班子，一些年轻干部走上了领导岗位。现任村党支部书记为亚森·吾买尔，大专毕业，经由村全体党员提名为候选人，报上级党组织审查同意并在村党员大会上进行选举后，由乡党委批准任命，负责管理全村的党员生活及村行政工作，支部副书记至今空缺。支委的两名成员由全体党员推选，选举采用无记名投票的方式，经党员大会表决通过，经差额民主选举产生。

从我们在村里的调研情况看，格代库勒村村委会的选举较之村党支部的换届选举似乎更能引起村民的广泛关注和重视。村民对选举的态度比较积极，只要乡里来人组织进行民主选举工作，村民都会按时参加（见表 2 - 8）。大多数村民认为村干部的好坏直接关系到村民未来的发展、生活的好坏。因此，关心村干部的选举，也就是关心自己的未来，村民是决定村委会选举的主要因素。

表 2 - 8　村民对参加当年村委会选举的态度调查结果统计

单位：人,%

选　项	人　数	百分比
积极参加	35	71.4
参加，选谁都一样	8	16.3
不参加	6	12.2
其他	—	—
总　计	49	100.0

现任的村委会成员是在 2004 年选举产生的。这次选举是依照《宪法》、《中国共产党基层组织工作暂行条例》、《村民委员会组织法》和《新疆维吾尔自治区村民委员会选举办法》的相关规定进行的。村民委员由村民民主选举产生，一届任期三年。村委会主任、副主任、委员经差额选举方式产生，采取无记名投票方式，选举结果当众公布。选举程序是由村民小组和全体村民提议候选人，张榜公布，第一榜后第二榜审查筛选大家没有意见后，按票数自高到低确定两名村长候选人，然后召集有选举权的村民进行选举。

由于本村维吾尔族村民占绝大多数，选举中一般都使用维吾尔语，无形中削弱了汉族村民行使选举权的权利。在回答担任村干部的重要条件的问题时，很多村民把拥有较强的组织领导能力放在第一位。具体统计情况见表 2 - 9。

表 2 - 9　村民对担任村干部条件的调查统计结果

单位：人，%

选　项	人数	百分比
上面有关系	6	12.5
家里比较富裕	3	6.3
有较强的组织领导能力	34	70.8
有较强的家族势力支持	5	10.4
其他	—	—
总　计	48	100.0

从表 2 - 9 可以看出，有 34 位村民认为应由有较强的组织领导能力的人担任村干部，占 48 份问卷的 70.8%，这个比例是相当高的，这也说明村民已经认识到只有有能力的干部才能带领村民走上致富的道路。当然，表中另一组需引起注意的数据是，有 6 位村民认为在县乡有关系的人才能当，占到了问卷的 12.5%，从与村民的访谈中了解到，这种现象确实存在，并在村民中产生了一定的影响。还需注意的是有 5 位村民认为担任村干部要有较强的家族势力支持。由家族支持当上村干部的现象，过去在我国许多农村尤其是历史悠久的村庄普遍存在，格代库勒村形成的历史并不长，家族势力并不像一些地方那么强大，但从与村民的访谈中仍可以感受到个别家族人员少的村民在村里会受到家族人员较多一方的排挤，在过去的村干部选举中会出

现家族成员相互支持、拉帮结派的现象，从而使一些村民产生这种思想。

第三节　干群关系

近几年，根据国家方针政策，为增加农民收入，提高农民生活水平，比西巴格乡加快本区域各行政村的产业结构调整步伐，大力发展林果业和设施农业。但由于部分村民文化素质低、思想观念保守和落后，不易接受新生事物。在推行某些措施时，如抗震安居房的建设以及先进的农业技术过程中，很多村民不理解、意见很大。特别是在推行特色林果业和设施农业过程中，由于林果业和设施农业与传统农业生产方式不一样，有一定的周期性且投入资金比较大，村民不能及时见到效益。2007 年格代库勒村在推广林果业和设施农业发展时有一定难度，村干部的工作压力也很大。加之村干部要完成上级下达的指示任务，个别村干部业务素质低下，不讲究工作的方式方法，执行工作过程中，干部作风强硬一些，群众多少会有些情绪，难免发生争执，导致部分村民与村干部关系有时有点紧张。村民普遍认为当前党的各项农村政策以及扶持农业发展、增加农民收入的措施是好的，但一个重要的问题就是我们的干部在解释和执行政策时容易出现偏差，从而引发矛盾和问题。有村民认为：三提五统都取消了，这是好政策。关于村里的公共建设，修路、挖渠有人的出人，没人的出钱。2006 年村里决定在其中一个村民小组盖（蔬菜）大棚，但让村里其他村民小组的每个村民都掏钱，村民对此很有意见。因为盖的大棚不是给大家的，还要求（每个村民）掏钱，不合理。

　　大家希望干部能帮助农民提高收入，对种果树，农民有些意见，特别是种红枣树。……干部今年让种梨树，明年让种核桃，核桃中间又让种枣树。党的政策好，但下面的土皇帝（主要指乡村干部）了不得，全是搞强制，树苗是强制的，小鸡是强制的，农药也是强制的，不在家的放在门缝里，秋后来收钱。

　　虽然，村民对村干部多多少少有些意见，但多年来对村干部的依赖导致村民在出现困难或问题时，仍然将村干部作为寻求帮助的首选人物。从我们收回的调查问卷当中可以清楚地反映出来（见表2－10）。

表2－10　遇到困难会找谁的情况统计（多项选择）

单位：人，%

选项＼指标	生产上遇到困难		家中急需钱用		与村民发生纠纷		家庭内矛盾	
	人数	百分比	人数	百分比	人数	百分比	人数	百分比
村　干　部	31	49.2	28	45.9	31	59.6	26	52.0
亲　　属	16	25.4	17	27.9	12	23.1	13	26.0
邻　　居	6	9.5	6	9.8	5	9.6	5	10.0
朋　　友	8	12.7	8	13.1	3	5.8	3	6.0
村内老人	1	1.6	1	1.6	—	—	1	2.0
宗教人士	1	1.6	1	1.6	1	1.9	1	2.0

　　由于调查的数据来源于51份问卷，其选项是可以多选的，所以其百分比只是对同一项目中人数之和与所选村民之间的比例。从表2－10可以发现，超过一半的村民在遇到各种问题时首先选择的是寻求村干部的帮助与解决，特别是在遇到生产上的困难和与村民发生矛盾纠纷时，比例分别占到了被调查人员的49.2%、59.6%。村民之间发生纠

纷时寻求干部解决的比例在这几项中所占比例最高，说明村干部在解决基层矛盾纠纷问题上，有着非常重要的、关键性的作用，这就要求县乡两级政府应把思想工作水平、业务能力和个人素质作为考核、提拔基层干部的第一要素，要求我们的基层干部必须树立"以人为本"的思想，全心全意为广大村民服务。

生产上遇到困难寻求村干部帮助的村民有 31 位，说明现任的村干部已经成为当地经济发展的带头人，他们的文化知识与生产技术已经在村民中产生了很大的影响。因此，在本村农业生产中促进农业技术的普及和推广、发展特色农业特别需要他们的示范作用，这也就对他们今后学习先进的生产技术、带动本村经济发展提出了更高的要求。

村民们在遇到上述表内所提问题时也会找宗教人士，但这个比例非常小。这从一个侧面反映出本村的宗教氛围比较淡，村民的宗教意识比较淡薄，也是本村没有"三股势力"活动的重要原因。

从我们调研的情况看，格代库勒村的干群关系比较好。认为本村干群关系"很好"、"较好"、"一般"的三项合计达 85.5%。

表 2-11　被调查群众干群关系状况统计

单位：人，%

选　项	人　数	比　例
很　好	9	18.8
较　好	15	31.3
一　般	17	35.4
不　好	6	12.5
很不好	1	2.1
合　计	48	100

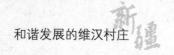
第四节　共青团组织和其他组织

一　共青团组织

格代库勒村现有共青团员 47 人（不含学生），其中男团员 33 人，女团员 14 人。虽然团员人数较多，但格代库勒村的团组织机构不健全，至今没有成立团支部，没有团支部书记。村团组织是当地青年中的一支生力军，是党组织发展壮大的主要后备力量，格代库勒村团组织机构的不健全直接影响了正常的团组织生活和团员日常活动的正常开展，特别是影响了基层中坚力量的培养和发展，不能有效发挥青年团员在村里社会经济发展中的模范带头作用。目前村里的团组织工作暂时由村里的一名入党积极分子依明·热合曼负责。团员的固定活动场所是村委会办公室。

格代库勒村的团员，农闲时每月活动两次，农忙时每月活动一次。活动内容主要是组织团员看科教片，学习、掌握农业种植技术；进行体育活动，如打篮球、拔河等，或组织娱乐活动，如打牌、跳舞、唱歌等。为充分发挥团员的工作积极性，村党支部还让团员参加村支部会议，让他们参政议政；村里发生紧急情况（自然灾害）时，村党支部组织村里的团员冲锋在前，参加抢险救灾；在冬季农闲时还组织团员不定期地进行义务劳动，帮助本村缺乏劳动力或生活有困难的村民干活；同时注意加强对团员的政治学习和教育工作，不定期地组织青年团员学习党的方针、政策和有关文件，培养和提高团员的政治觉悟。

为提高团员文化素质，比西巴格乡组织了"双语"培训班，一期一般3个月，格代库勒村的青年团员参加的热情很高，希望通过掌握基本的汉语知识加强与外界的沟通与交流。村里的青年团员平时比较关注的问题是社会主义新农村建设、社会稳定形势及平安建设等。

表2-12　格代库勒村共青团团员名单

序号	姓　　名	性别	族别	籍　贯	出生年月	入团时间
1	吐尔地·吾买尔	男	维	格代库勒村	1988.5	1996.5
2	阿瓦古丽·吾守尔	女	维	格代库勒村	1989.1	1996.5
3	吐尔地·阿比提	男	维	格代库勒村	1987.8	1996.5
4	阿依夏木·阿比提	女	维	格代库勒村	1988.9	1996.5
5	库尔班·马木提	男	维	格代库勒村	1988.11	1996.5
6	托呼提·热合曼	男	维	格代库勒村	1988.2	1996.5
7	艾海提·热合曼	男	维	格代库勒村	1987.12	1996.5
8	居马·加马力	男	维	格代库勒村	1988.8	1996.5
9	热合曼·库尔班	男	维	格代库勒村	1988.9	1996.5
10	阿依夏木·加马力	女	维	格代库勒村	1985.11	1994.5
11	吐尔逊古丽·买买提	女	维	格代库勒村	1989.6	1996.5
12	吐尔地·帕它尔	男	维	格代库勒村	1984.6	2001.5
13	海尔古丽·阿帕尔	女	维	格代库勒村	1984.7	2001.5
14	热合曼·阿比提	男	维	格代库勒村	1983.4	2001.5
15	肉孜·依明	男	维	格代库勒村	1983.6	2001.5
16	热孜万古丽·沙塔尔	女	维	格代库勒村	1984.8	2001.5
17	阿不力克木·阿迪	男	维	格代库勒村	1984.3	2001.5
18	艾则孜·买买提	男	维	格代库勒村	1981.5	1998.5
19	托乎提·依米提	男	维	格代库勒村	1981.9	1996.5
20	吐尔逊·肉孜	男	维	格代库勒村	1985.3	1998.5
21	塔依尔·热合曼	男	维	格代库勒村	1981.6	1996.5
22	阿布都拉·吾斯曼	男	维	格代库勒村	1981.11	1998.5
23	阿不来提·吾买尔	男	维	格代库勒村	1981.7	1998.5

序号	姓　　名	性别	族别	籍　贯	出生年月	入团时间
24	茹仙古丽·买买提	女	维	格代库勒村	1982.12	1998.5
25	买买提·买买提力	男	维	格代库勒村	1986.2	1995.3
26	毛民·肉孜	男	维	格代库勒村	1984.3	1996.5
27	吾格兰木·木沙	女	维	格代库勒村	1989.4	1998.5
28	艾合买提·吾买尔	男	维	格代库勒村	1983.6	1994.3
29	库尔班·阿帕尔	男	维	格代库勒村	1986.8	1994.3
30	依力·依米提	男	维	格代库勒村	1985.3	1994.3
31	肉孜·买买提力	男	维	格代库勒村	1981.2	1997.5
32	买合木提·买买提力	男	维	格代库勒村	1983.7	1997.5
33	库尔班·克力木	男	维	格代库勒村	1986.6	1997.5
34	热合曼·阿帕尔	男	维	格代库勒村	1988.5	1996.5
35	努尔古丽·巴拉提	女	维	格代库勒村	1988.3	1996.5
36	阿里木·巴图尔	男	维	格代库勒村	1985.2	2001.5
37	艾海提·托呼提	男	维	格代库勒村	1985.3	2001.5
38	帕提古丽·艾海提	女	维	格代库勒村	1984.7	2001.5
39	吐尼沙古丽·加马力	女	维	格代库勒村	1984.1	2001.5
40	卡哈尔·玉山	男	维	格代库勒村	1983.11	2001.5
41	买买提·巴拉提	男	维	格代库勒村	1984.12	2001.5
42	阿吉古丽·肉斯坦	女	维	格代库勒村	1984.1	2001.5
43	艾比布拉·克力木	男	维	格代库勒村	1983.8	2001.5
44	阿曼古丽·牙森	女	维	格代库勒村	1984.4	2001.5
45	艾则孜·吾斯曼	男	维	格代库勒村	1984.7	2001.5
46	库尔班·依米提	男	维	格代库勒村	1988.11	1996.5
47	阿曼古丽·阿吾提	女	维	格代库勒村	1985.8	2001.5

　　从表2－12我们可以看出，30名团员是1985年之前出生的（含1985年），团员年龄整体偏大，近一半已经到退团年龄。共青团是中国共产党的先锋组织，也是基层政权

组织建设的一支重要的后备力量，发展、培养新团员，壮大团员力量是目前村共青团工作面临着的一项重要任务。对于团员后备力量的培养，共青团除积极向村里的非党团年轻人宣传党团知识、组织文体活动吸引更多的青年参加外，还动员他们和团员一起参加义务劳动，鼓励他们积极争取向团组织靠拢。每年"五四"青年节，村里都会积极发展新团员，推荐成绩较为优秀的团员为积极分子，作为入党发展对象。2007 年，有两个申请入团的青年已光荣加入了共青团组织，一个是后备干部，一个是学生（乡里上双语班）。

从党团关系看，村党支部直接给村里的团员下达任务、分配工作。团员中涌现出的先进个人，是党支部的重点培养对象，超龄团员也是党支部关注的重点之一。

二　妇女联合会

格代库勒村妇女联合会由村妇联主任和 4 名宣传员组成。格代库勒村现任妇联主任是帕提古丽·热合曼，初中文化程度，是由党支部任命的。妇联的日常工作主要是计划生育方面的药品发放，宣传计划生育政策，妇女儿童权益保障，妇女思想工作，组织妇女进行科学知识、技术学习，妇联还在每年"三八"节举行巾帼英雄比赛。

村妇联主任是村委会领导班子的成员，同时还是乡计划生育宣传员。这种多重的身份决定了她在村领导层和村民心目中的重要地位。格代库勒村妇女联合会平时就帕提古丽·热合曼 1 人，其余 4 个委员分别在 4 个村民小组。村妇女联合会工作时依靠村委会、党支部和女团员以及妇女积极分子的帮助和协调，在他们的支持与帮助下，格代库勒村的计划生育、人口管理工作和家庭纠纷等有关妇女方面的工作进行得有声有色，得到广大妇女的认同和肯定。妇联主任在平时的工作中，除了繁重的计划生育宣传工作外，还和村委会、派出所、党支部有关人员一起在调解村民婚姻家庭纠纷方面做了大量工作，村里每年有很多的婚姻家庭纠纷找到妇联要求解决，由妇联主任出面，召集村委会主任、副主任、党支部书记等组成调解小组进行调解。妇联主任还负责为前来咨询的女性解答有关妇女保健、婚姻等方面的问题。

三　民兵组织

比西巴格乡所辖的15个行政村里都有民兵组织。格代库勒村有一个民兵治安分队（也就是民兵连），队员共有30人，队长为买买提·吉里力。村里发给每位民兵每月30元补贴，并免除村里的义务劳动。民兵队长在乡党委和乡武装部的领导下开展工作，负责全村的社会治安工作；组织、带领民兵宣传党的路线、方针和民族宗教政策，促进本村三个文明建设工作；负责收集上报各类情报信息，完成村党支部、乡党委政府、乡武装部交付的各项工作任务。

民兵治安分队一般由村里的团员和有进取心、政治上较为积极的青年构成。民兵的主要任务就是在本村进行执勤、巡逻，保证每天有人值班并及时处理有关情况。根据乡武装部要求，村民兵治安分队还要结合执勤进行随机训练和教育，每天登记执勤情况，并按要求向乡武装部通报情况，重大问题应及时上报，对完成任务出色、上报情况及时、成绩突出的民兵给予表彰和奖励；对执勤态度不认真，擅自离开岗位，造成不良影响或造成严重后果的，按有关规定给予惩罚。

民兵治安分队在村里有着很重要的作用，尤其在抢险救灾的时刻能充分体现其价值，故而民兵在村中受到村民的爱戴和拥护。在民兵队长的领导下，通过全村民兵的共同努力以及格代库勒村全体村民的协助，多年来格代库勒村的社会治安十分稳定，很少发生刑事治安案件，村民们和睦相处、安居乐业。

四 "三老"人员

"三老"人员是指村里的老党员、老干部和老模范。"三老"人员在农村有较高的威望，说话办事很有说服力，是基层干部开展各项工作的坚实基础。库车县十分关爱"三老"人员，不断提高"三老"人员的生活待遇。为此，县委、县政府采取各种措施，积极做好"三老"人员的管理、教育及待遇落实工作。给各村"三老"人员发放生活费是从十二三年前开始的，刚开始每年发 200 元，后来提高到 500 元。2006 年比西巴格乡落实"三老"待遇人员达142 人，在县财政的支持下，目前"三老"人员的生活补贴达到了每人每年 1000 元的标准。

格代库勒村有 4 位在册"三老"人员。村民对"三老"人员很尊重，还说以前的干部干得很好，也很敬佩他们。村里的这几名"三老"人员在村民中很有威望，很多情况下，一些农村生产工作村干部推行不下去的情况下，只要"三老"人员带头，村民就很拥护。在每两三个月开一次的村党支部生活会上、关于农业生产征求意见会或各种仪式上，格代库勒村村支部和村委会都会将这四位"三老"人员请来参加，并认真听取他们的意见。在社会主义新农村

图 2-4　调研组与村"三老"人员田间座谈

建设中，根据县乡规划、部署，村里加快了对第三产业结构的调整工作，但在推进进程中由于部分村民对政策的理解偏差和传统种植观念的影响有抵触情绪。在这种情况下，村党支部、村委会常会将解决不了的一些问题，如有关林业、苹果、红枣、梨子的种植等方面的问题征求"三老"人员的意见，希望他们带个头，发挥他们的影响力给村民起榜样、示范作用。村里的村民之间产生问题或发生纠纷时常会找他们商量或解决。通过访谈我们了解到，群众对村干部的工作方法有意见时，不会直接找村干部，而是找到"三老"人员向他们诉说。如群众对种红枣意见很大，提出县乡发的果树苗很多是干的，存活率低，他们还得花钱再重新购买树苗补种，不仅耗费了时间和劳力，还要浪费财力，不划算。格代库勒村的第2、3、4等三个小组的部分土地已盐碱化，乡里把种植果树的钱收了却没有种树，钱也没退。村民们对此很有意见，到村干部那里反映情况，不给解决，村民因此找到"三老"人员反映情况。对于村民反映的情况，"三老"人员都很认真地对待并及时向村两委领导班子、乡委、县委反映，如村里土壤盐碱化问题，"三老"人员充分发挥他们的影响力，向县乡"两委"及时提出了整治意见，这个问题很快得到解决。

村里的"三老"人员中，有的宗教观念很淡，基本没什么宗教知识，也从不参加任何宗教活动，如原来的村长、副书记努尔·尕依提，因为年纪大，加之是党员基本上不去清真寺，对此，村民都能理解。

表 2-13　格代库勒村"三老"人员名单

姓　　名	性别	出生年月	三老类别	享受三老待遇时间
吐尔地·卡米里	男	1938.1	老党员	1999.10
加马里·巴斯提	男	1930.7	老干部	1999.10
莫沙·卡斯木	男	1940.8	老模范	1999.10
努尔·尕依提	男	1938.9	老干部	2004.8

第五节　社会治安综合治理工作

格代库勒村民风朴素，宗教意识比西巴格乡其他村淡薄。这里既不是县里的社会治安重点区域，也不是乡里的社会治安重点区域，也无刑释解教"危安人员"①。多年来，在全体村民的努力下，格代库勒村社会治安一直良好，基本没有大的刑事治安案件发生，经济社会持续保持平稳发展，维汉村民和睦相处。2005 年 11 月至 2007 年 6 月，比西巴格乡派出所共立刑事案件 102 起，其中格代库勒村仅发

---

① "危安人员"：涉及危害国家安全的违法犯罪人员。

生 4 起盗窃案件（其中 2005 年发生 1 起，其余 3 起均为 2007 年发生的），与全乡其他村相比，格代库勒村刑事发案数少、发案率低。在 2005 年 10 月至 2006 年 10 月，比西巴格乡乡派出所共立治安案件 46 起，其中格代库勒村仅发生 4 起殴打他人的治安案件。2001 年格代库勒村被评为"五好"村。2006 年，又被库车县委平安建设领导小组授予"平安村"称号。村民对本村的社会治安状况还是比较满意的。课题组专门就这一问题对 48 个村民进行了问卷调查（见表 2 - 14）。

表 2 - 14   格代库勒村村民对本村社会治安状况满意度的调查

单位：人，%

	很好	较好	一般	不好	很不好	不清楚
人　数	9	15	17	6	1	—
百分比	18.8	31.3	35.4	12.5	2.1	—

从表 2 - 14 可以看出，村民对本村的社会治安满意度较高，除 3 人放弃回答，在被调查村民中认为本村社会治安"很好"和"较好"的人数共计 24 人，占到被调查人数的 50.1%，另有 35.4% 的村民认为本村社会治安状况一般。实际上我们在村里进行调研访谈中也能时常听到村民对村社会治安状况比较满意的言论，村里除有些小偷小摸、打架斗殴的个别治安案件外，没有大的刑事案件发生，这可以从我们从乡派出所调取的资料中加以佐证。

多年来，处于库车县复杂的社会、政治环境下，格代库勒村之所以没有出现分裂破坏活动和非法宗教活动，社会治安能始终保持良好态势、村民安居乐业，与村党支部、村委会对本村综治工作的重视分不开。

一　基层政权组织重视本村的社会治安管理工作

多年来，格代库勒村党支部和村委会非常重视本村的社会治安工作，成立了由村党支部书记牵头的村综合治理领导小组，下设办公室，并配备了专职综治人员，严格落实社会治安综合治理目标责任管理办法，以做到分工明确、责任到人，有情况及时向上级汇报。在县乡"两委"的正确领导下，格代库勒村党支部和村委会积极贯彻执行党的路线、方针和政策，积极贯彻落实乡综治办的各项工作计划，坚持"预防为主、打防结合"的方针，建立健全社会治安防控体系，加强对重点部位和重点人员的检查，加大对本村社会治安的综合治理力度，加强对社会面的控制。在历次乡党委、政府布置的大清查行动中，格代库勒村组织民兵在重点路口设卡，对来往人员进行严格盘查、登记，加强值班、值勤巡逻力度，严查外来人口，积极参加乡里组织召开的由有关部门及村治保主任参加的会议，听取斋月前期工作汇报，加强对宗教场所和宗教人士、学校的管理，发现情况及时向上级汇报。由于基层政权组织重视，多年来格代库勒村没有发生大的刑事案件，治安案件也很少发生。

二　完善的社会治安防控体系

2007 年，格代库勒村已经形成了以村党支部为核心，治安联防队和民兵为骨干，"十户联防"为基础的辖区防控体系，强化了对本村的全面控制。村里仅有 2 名重点人员，一名是刑满释放人员（普通刑事犯），一名是曾被劳教人员（盗窃），村民们对这两个人没有歧视态度，这两个人回村后一直表现较好。村里没有吸毒人员，但有一些小偷小摸和赌博的事情。"十户联防"工作机制目前已经在格代库勒村得到逐步完善。按照县乡"两委"的要求,从 2006 年年初开始严格落实各项制度措施:由本村集体筹资 1500 ~ 2500 元,个人出资一部分为治保主任购买治安专用摩托车,为了让治保主任确确实实"走得动",村里给解决一定的燃油费。同时,积极落实群防群治、"十户联防"的各项制度措施,把信得过、有责任心、工作能力强、在群众中有一定威信的人选为"十户长"。为充分调动"十户长"的积极性,发挥其职能作用,确保"十户长"待遇落实到位,村里积极解决"十户长"费用,每月每人不少于 30 元,这些措施极大地提高了治保主任和"十户长"的工作积极性。目前,格代库勒村有 16 名"十户长",由"十户长"在所属户指定一名成员参加村里的民兵巡逻队,并承担检查卡的值勤工作。每晚由一名村干部带领巡逻队巡视全村的治安,加强对本辖区内流动人员的管理力度,通过清查、排查及时掌握本村流动人口的数量及所从事的工作,与出租屋主签订责任书、外来人员及时到派出所登记等,没有出现流动人员违法违纪现象。

三 建立健全矛盾排查调处工作机制

格代库勒村村民之间很少发生纠纷,但也偶有发生。纠纷种类主要是经济纠纷、家庭纠纷,近几年随着耕地增加、用水紧张,用水纠纷偶有发生。但总的来说,纠纷的规模较小,涉及人员不多,处理起来比较容易。为把矛盾纠纷消灭在萌芽状态,防止矛盾纠纷的进一步激化和发展,格代库勒村成立了调解领导小组,村里人民调解委员会主任由治保主任兼任。为充分发挥基层调解组织及法庭的作用，做好村民调解工作，在日常受理矛盾纠纷中，配合乡派出所、司法所等职能部门做好调解工作。对村民之间的吵架、打架等事件，一般由治保主任先调解，做好发生争议的村民之间思想工作，对于村民反映或关注的问题能及时给予耐心细致的解答，积极化解矛盾纠纷；少数调解不了村民就去找乡派出所，由派出所依法处理，因为处理公平、公正，村民们都服从派出所的处理决定，派出所执行处罚的成功率也较高。有时，村民发生纠纷也会去找有威望的"三老"人员、村长、党支部书记和其他村干部，由于村治保主任和人民调解员的作用得到充分发挥，这些人民内部矛盾绝大多数化解在基层和萌芽状态之中，有效预防了群众越级上访和集体上访事件的发生。

四 严格责任追究制，加强对村民的宣传教育工作

格代库勒村充分利用农闲积极开展法制培训、宣传教育活动，根据阶段性工作特点，利用广播、板报等向村民进行政策宣传，营造浓厚的普法氛围，村民的法律意识有了很大提高。同时，村两委还结合普法宣传工作，利用每年的"法制宣传月"，以与农民生活、生产密切相关的《宪法》、《民法通则》、《婚姻法》、《土地承包法》、《农业法》等法律法规和计划生育政策为主，对本村各族群众进行普法宣传。为预防青少年违法犯罪，进一步提高青少年法律意识，格代库勒村还加强对青少年的普法宣传工作，在村小学落实了法制副校长责任制，切实抓好学校的法制教育，利用法制课、定期组织收看警示教育片等形式，教育和引导广大青少年崇尚科学、反对邪教，树立正确的人生观、价值观，有效预防了青少年违法犯罪现象的发生。

五　依法加强宗教事务管理

格代库勒村"两委"和综治领导小组按照"保护合法、制止非法、抵御渗透、打击犯罪"的原则，认真贯彻落实党的民族宗教政策，加大对本村干部群众的宣传力度，抓好对宗教人士的法制教育工作，依法加强对宗教活动场所、宗教教职人员和宗教活动的管理。通过认真落实自治区有关少数民族领导联系清真寺制度、与宗教人士定期谈话制度和"六不准"制度，了解和掌握清真寺的基本情况和宗教人士的思想动态，及时发现和处理宗教事务管理上存在的问题；通过团结爱国宗教人士、抓好宗教场所的清理整顿，落实清真寺的各项管理制度和宗教人士的维稳责任制；结合全县性大规模的非法宗教大清查行动，加大查处地下讲经点和习武点的力度，严肃查处宗教干预行政、司法、教育、婚姻和计划生育等问题。同时满足村民的正常宗教信仰需求，加强对村民的宣传教育，让信教群众明白朝觐应具备的条件，提高广大群众对我国朝觐政策的认识，从而自觉参加有组织的朝觐活动。由于工作到位，一直以来格代库勒村村民宗教氛围比较淡薄，村里没有发现非法宗教活动现象，无一人参加零散朝觐，也没有地下讲经现象。2004 年、2006 年先后被库车县委、县政府和县统战部授予2003 年度"五好"宗教场所、2005 年度"五好"清真寺称号，2007 年又被县平安建设领导小组授予"平安清真寺"称号。连续几年在宗教事务活动中获得如此多的荣誉，这在整个库车县是比较少的，也是其他村庄学习的典范。

图 2 - 5　宗教事务管理制度牌

六　积极开展基层安全创建工作和平安建设工作

"基层安全创建"和"平安建设"是自治区推进社会治安综合治理工作的两个载体。多年来，格代库勒村两委牢固树立"稳定压倒一切"的思想，严密防范"三股势力"、"伊斯兰解放党"以及各类邪教组织的渗透破坏活动，切实抓好意识形态领域反分裂斗争再教育，坚决扫除"黄赌毒"等社会丑恶现象，认真解决社会治安综合治理中的突出问题，最大限度地预防和减少违法犯罪以及不和谐因素。自1996年基层安全创建在全区范围内开展以来，格代库勒村在县乡组织的争创文明村活动中，为强化村民的公民道德意识、加强国家意识，不仅通过村民大会及各种活动对村民进行思想教育，还专门制作了"做实践公民道德的模范百万家庭承诺"的牌匾，悬挂在村委会的办公室里，激发村民争创模范家庭光荣称号。2006年，格代库勒村结合全区范围内的"平安新疆活动"，在全村开始平安建设活动，并成立了以村支部书记为首的平安建设领导小组，领导小组组长由村党支部书记担任，村长任组长，治保、调解、妇联为成员的平安创建领导小组。村平安建设领导小组充分利用广播、宣传标语等多种形式，对村民广泛进行平安创建宣传，使平安建设活动深入村民心中。2006年，由于本村平安建设工作成绩突出，村里社会治安秩序良好，被库车县平安建设领导小组授予"平安村镇"称号。

七 加快社会主义新农村建设步伐，为村民创造良好的生活环境

近几年，格代库勒村按照城乡统筹的要求，加强新农村建设步伐，大力推行"统一规划、整村推进、拆旧建新"的模式，以改变过去农村无序建房、分散居住、布局零乱的现状。为把本村建设成规范有序、配套齐全、集中连片的新农村，村党支部和村委会按照县乡两级政府的部署安排，在新农村建设中贯彻现代乡村建设理念，突出民族特色和地方特色，按照高起点规划、适度超前建设的原则，科学编制本村新农村建设规划。在规划中坚持"统一规划、合理布局、统筹安排、集中建设"的原则，把抗震安居工程建设与乡村道路、农网改造、人畜饮水、广播电视村村通、林网建设、渠系配套、牧民定居、灾后重建等项工程结合起来。居民建房把改厕、改水、改灶和使用沼气、人畜分离和发展庭院经济结合起来，遵循合理布局、节约用地、严格控制占用耕地、有利生产、方便生活的原则，在本村的建设规划中全面考虑村住宅、道路、供水、排水、供电、通信、教育、文化、医疗、商业、服务业等各项社会事业，绘制出科学、合理的本村房屋建设规划图及道路、

电力、给水规划图。

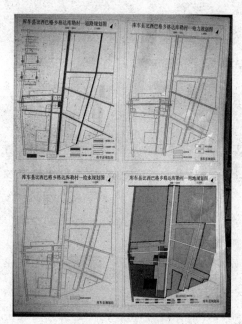

图 2-6 村建设规划图

我们相信,随着格代库勒村村庄建设规划编制的完成和新农村建设步伐的加快,格代库勒村村民的生活、生产条件将不断得到改善,生活水平将日益得到提高。

第三章　经济发展

　　"发展是硬道理"，这是颠扑不破的真理。社会主义的基本矛盾是人民群众日益增长的物质文化需要和落后的社会生产之间的矛盾，解决这个矛盾的关键就是发展，只有经济发展了，才能实现社会的公平正义，才能保障人民在政治、经济、文化、社会等方面的权利和利益。自改革开放以来，格代库勒村已逐渐从一个纯种植业的传统村庄转向种植业与林果业、设施农业等特色农业相结合、多种经济发展的现代村庄，这可以从格代库勒村的经济发展现状与成效中突出地表现出来。

第一节　自然环境与生产条件

　　格代库勒村位于比西巴格乡东南部的渭干河冲积扇平原地区，拥有较为优越的自然生产条件。这里光照充足，水资源较为丰富，有一条小河流经本村，是比西格乡土地资源较为充沛的一个村，村里耕地基本可以满足本村的需要，农业用水基本能满足村民的生产需求。格代库勒的主要农作物有棉花、小米、玉米，还有春小麦和冬小麦等。由于棉花收入高，村民种植的农作物主要是棉花，对棉花的投入也较大。棉花是本村的主导产业，是库车县和比西巴格乡的定点棉花种植基地，也是本村村民的主要经济来源。

图 3 - 1 格代库勒村棉田

近几年，格代库勒村人口增加了，但由于有可开垦的土地，基本没有出现人多地少的矛盾，村里按不同人家的人口划分了质量不等的承包土地的亩数。我们调研时，除看到农田里待收的丰硕果实外，还看到村民利用房前屋后空地种植的一些果树（如葡萄、杏等）、蔬菜和经济作物，以及圈养或散养的家禽、牲畜。这些都是村民日常饮食的主要来源。

第二节　生产方式和生产条件的变迁

格代库勒村是个典型的农业种植村，由于地处平原地区，村里没有草场，养的牲畜主要是圈养，多为自用自食，畜牧业在农业生产中所占比例很小。新中国成立初期，这里人烟稀少，仅有几户维吾尔族村民在此居住。当时的农业生产方式比较落后，农民基本上靠手工劳动从事农业生产，使用的农具还是原始落后的二牛抬杠，根本谈不上农业机械化。耕地高低不平、水渠颓败，播种仍沿袭落后的骑马撒种方式，人均粮食不足 140 公斤。新疆和平解放后，在进行社会主义建设初期，库车县开始在全县农区开展减租反霸、实行土地改革。土地改革使库车县的 11763 户农民分到土地，每人分地最多 3.2 亩，最少 2 亩，房屋、车辆、耕畜和生产工具等也都分给了最贫困的农户。[①] 随着国民经济的发展，传统的生产方式得到一定的改善，当时的主要农具是坎土曼、镰刀、犁。土地改革后，为解决耕畜、劳力、农具不足问题，政府引导农民走互助合作道路，至 1952 年年底建立生产互助组 2779 个。互助组实行以工换工，等价交换。变工互助解决了贫雇农生产上的一些困难，对当时的生产起了促进作用。1953 年 6 月，第三区（现在的比西巴格乡）根据县委、县政府工作要求通过互助合作化运动和对私营工商业、手工业的社会主义改造，逐渐变私营经济为全民经济和集体经济，改变了生产关系，进一步解放了生产力，生产稳定发展。1954 年库车县开始建立初级农业生产合作社，至 1956 年 2 月，全县基本实现初级农业合作社。同年，第三区划归当时的第五区，农业生产继续稳步发展，人民生活水平普遍提高。1956 年春，库车县开始建立高级农业合作社。高级农业合作社的土地归集体所有，分配取消了土地报酬，农民耕畜、运输车辆和大型农具折价入社，取消了牲畜和农具租金，劳动产品扣除生产费用和公共积累后按劳动日分配。高级农业合作社实

---

① 库车县志编纂委员会编《新疆维吾尔自治区地方志丛书：库车县志》，新疆大学出版社，1993，第 166 页。

行民主管理，由社员选举队长，社内建立计划、财务、劳动物资和定额管理制度。年末落实生产、收支计划，社员参加集体劳动、评工记分、按劳分配。高级农业合作社还按每户人口多少分给少量自留地，长期归社员及其家庭使用，社员可经营家庭家禽、家畜或其他副业，产品收入归社员所有。[①] 合作社对土地统一经营、合理使用劳动力，并开始整沟修渠、兴修水利、因地制宜种植、推广农业技术、开办副业生产等，农业生产有了前所未有的发展。

1958 年人民公社化以后，第五区改称比西巴格公社。这一年全国掀起"大跃进"、"大炼钢铁"运动，强迫命令、浮夸蛮干等风气盛行；不等价地平调农民劳动产品的"共产风"越刮越猛，挫伤了农民生产积极性，农业生产力遭到严重破坏。格代库勒村与全国农村一样经历了人民公社化时期的发展与挫折。虽然这期间比西巴格人民公社发挥集体优势，兴修了一批水利工程，农业技术和农业机械开始起步。但"文化大革命"期间，在农村全国上下单纯强调以粮为纲，搞"农业学大寨"，从上到下割"资本主义尾巴"，不允许社员发展庭院经济和副业生产，限制私人养畜，平均主义吃大锅饭之风盛行，农民参加集体劳动，是由公社统一制订发展农业生产计划，对人员统一调配、统一指挥以及统一分配报酬的。农忙期间社员中的大部分人根据公社和生产队的安排从事农业生产，个别人从事牲畜的饲养；冬天农闲时则由分社组织社员开展积肥运动和整修渠道。这一时期各个家庭之间、人与人之间的生活水平

---

① 阿不都热扎克·铁木尔主持国家社科基金重点项目：《新疆少数民族传统经济生产方式研究》，第 122 页。

相差不大。生产队对社员的分配办法是：实行粮食、副产品按人口分配，饲料按牲畜头数留，社员劳动报酬按劳定级计算。在人民公社制度下，农民失去了自己劳动力的产权和生产自主经营权，这严重挫伤了各族村民的生产积极性，阻碍了农村生产力的发展，全县农业生产出现停滞甚至局部倒退。1958年至1977年的20年内，村民纯收入只增加了20元。但我们也不能否认，农村合作社、人民公社的实行，使农村逐渐摆脱了落后的生产方式，加大了技术含量高的农机具的使用，农业生产方式逐步得到改善。

改革开放后，随着社会生产力的日益提高，科学技术的日新月异，农业机械化也迅猛发展。目前，农业机械使用在格代库勒村已经很普遍。农民在主要农作物种植过程中对农业机械的依赖程度很高，在选种、耕地、播种、施肥、铺膜、除虫、除草、灌溉、收获、运输、打场等过程中，机械化程度达到100%。在格代库勒村50%的家庭有农业机械，没有农业机械的农户一般租用农业机械，农机服务的价格不一样，一般一亩地是20元。

图3-2　村民家里的农业机械

第三节 土地制度的变迁

格代库勒村的土地制度的变迁与全国土地制度的变迁是一致的。

新中国成立前，库车县土地多为地主、水霸和封建官吏所有。据1950年调查，全县农业人口133474人，共有土地1017150亩（含撂荒轮歇地），人均7.62亩；其中地主占有173066亩、富农占有83081亩，地主、富农占总人口的7%，但却占有土地总数的25.2%，人均分别占有土地41.7亩和25.92亩，且多为灌溉便利的肥田活土，而贫雇农占总人口的42.13%，但仅占有土地总数的18.64%，且多远离水源，碱重土薄。[①]

新中国成立初期，我国对旧中国封建剥削的农村土地制度进行了改革，实现了农民的土地私有制，无地农民变成了土地的主人。这个时候劳动者同土地等生产资料在家庭内直接结合。到1953年全疆完成土地改革任务后，逐步走向合作化以及集体化道路，经过了由互助组到初级合作社，由初级合作社到高级合作社，最后到人民公社制度的过程。随着人民公社的产生，农村的土地产权制度实行了高度集中的集体所有制。[②] 在这种制度下，虽然土地的产权名义上属于集体所有，但由于土地的产权属公社所有，而公社又是国家的基层组织（因为人民公社制度下政社不

---

① 库车县志编纂委员会编《新疆维吾尔自治区地方志丛书：库车县志》，新疆大学出版社，1993，第164页。

② 阿不都热依木·哈力克：《新疆农村集体所有制土地产权制度的变革及理论分析》，载于《新疆社会经济》1999年第2期，第47页。

分），因此，土地集体所有制实际上演变成土地国有制，农村土地的使用权、效益权、处置权是由国家来行使的。因为土地的用途是由政府决定的，也就是在土地上生产什么、生产多少以及如何生产都是由公社根据国家的统一计划决定的。同时，国家还通过对农产品实行统购统销制度并以压低农产品价格的形式将农村土地的部分收益隐蔽地转移到国家手中。国家还规定，农村土地不允许买卖、租赁或转让，这意味着，土地的处置权也是由国家掌握的。我国这种名义上人民公社集体所有，实际上国家掌握产权以及高度集中的土地制度一直延续了 20 年。这种高度集中管理的土地产权制度非常不适应当时农村生产力的发展需要，也不利于农村经济的发展和农民生活的提高。这一时期，新疆农业生产没有什么大的发展，如果有些年份有了一定的发展的话，也是由行政手段推动的，在"量"上有变化，在质方面没有改变。[①]

1978 年党的十一届三中全会提出了关于农业发展的指导思想并制定了一系列措施，为中国农村推行农业生产责任制开辟了道路。1979 年新疆农村的改革开始起步，允许社员进行家庭副业，允许农民在生产资料公有制和按劳分配原则下，进行各种形式的联产承包责任制，放宽了农民的自留地、自留畜和自留果园的标准，集体耕地份额也逐年增大。根据自治区规定，社员自留地标准，一般按基本核算单位耕地面积的 5% ~ 7%，格代库勒村也随之进行了各种形式的联产承包责任制，并按自治区的规定标准，给

---

① 阿不都热依木·哈力克：《新疆农村集体所有制土地产权制度的变革及理论分析》，载于《新疆社会经济》1999 年第 2 期，第 47 页。

村民分配了自留地、自留果园,这意味着村民在自留地上种什么作物可以由自己决定,自留地的收益除上缴农业税外不另外承担任何集体费用,也不承担国家农产品定购任务,生产出来的产品全部归农户。随着自留地标准的放宽,农民得到了更多集体土地的使用权和收益权。自留地成为中国农村所有权与使用权分离最早的一部分土地。到1981年,库车县所属公社逐步健全和完善了农业生产责任制。1982年农业生产责任制在全县完成。1984年,中共中央在《关于1984年农村工作的通知》中指出:"延长土地承包期,鼓励农民增加投资,培养地力,实行集约经营。土地承包期一般应在15年以上。在延长土地承包期之前,群众有调整土地要求的,可以本着'大稳定、小调整'的原则,经过充分商量,由集体统一调整,鼓励土地逐步向种田能手集中。"家庭联产承包责任制得到进一步的完善。同一年,比西巴格乡以家庭联产承包责任制为主, "统"与"分"相结合的双层经营体制已经形成。在这一年,格代库勒村每户村民都按照农业户口的多少承包了数量不等的土地。分田到户后,生产资料大部分归个人和家庭所有,集体产业成为小头,农民的生产积极性进一步提高。政府在科技引导、产业结构调整以及服务方面的作用逐渐增大,农民的生活水平较以往发生了巨大的变化。1978年至1984年期间,为贯彻落实中央关于农业和农村问题的措施,自治区党委制定和发布了有关农村改革的政策性文件共7份,为村里实行家庭联产承包责任奠定了良好的基础。

家庭联产承包责任制实际上是一种产权制度改革:一是使农村集体土地的所有权与使用权发生了分离。农户与农村集体组织通过制定土地承包合同,农民获得了土地在承包期内的使用权。二是农民开始掌握自己劳动力的使用权。在农民完成了向国家交售定额的农产品以及向村集体组织上缴一定的"提留"外，农村集体组织不再干涉农户的生产经营活动，从事怎样的经营活动完全由农民自己决定。农户的劳动力除了法律规定的义务工以外，任何组织或个人不得随意调配使用。三是农民获得了一定的土地收益权。在农村实行家庭联产承包责任制的同时，普遍采取了"缴够国家的，留够集体的，剩下都是自己的"分配办法，也就是农户在承包地上生产出来的农产品除交够国家和集体的以外，剩余部分全归农户自己所有。家庭联产承包责任制使农民既获得了土地的使用权和一定的收益权，又获得了劳动力的使用权，家庭联产承包责任制的推行有力地刺激了农业生产的快速增长。

但随着国民经济其他部门改革的深入以及社会主义市场经济体制的建立，家庭联产承包式的土地产权制度本身和外部出现了一些缺陷。首先，农户承包的土地地块极为分散、地块过小，难以形成土地的规模经营。其次，因为乡村组织对土地的随意调整以及没有形成土地使用权的流转机制，农户对承包的土地长期预期不足，无法形成农民长期投入风险目标。最后，农民对土地的使用权和收益权得不到真正的保护。主要表现在一些地方政府为发展非农产业，随意侵占或调整农民的承包地；在农产品流通没有完全放开的条件下，农民以比市场价低的价格向国家交售农产品，就这样政府又拿走农民土地生产的部分收益；而国家的一些农业政策在一定程度上限制了农民在承包地上自由经营的权利，如"菜篮子"工程等自治区或地区的一些农业政策一定程度上影响了农民的自由经营权利。针对农村家庭联产承包责任制出现的问题，1993 年，中央提出"在原定的耕地承包期到期后，再延长 30 年不变"，对农村承包土地的期限进行延长。对土地承包期的延长，有力地刺激了农民对土地的长期投资。在坚持土地集体所有和不改变土地用途的前提下，经发包方同意，允许土地使用权有偿转让，使土地逐步集中到最善于农业经营的种田能手手中，可以实现土地的规模经营，改变土地零散分割的小规模经营状况。同时，实行"两田制"或"三田制"。"两田制"的基本实施方法是首先把集体耕地分为两块，然后按人口分配口粮田，按劳力承包责任田；口粮田只承担农业税和承包户口粮，责任田除上缴农业税外，还需完成集体提留和国家的农产品定购任务。"三田制"的实施方法是把集体耕地分为口粮田、责任田以及机动耕地三块；口粮田和责任田的分配方法与"两田制"相同，机动地由招标方式高价发包及其收入作为集体收入，用于集体事业。[①]1996 年，比西巴格乡 15 个行政村全部实行家庭承包经营制，家庭承包经营的农户达 5016 户，由农户家庭承包的耕地面积达 50917 亩，其中按人承包的面积达 20366 亩，按劳承包的 30551 亩。此外，还有对外招标承包的 1130 亩，集体经营的耕地面积达 744 亩。全乡实行"增人不增地、减人不减地"的承包措施，共签订农业承包合同 5016 份，乡里专门有 2 名工作人员负责管理合同。

党的第十五届中央委员会第三次全体会议通过的《中共中央关于农业和农村工作若干重大问题的决定》（以下简

---

① 阿不都热依木·哈力克：《新疆农村集体所有制土地产权制度的变革及理论分析》，载于《新疆社会经济》1999 年第 2 期，第 49 ~ 50 页。

称《决定》）指出："实行家庭承包经营，符合生产关系要适应生产力发展要求的规律，使农户获得充分的经营自主权，能够极大地调动农民的积极性，解放和发展农村生产力。"《决定》还指出："稳定完善双层经营体制，关键是稳定完善土地承包关系。土地是农业最基本的生产要素，又是农民最基本的生活保障。稳定土地承包关系，才能引导农民珍惜土地，增加投入，培肥地力，逐步提高产出率；才能解除农民的后顾之忧，保持农村稳定。这是党的农村政策的基石，决不能动摇。"根据《决定》精神，2001 年比西巴格乡又进行了第二次土地承包，逐步构建了与社会主义市场经济体制相适应的农村土地产权制度。在坚持以家庭承包责任制为主，"统"与"分"相结合的双层经营体制长期不变的同时，贯彻落实中央土地承包期延长 30 年的政策。以刺激农民不断增加土地投入的长期行为。乡里给农户发放既有标准又有法律效率的土地使用权证书，在土地使用权证书上，明确列出土地使用期限以及土地所有者和土地使用者权利和义务的细节条款。明确界定了土地所有权和使用权，强化农民土地使用权，农民获得使用权后，在保证履行义务的同时，在承包期内，享受排他性占有权、开发权（不得改变土地用途）、经济收益权、转让权、租赁权、抵押权、继承权等权利，农民集体对土地的所有权受国家法律的保护。这年全乡 15 个行政村第一轮家庭承包均已到期，乡里对到期的承包合同给予顺延，再次签订承包期限在 30 年以上的承包合同，承包的土地面积达 58724 亩，全乡 15 个行政村均实行"两田制"。全乡 35234 亩责任田全部实行按劳承包，并继续实行"增人不增地、减人不减地"的承包措施。全乡共签订农业承包合同 5126 份，乡里负责管理合同的人员增加到 6 人。

格代库勒村自 1984 年分田到户后，每个农业人口都分到约 4 亩左右的耕地，经过 20 多年的发展和两次土地承包，目前格代库勒村家庭耕地数量虽然和以前相比发生了一些变化，但并没有发生实质变化，每户的耕地多的有 40 多亩，少的也有三四亩（见表 3 - 1）。

表 3 - 1　被调查村民承包土地的状况

单位：亩，户

土地数量 农户	10 亩 以下	11 ~ 20	21 ~ 30	31 ~ 40	41 ~ 50	51 ~ 60	61 ~ 80
承包地农户	11	9	6	2	1	—	1
租种他人土地的农户	2	2	—	—	—	—	—
拥有耕地面积的农户	13	18	11	3	—	—	1

从表 3 - 1 可以看出村里承包大量土地的村民很少，48 户村民中，家庭拥有 20 亩以下耕地的农户有 31 户，占其中的 64.6%，拥有 50 亩以上耕地的农户仅有 1 户，占 2.1%。其中有 2 户租种他人耕地的面积达到 11 ~ 20 亩，承包他人土地的农户中有 2 户拥有自己承包耕地面积很少甚至没有，这 2 户租种他人耕地面积均在 15 ~ 20 亩。这可以说是农村土地承包"增人不增地"措施效果的显现。

由于格代库勒村土地规模化、集约化经营程度不高，农业产业化发展缓慢以及区域经济不发达等原因，农村土地流转的规模小、速度慢。土地流转以农户间小范围的自发流转为主，流转期限短。目前村里还没有农民协会或几家一起耕作、出售。2006 年该村大多数村民的粮食收入占到总收入的 90% 以上，村里耕地基本可以满足本村的需要；耕地质量还可以，除少部分耕地出现盐碱化外，多数耕地基本没有出现沙化、缺水、易涝等问题。格代库勒村里实行的是"三田制"（但从我们调取的资料中显示格代库勒村里实行的是"两田制"，实际上村集体有机动耕地向外承包，2001 年村组集体经营收入达到 7.2 万元。因此，笔者认为这实质是"三田制"）。至第二次土地承包，全村共有 3371 亩土地，其中实际承包土地面积 3300 亩，减少了 71 亩，这部分土地是被占用的，还林面积 434 亩，被洪水破坏的土地面积有 5 亩。至 2007 年村里有集体土地 250 亩以村名义向外发包，这部分收入大约有 6 万元，作为集体收入用于集体事业，进行村里的基本公共设施建设，如基本道路和水利设施等。

第四节　产业结构调整

农业是新疆少数民族地区群众赖以生存的最基本的产业。农业也是格代库勒村村民赖以生存的最基本的产业。十一届三中全会以后，党中央、国务院先后出台了 10 个关于农村工作的政策性文件。在这 10 个政策性文件的指引和鼓舞下，库车县不断加大对农业农村扶持力度，先后进行了四次大的农业结构调整。在此背景下，比西巴格乡根据库车县农村经济发展及产业结构调整部署，也同样进行了四次大的产业结构调整。在格代库勒村，虽然产业结构较以往有所调整，但本村农业生产仍以种植粮棉为主，粮棉在本村经济中所占比例较大，并成为村民的主要收入来源。

第一次产业结构调整，是 1978 年到 1985 年家庭联产承包责任制的实行。家庭联产承包责任制是一种新型的农村合作经济组织形式，这种责任制使农民既获得了土地的使用权和一定的收益权，又获得了劳动力使用权，农民生产经营有了自主权。同时在这种体制下，农民在经营总收入中按规定上缴完成国家税收、水利费和集体提留后，剩余收入全部归自己所有，使村民自主生产的积极性有了空前提高，农村生产力得到很大解放。1981年秋，以包产到户为主的生产责任制在库车县普遍推行，格代库勒村也开始实行家庭联产承包责任制，农民的劳动积极性高涨，农业生产得到了发展，粮食、棉花产量有了很大增长。

第二次是从1985年到1993年，库车县开始对种植业内部结构进行大调整，加快对粮食、油料作物的调减步伐，不断扩大棉花、甜菜、园艺生产面积，其中棉花面积、果园面积增加最多，农业生产开始由单一的农牧经济结构向综合经济结构转变，由封闭型经济开始向外向型经济转变，由自然经济与计划经济向商品市场经济的转变。农业生产的发展，使格代库勒村农民在逐年增收的基础上开始增加投入，购买农机、地膜、化肥，兴修水利，农业连续取得增产丰收，出现良性循环。

第三次是从1993年到2000年，粮食、油料面积调减幅度进一步加大，这一时期，棉花成为村民收入的主要来源，与此同时果园和畜牧业的发展拓宽了农民增收渠道。

第四次农业结构调整是从2000年至今。随着农村经济的进一步发展和西部大开发战略的提出，库车县抓住西部大开发的历史性机遇，按照构建四大经济带，发展八大支柱产业的结构调整战略构想，"优化种植业，主攻畜牧业，大上林果业，积极发展农村二、三产业"，在保证粮食安全的基础上致力于种植结构的调整，农产品的品质和农业效益得到提高，结构进一步优化，为农业和农村经济的进一步发展创造了较好的结构环境。特别是党的十六大以来，党中央、国务院着力加强农业的基础地位，加快推进结构调整，提高了粮食综合生产能力。在确保粮食生产稳定发展的同时，党中央、国务院更加注重改善农村经济结构、提高农业生产质量，为农业生产创造了更大的市场空间，实现农业增长方式从数量增长到质量和效益增长的转变。按照库车县的产业结构调整战略和优势农产品区域布局，比西巴格乡坚持以"优化种植业、主攻畜牧业、大上林果业"为重点，加强畜牧业结构调整，加快庭院经济建设，大力发展优质特色农业。在稳定粮棉种植面积的同时，突出本乡支柱产业棉花的发展，扩大和推广高密度种植及长绒棉、彩色棉的发展。把向管理要数量、向科技投入要质量、提高单产、优化品质、降低成本作为今后发展的主方向。如为保证林果业的顺利发展，帮助群众尽快掌握栽培技术，乡政府聘请技术员开展科技培训，从种植到生长期到结果期各个环节，给农民进行了系统的讲解，还聘请县林业局技术专家担任常年技术顾问，进行病虫害防治和各个生长环节管理的指导。技术人员经常深入田间地头，手把手指导，及时解决在生产中出现的各种难题。为加强管理，乡政府还建立健全了相应的管理制度：一是干部包干制，将干部分到每个村组，每组都有技术人员和维护人员，分包4块栽好的树苗。二是成活责任制，每个村植树成活率必须在90%以上，没有成活的要进行补栽；成活率低于80%的除要求补栽外，还将追究责任。三是动态管理制，每个组对其所包经济林实行动态管理，对损坏严重的也要追究责任。四是台账管理制，台账内容包括每个树种的位置、生长状况、见效时间，以及承包责任人的责任范围等。

经过产业结构大调整，比西巴格乡农村经济结构逐渐趋向合理，在种植业稳定发展的同时，畜牧业、林果业、农村二、三产业持续高速增长，棉产业优势进一步巩固强化。

1996 年，格代库勒村为适应县乡产业结构调整加大，以及村里人口增加、人均耕地减少的现实情况，决定增加耕地面积，为此格代库勒村开始加大开垦荒地的力度，逐渐扩大棉花种植面积，同时开始调整产业结构，发展林果业和家禽、家畜养殖业。这可以从一系列数据反映出来（见表 3 - 2）：1996 年格代库勒村的农业经济总收入为1569971 元，其中农业收入为 1414075 元，牧业收入和商饮业收入分别仅为 72000 元、3600 元。在比西巴格乡农业经济管理服务站，我们查找到了能够反映 1996 年、2001 年格代库勒村经济结构变化的资料。资料显示，经过产业结构调整，2001 年格代库勒村的收入结构有了明显变化：农业经济总收入为 3254316 元，其中农业收入为 2323470 元，牧业收入和商饮业收入分别增加到 425136 元、32510 元，比1996 年分别增长了近 5 倍、8 倍多。

表 3 - 2　格代库勒村收入结构情况

单位：元

年份	经济总收入	村集体收入	农业收入	种植业收入	牧业收入	商饮业收入
1996	1569971	—	1414075	1393075	72000	3600
2001	3254316	72000	2323470	1898334	425136	32510

从格代库勒村的经济发展来看，1984 年分产到户以来，格代库勒村的耕地基本可以满足本村的需要，虽然人口增加了，但原有的一些荒地也被开垦出来，全村土地由 2001年的 3442 亩增加到 2006 年的 4395 亩，增加了 953 亩，其

中耕地面积增加了 600 亩, 果园面积增加了 265 亩。以前这里主要种植棉花、玉米和小麦。从村民的收入结构看, 第一产业收入是村民的主要来源, 其中第一产业中又以粮食、棉花种植为主, 由于重视农业技术, 粮食和棉花单产量较高, 是村民的主要收入来源。近几年, 随着全乡农业内部结构的调整, 格代库勒村也抓紧进行农业结构调整工作的力度, 该村依托库车县大力发展红枣、核桃产业的良好机遇, 种植优质核桃、红枣, 发展本村特色林果业。同时突出发展特色家禽养殖业, 积极推进本村的特色养殖。在养殖规模上, 根据乡政府的产业结构的调整重点, 大力扶持特色养殖专业户, 基本实现第一产业稳中有变, 林果业和养殖业开始有了一定的发展, 特色家禽养殖正在逐步展开, 设施农业从无到有。但由于林果业收益有个过程, 村民的积极性不是很高, 一段时间内甚至出现抵制情绪。由于棉花收效快, 多数村民仍愿意种植棉花。而设施农业由于初期投入成本较高, 加之技术含量高、用水量大, 存在一定困难, 村民积极性也不很高, 目前村里仅有两家从事设施农业。以前格代库勒村没有第三产业。随着农村经济的发展, 1996 年村里开始有人从事商饮业, 但收入非常有限。进入新世纪后, 村里的个别村民有了一定的经商意识, 第三产业有了一定的发展, 2001 年村里除原有的商饮业外, 开始出现运输业。目前村里有两个个体工商户, 一个从事建筑工程承包, 另一个从事运输。村民的人均收入有了大幅度的提高: 1996 年村民人均收入仅为 666.32 元, 到 2001 村民人均收入达到了 2556 元。这与 20 世纪 90 年代末以来村中个体商业的发展不无关系。

虽然该村的产业结构经过 20 多年的调整后, 与以前相比有了很大变化，但没有发生实质性的变化，第一产业始终占据主要地位。根据 2004 年比西巴格乡经济统计资料，在产业结构方面，比西巴格乡第一、二、三产业收入占总收入的比重分别为 87.63%、8.63% 和 3.61%，第一产业在农民总收入中所占的比重达到 77% 以上，格代库勒村甚至达到 94.28%，[①] 村民家庭经营收入主要依赖于农业。

第五节　农业生产

一　农业政策

过去，农民负担很重，农业税、提留款等，使农民不堪重负，并一度成为影响农村稳定的主要因素。党的十六大以来，新一届中央领导集体针对新时期"三农"工作的新形势、新任务和新特点，与时俱进地制定了加强"三农"工作的大政方针，形成了一系列指导"三农"工作的新理念、新认识，明确了新时期做好"三农"工作的新任务、新要求，出台了许多符合我国国情、符合农业农村实际的新政策、新措施。与此同时，中央坚持松紧适度、有保有压，在宏观调控中始终坚持加强和保护农业，出台了取消农业税、农业特产税、牧业税、屠宰税和发放种粮农民直接补贴、良种补贴、农机具购置补贴、农资综合直补等支农惠农政策，实施了重点粮食品种最低收购价政策，制定了对粮食主产区和财政困难县实行奖励补助的激励政策，

---

① 陈霞：《新疆南疆贫困乡村的发展——库车县比西巴克乡调查》，载于《新疆社会科学》2005 年第 6 期，第 86~87 页。

强化了对农业基础设施建设的支持政策等，逐步形成了新时期保护和支持农业的政策体系框架。同时，开始建立新时期促进农业农村经济发展的长效机制，积极探索"三农"投入稳定增长的机制，逐步建立了购销市场化和经营主体多元化的农产品流通机制，形成了农民就地拓展与外出转移相结合的就业创业机制，完善了村民自治和乡镇政务公开的乡村治理机制，强化了防止农民负担反弹的监督管理机制等。2007年，库车县大力实行惠农补贴政策，依法治理各种违规乱收费，严厉打击制售假冒伪劣农资等坑害农民的行为，确保了农民利益。仅2007年上半年，库车县通过实行各种专项治理和落实小麦良种补贴、棉花良种补贴和农机补贴"三补贴"政策，累计减轻农民负担1349.28万元。其中，通过实行"三补贴"政策共减负66万元；通过各种专项治理减负1283.28万元；共打击哄抬农资价格、制售假劣农资坑农害农行为13件，涉及金额1.67万元。三提五统和农业税的取消，大大减轻了村民负担。而农业补贴政策的实行，有力促进了农村经济生产发展，大大提高了农民的生产积极性。

二　农业生产及土地资源现状

格代库勒村的村民一年四季中，春天播种的主要是棉花、玉米；夏天则主要进行田间管理，对棉花浇水、施肥、打药、打杈，以及收小麦；秋天主要是摘棉花、收玉米、种小麦。春、夏、秋三个季节，是村民最忙的时候，大多数村民早出晚归，从早晨起床到晚上睡觉忙个不停，有的村民种的地因离家比较远，为节省时间和体力，早上出门时就带些干粮，午饭在地里吃，晚上太阳落山了才回家。冬天是农闲时节，村民的工作主要是积肥、整地，以备来年。农用物资，如种子、化肥、薄膜、杀虫剂等，村民一般都到乡农经站购买；村里有 90% 的家庭到银行贷款，用于投资农业生产，贷多少一般看耕地面积的多少，银行贷款没有优惠政策。根据我们的问卷调查，2006 年，格代库勒村村民在银行贷款数额最高的为 3 万元，最低的 5000 元，在调查人员中仅有 5 户村民申请了银行贷款。2007 年格代库勒村的耕地达 4395 亩，每个农业人口人均耕地在 4.123 亩左右，而全乡人均耕地面积仅 2.54 亩，格代库勒村村民人均所拥有的耕地比全乡人均耕地超出 1.583 亩。由于棉花收入高，格代库勒村村民种植的农作物主要是棉花，棉花的播种面积最多、投入也较大；其次是小麦。棉花种植每年基本保持在 2000 亩以上，占到全村耕地的近 1/2。

图 3-3　正在采摘棉花的村民

表 3 - 3　被调查村民种植业构成

农作物	面积（亩）	所占耕地比例（%）	户数（户）
棉　花	723	70.9	46
小　麦	122	12.0	24
玉　米	77	7.5	17
蔬　菜	35	3.4	7
果　树	62	6.1	14
林　地	1	0.1	1
合　计	1020	100	48

在被调查的 51 户村民中仅有 48 户对自己的种植情况做了回答，3 人没有填写答案。调查结果显示，2006 年，这 48 户村民共有耕地面积 1020 亩，其中种植棉花的比例最大，占耕地总面积的 76.8%；其次是小麦、玉米，共占耕地总面积的 21.2%；其他总共占 9.9%。被调查的村民中仅有 2 户没有种植棉花，调查结果显示这 2 户村民拥有的耕地面积很少：一户有 12 亩，一户仅有 3 亩耕地全部用于种植小麦。由表 3 - 3 可以看出，在种植业中，产值较高的经济作物所占的比重很大，这也是该村村民人均收入在全乡名列前茅的主要原因。

近几年，随着农村产业结构的调整，格代库勒村的棉花播种面积逐年减少，2001 年播种面积为 2500 亩，至 2006 年则为 2300 亩；其次为小麦，播种面积基本保持在 1100 ~ 1200 亩，玉米则呈逐年递增的趋势，2001 年全村播种 600 亩，至 2006 年则增至 1200 亩。在经过农业结构调整后，村里的果园面积逐年增加，由 2001 年 230 亩增加至 2006 年的 595 亩，增加了近 1.6 倍（见表 3 - 4）。

表 3 – 4 格代库勒村土地资源及播种情况*

单位：亩

年份	土地总数	耕地	林地	播种面积						
				棉花	小麦	玉米	油料	瓜	果树	大棚
2001	3200	3200	12	2500	1100	600	200	50	230	—
2005	13700	3371	25	2000	1200	1000	11	59	200	—
2006	13700	3800		2300	1200	1200	—	97	595	—

*表中数值由比西巴格乡农经站提供。

三　农村筹资筹劳情况

近几年库车县农民收入不断增加，原来的农村筹资筹劳标准与县社会主义新农村建设不相协调的情况，同时也与自治区相关的地方性法律法规有所冲突，基于此，2007年库车县在原村级一事一议会议上就筹资筹劳标准规定在男劳力每年不超过 15 天、女劳力每年不超过 10 天基础上，根据农牧民纯收入，对农村农牧民筹资筹劳标准进行了调整。调整后的村级筹资筹劳标准按当年农牧民纯收入的 1% 计算，即不超过 36 元/人。具体如下：男劳力：每年平均劳动日不超过 25.7 天，日工值平均 32.5 元/人，年工值合计835.25 元/人。女劳力：每年平均劳动日不超过 15.7 天，日工值平均 24.6 元/人，年工值合计 386.22 元/人。男女劳力每年劳动日平均 21 天，平均年工值 610.73 元。按劳动日工价一事一议筹资金额为 7977.63 万元。亩均一事一议筹资不超过 14.05 元。对 18 岁以下未成年人、年满 55 岁以上的女劳力、年满 60 岁以上的男劳力，免除义务劳动任务。[①]

---

① 库车政府网：《库车县调整村级筹资筹劳标准》，《库车要情》2007 年第 695 期。

四 村民收入结构

从收入结构来看，农民家庭经营收入的主要来源是第一产业，农民从非农业获得的收益很少。2005 年比西巴格乡农民人均纯收入完成 3104 元，比 2000 年增长 1278 元，增幅达 70.0%。2005 年全乡各村集体总收入达到 69 万元，比 2000 年增加 30 万元，年收入 10 万元以上的村有 3 个，5 万～10 万元的有 10 个，5 万以下的村有 2 个。根据表 3 - 5，2004 年，格代库勒村农民家庭经营总收入为 4528747 元，第一产业收入为 4247492 元，第二产业收入为 138214 元，第三产业收入为 143041 元：第一产业在全村总收入中所占比例高达 93.8%，第二产业和第三产业所占比例很小，仅分别占总收入的 3.05% 和 3.16%。在第一产业中又以农业为主要支柱，农业收入占第一产业收入的 78.87%；[①] 这充分表明，格代库勒村农业经济结构比较单一，第一产业所占比重过大，乡村工业、商业严重滞后。

表 3 - 5　2004 年格代库勒村农业经济结构

单位：元,%

农业结构	经营收入	所占比率
第一产业	4247492	93.8
第二产业	138214	3.05
第三产业	143041	3.16
总　计	4528747	100

---

① 陈延琪主编《目前新疆少数民族现代化进程中的重大问题研究调查文集》，2005 年 11 月内部出版，第 196 页。

五　村集体资产情况

根据我们从比西巴格乡农经站调取的资料，2001 年格代库勒村有集体土地 250 亩，年收入达 6 万元，集体经济积累达 7 万元，欠外债 8 万元，村里没有村办企业和个体企业。2005 年年初，村里集体土地仍为 250 亩，集体经济积累为 58055 元，但所欠外债已达 144100 元。村民对集体土地的对外承包很有意见。同时，在对村民访谈中我们发现，很多村民对于本村的集体土地的具体情况并不清楚，出现多种说法。如：有的村民认为村里没有集体土地，有的认为村里有 1500 亩地，包给老书记，一年 19000 元，不交水费，用的水摊到其他村民头上，这 1500 亩地是村里集体用地，一下给他包了 30 年，村民很有意见等。有的认为现在村集体有 400~500 亩地，村里应该有集体收入和积累，但村民所摊费用还是很多，且村里每年都有 6 万元欠款。对于村集体资产情况出现的诸如以上的各种说法，与村基层工作制度不透明有很大的关系，这也是造成干群关系紧张的原因之一。因此，我们认为，现在的村"两委"应选择时机在村民大会上公布村集体资产情况，村集体土地的对外承包应通过招标的方式公开进行，避免村民产生不必要的误会，增加基层政权组织工作的透明度，增强基层政权组织的公信力。

第六节　畜牧业

格代库勒村养殖业主要以养殖牛、绵羊、山羊、毛驴、鸡、鸽子等为主,养殖的方式主要是圈养,养的牲畜、家禽大多是村民自己消费,少部分出售,因而养殖收入占家庭收入的比重不大,也无法确定。从我们对51位村民的调查来看,只有23位村民家里养有牲畜或家禽(见表3-6)。

表3-6　2006年村民饲养牲畜年底存栏数

单位:只,头,匹

项目 分类	羊（绵羊和山羊）	牛	马	骆驼	驴	禽	家禽
年底存栏数	70	26	9	—	7	160	38
出　售	32	7	—	—		40	
自　食	11	—	—	—	3	15	
养殖户数	10	15	8	3	3	7	3

从表3-6我们发现,格代库勒村的村民饲养牲畜和家禽数量很少,尚未形成规模性的养殖业,缺乏专业养殖户。从村民饲养的牲畜种类来看,养牛、养羊的村民较多,分别为15户、10户,出售的羊只数量最多,占总数的45.7%,仅有15.6%留作自己食用;其次为牛,驴的养殖量很小,村民主要自食自用。村里的禽类养殖尚未形成规模,虽然根据县、乡生产结构的调整,格代库勒村已根据本村的经济环境与自身特色,把发展特色家禽养殖、鼓励本村农民从事养殖业作为今后的工作重点。目前村里仅有养殖专业户3位。

从近几年比西巴格乡畜牧业发展的统计数据来看,全乡畜牧业发展较快,但2001~2005年格代库勒村各年年底牲畜存栏数占全乡年底牲畜存栏数的比例很小(见表3-7)。

表 3 - 7　2001～2006 年格代库勒村畜牧业情况

时间	乡村名	年底存栏数								全年出售						
		总数	绵羊	山羊	牛	马	驴	猪	其他	绵羊	山羊	牛	马	驴	猪	其他
2001	比西巴格乡	50371	39821	1472	5292	496	3128	13	149	8450	230	634	303	1081	12	49
	格代库勒村	1081	683	138	153	20	78	—	9	170	34	38	5	19	—	4
2005	比西巴格乡	53203	44433	266	5718	415	2199	23	149	27268	752	965	153	479	—	124
	格代库勒村	937	430	147	274	23	58	—	5	107	36	68	6	14	—	1
2006	比西巴格乡	56234	44050	2523	6924	411	2151	10	165	10431	322	3187	280	1651	67	17
	格代库勒村	703	379	25	205	31	61	—	2	94	6	51	8	15	—	—

从表 3-7 的数据来看，全乡年底牲畜存栏数呈逐年递增的趋势，而格代库勒村则呈下降趋势，2001 年牲畜存栏数为 1081 头，至 2006 年则降到 703 头。2001 年格代库勒村年底牲畜存栏数仅占全乡年底牲畜存栏数的 2.15%，2005 年仅占 1.76%，至 2006 年则降至 1.25%，这一方面与该村所处的地理环境有关，另一方面也说明，畜牧业在该村处于次要地位，人均占有率呈逐年下降趋势，由 2001 年的人均可达 1 头多，至 2006 年人均占有仅 0.67 头。

第七节　其他产业

一　林果业与设施农业

自 2003 年起，库车县按照集中连片布局、规模化发展的模式，集中力量发展红枣和核桃产业，林果基地标准化生产稳步推进。在推进红枣种植过程中，该县把成活率与补贴和处罚挂钩，对当年种植的红枣苗成活率在 75% 以上的，第二年进行补植；成活率在 85% 以上的，每亩补贴 150元。这项补贴让成活率达标的农户基本实现了免费种植红枣。这一激励措施使广大农民种植红枣的积极性空前高涨，但在格代库勒村，相较于农业、牲畜业，林果业与设施农业的发展才刚刚起步。村民对于发展林果业和设施农业怨言较多，村民拥有的林果业土地面积较少。这虽与村民文化素质较低、思想保守、观念陈旧有关，但在推行种植果树过程中，基层组织和个别干部的做法有些呆板、教条，虽然有优惠政策的激励机制，但由于农民缺乏自主购买树苗的权利，很多村民认为种果树投入成本高、风险大、见效慢，尤其是农民缺乏果树栽培技术，村里的果树苗成活率不高（如一亩枣地投资 300 元，成活率 70%～80%），加之近六七年来，格代库勒村播种、采摘棉花、小麦等农作物的机械化程度较高，棉花的收入也很好。推行林果业以来，按乡里规定，村民要在小麦、玉米地里间种红枣，导致村民无法进行大型机械操作，而资金的有限又使村民购置小型农机具的愿望较小，这样一来无形中加大了村民的劳动强度与劳动时间。以上种种原因导致本村村民不太愿意种植果树，林果业的推广工作在格代库勒村有一定的难度。在这种情况下，县乡，特别是乡领导、村干部只能强制推广。对此，村民很有意见。问卷调查显示，拥有 20亩以上耕地的村民有 21 户，其中承包他人土地的有 16户、租种他人土地的有 4 户。大多数村民以种植棉花、小麦、玉米为主。48 户村民中共有 13 户村民家中拥有果园，种植果树 10 亩以上（含 10 亩）的人家只有 3 户，最多的一家是 20 亩，在被调查村民中拥有耕地最多（80亩）的村民家仅有果树 10 亩，其他 11 家农户都是 1～3亩不等。

格代库勒村的设施农业刚刚起步。以前村里的汉族村民都是在自己的庭院里种些蔬菜自食，或送给附近居住、关系好的维吾尔族村民，没有大规模成片种植。产业结构调整开始后，基于格代库勒村有种植蔬菜的历史和技术，具有发展设施农业的基础和潜力，乡里决定将设施农业作为其今后农业经济发展的目标之一。从我们收回的调查问卷得知，目前本村有 7 户农民种植蔬菜，但有蔬菜大棚的只有 2 家，其中刘家种植了 11 亩，另一家则规模很小。种植蔬菜面积在 5 亩以上的农户有 5 家，这些种植蔬菜的农户基

图 3－4　棉花地里间种的果树

本都是汉族村民。在我们与村民访谈中还了解到这样一种情况：有的村民反映，2006 年本村没有建温室大棚，但村委却要求每位村民都掏每亩 17 元的温室费，农民对此非常不满。

图 3－5　蔬菜大棚

二 第三产业

通过对调查问卷的分析，格代库勒村有多位村民从事个体经营，个体经营总收入为 20500 元，户均收入 4100 元。村里有一个裁缝，2 个个体户、5 个小商店，一个饭馆、一个打馕的。2 名个体户中，一个是搞建筑工程承包的，一个从事运输。在调查期间，我们没有见到这 2 名从事个体经营的村民，因此，对其经营情况不了解。我们仅对居住在本村的一名维吾尔族女裁缝进行了访谈。这位裁缝没有办理个体经营手续，没有专门的经营场所，因有残疾，一般在家里接活，来她这儿做衣服的多为本村村民及邻近村庄的农民，还有她认识的人，来做衣服的以老年人居多，主要是民族服饰。村里的 5 个小商店主要卖日杂用品，客流量不是很多。我们调查期间村里的饭馆不是每天开业。由于时间关系，没有专门对商店业主和饭馆业主进行调查访谈，也就无法了解具体的情况，这是我们回来后深感遗憾的地方。

第八节 劳动力转移

随着产业结构的调整，农村富余劳动力不断增多。为加快农村富余劳动力转移就业，调整农村就业结构，在农村全面建设小康社会，促进城乡经济社会协调发展、提高城市化水平，《农业部关于做好农村富余劳动力转移就业服务工作的意见》（农政发〔2006〕4 号）中明确指出："农村富余劳动力跨区域流动就业，既为城乡经济发展注入了新的生机活力，促进了城乡经济和社会的繁荣，又开辟了农民增收的新渠道，成为农村经济发展新的增长点。"由于比西巴格乡人多地少，加之近几年进行产业结构调整，部分土地种植了果树、修建了温室大棚。这样一来，全乡的富余劳动力人数大量增加。据初步统计：比西巴格乡 2007 年有富余劳动力 2475 人次，外出打工人员为 1075 人，预计需要输出季节性采摘人员 791 人次，需要自治区协调解决的就业岗位 1000 人。为增加农民收入，转变农民思想观念，引导农村富余劳动力合理流动。比西巴格乡党委和乡政府通过对全乡各行各业的群众进行调查和征求意见，初步确定在博斯塘二村进行为期一年的农村富余劳动力转移就业试点工作。同时成立了乡劳动保障事务所和人事劳动争议调解委员会，进行建筑、缝纫等专业培训，积极做好劳动力培训和劳务输出工作，主要从事建筑、餐饮、住宿和运输等服务；乡党委和乡政府还根据《新疆维吾尔自治区促进劳务派遣组织发展办法》（新劳社字［2007］5 号）的文件精神，按照有关规定办理了登记、备案手续，组织成立了比西巴格乡农民协会，以社会团体的形式参加市场竞争，多途径引导农民开展劳务创收，支持农民就地、就近转移，由单纯的从事种植业向从事养殖业转移，由从事一产业向从事二、三产业转移，由原来自发分散转向有组织、有规模地转移（其乃巴格村、林场村、格代库勒村发展蔬菜种植，建立蔬菜协会一个，吾斯塘博依村发展手工编织，博斯塘一、二村发展地毯编织业），为农村富余劳动力转移、增加农民收入创造条件。

2006 年，比西巴格乡积极开展劳务输出，外出务工人员 2050 人，实现劳务创收 335.2 万元，人均达 1635 元。根据乡劳动力转移岗位就业调查显示，全乡进行电焊工培训

就业共计 50 人，格代库勒村只有 5 名；工匠培训就业 198
人，格代库勒村没有人参加。根据"比西巴格乡农村贫困
劳动力转移城镇就业技能培训申请登记表"的申请情况显
示，比西巴格乡共有 86 名女青年申请进行裁缝技能培训并
通过考核、鉴定，格代库勒村情况不明。由此我们可以发
现，格代库勒村村民接受新生事物的能力较差，缺乏技术
培训意识。从调查组收回的 51 份问卷中有 45 人对技术培训
和外出打工给予了回答，在这 45 人中，仅有 19 人参加过相
关的技术培训，仅占 42.2%，且都参加过农业生产技术培
训；有 13 人认为技术培训对自己有些帮助，仅有 11 人认为
对自己帮助很大（见表 3-8）。

表 3-8 格代库勒村村民技术培训情况

单位：人，%

内 容	选 项	人 数	比 例
本人是否参加技术	参 加 过	19	37.25
	没有参加	25	49.02
	说 不 清	1	1.96
	没有回答	6	11.76
	合 计	51	100
参加培训的项目	农业技术	19	37.25
	传统手工生产技能（如织地毯、刺绣等）	—	—
	外出，打工培训	1	1.96
	其 他	1	1.96
	没有回答	30	58.82
	合 计	51	100

内　容	选　项	人　数	比　例
培训对你是否有帮助	帮助很大	11	21.57
	有些帮助	13	25.49
	帮助不大	1	1.96
	没有帮助	—	—
	说不清	3	5.88
	没有回答	23	45.10
	合　计	51	100

　　调查数据显示，我们在库车调查的分属比西巴格乡和牙哈镇的4个村中，在收回的有效问卷中关于对技能培训相关问题的认识与看法，格代库勒村村民的培训意识最差，参加农牧业技术培训的最少，认为技术培训对农业生产有"很大帮助"的比例远低于其他3个村。从表3-8我们可以发现，村民参加技术培训的积极性不高，超过一半的被调查村民对"参加培训的项目"这一问题没有回答，将近一半的被调查村民对"培训对你是否有帮助"没有回答，这个比例也远高于其他3个村。2006年12月至2007年3月，全乡共有86名女青年填写了农村贫困劳动力职业技能申请以参加裁缝培训，还有50名男青年和98名男青年分别参加了电焊工和工匠的培训并已就业，其中仅有5名格代库勒村的男青年取得了电焊资格并就业。与其他村相比，本村没有参加工匠培训的人员，参加电焊的人数也很少。在与某村民访谈中曾问其为何不让女儿参加手工技能培训，他说自己同意让女儿去，但女儿不愿意。我们调研时，村"两委"已经意识到此问题的重要性，并将这几项工作列为今后的工作重点：对农民进行科技培训、实用技术培训，

完成县、乡下达的工作任务。从这一点可以发现，虽然村委已经认识到对村民进行科学技术培训的重要性，但其思想深处只是为了完成任务而进行。我们认为村干部应尽快转变思想，不能只是为了完成任务而去做，要深刻认识到现代农业生产技术是增产增收的重要因素，技能培训可以为农民找到一条增加收入的途径。建议村"两委"要主动地、集思广益地采取有效措施，大力宣传技能培训的好处与实惠，并身体力行，吸引村民参加各种培训班，走出本村，放宽视野，只有这样才能真正带领村民实现本村经济又好又快发展。

格代库勒村的村民对于外出打工，观念较为落后且有畏难情绪。调查数据显示，格代库勒村外出打工的村民很少。改革开放以来，全村外出打工的村民仅有 50～60 人，以男性居多，年龄一般在 20～30 岁，文化水平不高，基本上都是小学文化程度，会说一点汉语。还有 10 人左右常年在外地做买卖，一般是到乌鲁木齐。外出打工的村民一般都是自己去找工作，大多从事盖房、搬运工等重体力劳动。由于外出打工的收益比种地高一点，因此，只要家里有人种地，其他人都希望出去打工赚钱，如果家里没有人种地，村民就不会出来打工。有些村民看到好多人出去赚钱后，也跟着出去了，不能出去的人很羡慕。对于村民出去打工是否要履行一些行政手续，多数村民不太清楚。目前村民最大的愿望是希望政府组织去打工，这样有组织、有目标、有方向，不会像无头苍蝇一样到处乱跑，既节省时间、精力和金钱，也能充分保障自己的合法权益。村里曾组织过部分贫困户外出打工，虽然有 31.5% 的被调查村民认为打工可增加经济收入、14.8% 的被调查村民认为可以培养个人能力、13% 的被调查村民认为可以增长见识，但在被调查的村民家中外出打工的人很少，仅有一、两家有人外出打过工，主要原因是认为生活不方便、受当地人歧视、工作辛苦（见表3-9）。

表 3-9　外出打工有关的问卷统计

单位：人,%

内　容	选　项	人　数	比　例
本人是否外出打过工	没有	37	72.5
	出去过一次	6	11.8
	出去过2~4次	5	9.8
	经常出去	—	—
	无效问卷	3	5.9
	合　计	51	100
子女是否外出打过工	没有	33	64.7
	出去过一次	1	2
	出去过2~4次	—	—
	经常出去	1	2
	无效问卷	16	31.7
	合　计	51	100
子女外出打工地点（多选项　无合计）	内地城市	2	3.9
	新疆城市	4	7.8
	新疆县乡镇	1	2
	农村	3	5.9
子女外出打工好处（多选项　无合计）	增加家庭收入	17	31.5
	培养个人能力	8	14.8
	增长见识	7	13
	有利于子女教育	3	5.6
	说不清	1	1.9
	没好处	18	33.3

内　　容	选　项	人　数	比　例
子女外出打工哪些方面不好（多选项　无合计）	工作辛苦	4	8.2
	生活水平低	3	6.1
	受当地人歧视	5	10.2
	生活不方便	6	12.2
	工资水平低	3	6.1
	不利于子女教育	2	4.1
	说不清	19	38.8
	没有坏处	7	14.3

我们在与一位村里的贫困户访谈中，问他为何不让其女儿外出打工时，该村民称害怕女儿上当受骗。从与这位村民的交谈以及表中的数据反映出：该村村民的思想观念较为保守，与外界交往不多，多数愿意固守在自己的土地上，不愿外出。

由于格代库勒村棉花种植较多，本村也有外来的打工者，具体有多少人没有统计过。外来打工的人员一般都是9～11月份摘棉花时节棉农自己招来的，一般都是本县的妇女。由于摘棉花收入还可以，所以有些人每年都来，和村民的关系也很好。

2008年以来，为转变农民就业观念，加快农村富余劳动力转移，进一步增加农民收入，库车县根据本县的经济发展特点，加强对农村富余劳动力的培训工作。库车县出台了《2008～2010年职业教育及富余劳动力转移教育工作方案》，提出力争用3～5年时间，把库车职业技术学校初步建成具有石油、化工、机电、煤炭、旅游方向特色专业的南疆职业技术教育基地；不断拓宽与疆内外知名职校的合作，采取"3＋2"、"3＋1"的模式，培养学生掌握一两门适应就业需要的专业技术。职业技术学校采用在各乡镇场中学办职业班的形式，全面开展劳动力预备役教育。从2008年起，在农村实行初三分流、"3＋X"培训模式，年均在初中培养30%有专长的毕业生。每年完成一万人次以上行业骨干力量业务培训及劳动力骨干力量的转移技能培训。利用乡村两级农牧民文化技术学校，推进"一户一人"转移就业培训、"一年一户、一人一技"致富技能培训"双工程"。力争到2010年使培训面达到100%，实现三年一轮回。① 在这一措施的有力推动下，近两年，格代库勒村的年轻人参加技术培训的积极性有所提高，在县乡统一组织下走出村庄外出务工的人员开始增加，村民打工收入也在不断增加。

第九节　格代库勒村经济发展趋势特点

"十五"期间，比西巴格乡认真贯彻执行党的路线、方针、政策，坚持用发展的办法解决前进中的问题，进一步优化产业结构，综合经济实力和人民生活水平再上一个新台阶，经济持续快速发展。作为比西巴格乡所属的一个行政村，"十五"时期是格代库勒村的经济发较快，产业结构调整步伐最快的时期。主要表现在：

一是农业综合开发和结构调整取得一定成效。改革开放以来，格代库勒村根据比西巴格乡政府"种植业抓结构

---

① 《库车县全面推进职业教育促进农村富余劳力转移》，http//www.aks.gov.cn，2009年12月8日访问.

调整、畜牧业抓改良"的发展思路，积极发展和壮大乡村经济。农业方面，在稳定粮棉播种面积的同时，积极在全村发展特色林果业和设施农业建设，扩大林果业种植面积。2000 年格代库勒村被评为自治先进示范村。2002 年至 2003 年，村委把调整种植业产业结构、发展经济和保护生态环境有机地结合起来，实行退耕还林、加快设施农业和特色家禽养殖业的发展。从村委会调取的有限资料中，我们查找到 2007 年 4 月格代库勒村退耕还林面积达到 434 亩，由此可见村党支部和村委会是十分重视保护本村自然生态环境的。

二是基础设施建设由滞后型向适应型转变。近几年，库车县委、县政府加大对农村的投入力度，不断完善乡村道路、供水、供电、通信等基础设施，现在格代库勒村的主要道路都是柏油路，村委会、文化室、医务室等正在准备进行翻新或重建，农村思想文化阵地建设得到加强。农村抗震安居房建设工程稳步进行。格代库勒村已建好 280 户抗震安居房，这些房屋建设县上都有补贴政策，残疾人基本不用掏钱，特困户补贴较多，安居房极大地改善了农民的居住环境，为格代库勒村今后的加快发展奠定了坚实的基础，目前村里还有 350 户左右的房屋等待重建或改建。

在"十一五"期间，比西巴格乡政府积极推广农业先进实用技术，推进农用机械的市场化、产业化，如播种机、收割机等。其中重点推广棉花的精量播种、带状高密度模式、保护性耕作、设施农业集中育苗和果树修剪等实用技术。积极发展适用生产经营的农业机械，鼓励农业生产经营者合作经营农业机械，积极培育农机大户和农机服务组织，推进农用机械的市场化、产业化。围绕增加农牧民收入，突出棉花优势，确保粮食安全，重点发展特色林果业、现代畜牧业和无公害蔬菜业，做强做大乡域性特色产业。加快发展农业产业化经营、乡镇企业和非农产业，加强农业综合生产能力，建立农业防灾减灾体系，提高农业机械化装备。为壮大农村集体经济，深化粮棉流通体制改革，健全农产品现代流通体系和农业社会化服务体系，强化农牧民劳动就业技能培训，努力提高农牧民素质，扎扎实实推进社会主义新农村建设。

目前，格代库勒村的经济发展呈现以下特点和趋势：

（1）农业仍然是格代库勒村经济结构中的支柱。从2006年的统计数据可以看出，农业仍是格代库勒村经济发展中的重要部分，农业收入在当年经济总收入中仍占主导地位。

（2）特色家禽养殖业已初步形成。目前已有5名养殖户，乡里已将格代库勒村的特色家禽养殖列入乡农业发展规划中，2007年年末，全村家禽存栏数有望得到提高。

（3）第三产业得到发展，它在格代库勒村的经济格局中的地位也会越来越突出。除商饮业外，外出打工、从事服务业的年轻人会越来越多，显示出农业现代化与市场经济对当地发展的深刻影响。2006年，第三产业的收入在该村经济总收入中的比重有所上升，显示出第三产业逐步增长的趋势。但作为一个维汉混居的村落，传统经济方式在乡村经济中发挥主导作用的同时，汉族群众的经济生产方式对维吾尔群众已经产生了深刻影响（详见民族关系一章）。

存在的问题：（1）随着耕地的增多，水资源短缺已成为不争的事实，并成为今后影响农业生产的重要因素。

（2）土地沙漠化、盐碱化有扩大趋势，亟待采取有效措施遏制其蔓延发展。

（3）对村干部的综合素质培训亟待进一步加强。

（4）村干部的生产带头作用有待进一步提高。

第四章　社会发展

格代库勒村早先是个自然村落，仅有几个人。1956年以后人口的变迁及乡村规划使其最终成为中国最基层的一个行政区划村，其设立的历史仅有五十多年。自然村与行政村的区别，不只是规模的大小区别，根本区别在于自然村没有基层政权组织，而行政村是国家按照法律规定而设立的农村基层管理单位，其组织形式是村民委员会，是农村村民自治组织，下设若干个村民小组，村民小组一般是以自然村划分的。经过半个世纪的建设发展，格代库勒村农业经济不仅有了很大进步与发展，作为公民社会基本组成部分的各项文化事业也在不断进步与发展，各项综合实力不断提升，尤其是改革开放以来，村里的各项社会事业有了很大发展。从我们的调查情况来看，当地干部和群众对本村的未来发展充满信心。

第一节　基础设施建设

农村基础设施建设事关群众的基本生活与生产条件。改革开放以前，格代库勒村村民的生活、生产条件比较艰苦，没有自来水、电和柏油路，更别说电话、家用电器了。改革开放后，随着经济的快速发展，库车县县委为保障农业生产用水和村民生活用水的需要，并为工业发展积蓄后劲，首先加大农田水利基础设施建设。新农村建设工作开展以来，县委积极组织实施村县各行政村的"五通"（通水泥路、通安全饮水、通电视、通电话、通信息网络）、"四改"（改房、改厕、改圈、改灶）、"四清"（清理污水、粪堆、柴堆、垃圾堆）、"五化"（绿化、净化、美化、亮化、畅化）建设。2005年该县投入3000万元对全县218个行政村的乡村道路进行全面改造，当年完成路基沙石料铺设402公里、桥涵300个、村村通油路200公里，完成比西巴格乡、阿拉哈格镇的省道210线重点项目建设。

柏油路的修建、自来水的入户、广播电视和通信的开通以及电网的接入，极大地方便了农民的生产、生活，提高了各族农民群众的生活水平。2007年以来，库车县在阿克苏地区各县中率先实现了"村村通油路"的目标，村通自来水率达到87%。农村信息化建设也取得了重大突破，不仅实现了有线电视的"村村通"，并且成为全疆第一个实现"村村通"光纤的农业信息化示范县。格代库勒村的基础设施建设发生了翻天覆地的变化，村民的生产、生活条件、医疗卫生和文化教育条件大大改善，全村村民的平均生活水平在比西巴格乡位居前列。

谈到农村生活的巨大变化，农民毛拉·买提高兴地说："我们家做饭不用柴了，再也不用像以前那样"满头满脸一身灰，柴火围着灶台堆"了，现在村里家家户户都建起了沼气工程，用上了清洁卫生的沼气灶、沼气灯，还有太阳能……"在城里二中读书的学生肉孜·阿不来提说："现在村里和城镇已没什么区别了，过去在农村上学半年才能上城洗一次澡，吃的是水渠里的水，现在村里家家户户都通了干净的自来水，住上了整齐划一的安居房，通了电话还能上网。""我们家最近装上了太阳能热水器，想什么时候洗澡都能在洗澡间洗澡了，出门就是柏油路……"①

一 生活用水和生产用水

在生活用水方面，格代库勒村的村民以前喝的都是涝坝水，每家每户在自己的农田里挖个坑，并把水蓄在坑里备用。2000 年，村里通了自来水，水费是 1 吨 0.3 元钱，一般情况下，村民用四五个月才花三四元钱，费用是由乡里的自来水公司办事处收的。现在村民们喝的都是自来水，如果自来水停了，村民就用机压井，虽然机压井水不掏钱，但是并不好喝。

在生产用水方面，格代库勒村村民农业灌溉用水主要来源于渠水，采取大田漫灌方式，喷灌、滴灌技术还没有在本村推广使用，生产用水每亩 50 ~ 60 元，由乡里的水管站收。由于地下水资源比较丰富，较之其他行政村自然环境条件较好，农业用水基本充足，以前从未出现过因为用水村民之间发生争执的事情。但随着开垦荒地的增加，村里也出现了用水紧张的局面，并发生了几起因为用水村民之间产生争吵的事件。近两年在县乡两级政府支持下，村里新打了几眼井，基本解决了用水紧张的局面。

---

① 《改革开放 30 年：库车农民畅谈农村发生新变化》，新疆新闻网，2008 年 5 月 12 日访问。

目前，由于水费有所涨价，村民对生产用水有些意见。据统计，2006 年格代库勒村全年总灌溉面积约 7 万亩，[①] 新建闸口 36 个、渡槽 5 个、涵洞和桥 68 个，新挖排碱渠 5565 米，维修排碱渠 3200 米，维修引水渠 68.5 米，新修防渗渠 10.2 公里，规划、平整土地 1500 亩，铺柏油路 19.5 公里。格代库勒村的水利建设重点是排碱项目，其对口援助单位县广电局协调水电局修了 6 公里长的排碱渠，其中 4.9 公里是水电局控制，剩下 1.1 公里由村里自己控制，并出义务工完成。

二　生活用电

格代库勒村是在 1992 年开始通电的。同年，比西巴格乡供电所为村民统一安装了电表，按 0.55 元/度收费。每户一般每月用电约 20 度，他们表示对电价可以接受。格代库勒村村民的主要电器有电视机、影碟机和电风扇，五六家村民有电冰箱。此外，格代库勒村还有两户村民在使用太阳能发电，因为他们住得比较偏僻，拉电线费用较高。他们认为使用太阳能基本上可以满足需要，也可以看电视。

三　道路建设

格代库勒村以前没有柏油路，都是些自然形成的土路，去县、乡的道路也都没有统一规划、建设。1978 年村里开始组织村民修建道路，进行垫路、铺沥青等。从该村到县城有 12~13 公里的路程，离乡政府有 8 公里远，2006 年初

---

① 所有耕地年灌溉次数的累加面积。

柏油路铺通。县城至哈拉哈塘的柏油公路沿该村东侧而过，村里有三轮摩托车通往乡里和县里。目前，村里有 3 条 1 公里以上的柏油路连接着 4 个村小组，村民出行很方便，摆脱了以前尘土飞扬的乡村土路。

图 4-1　乡村公路

近两年村里根据"村村通工程"和新农村建设要求，又重新按照县里要求统一规划村里的道路建设和房屋建设。关于道路和房屋的建设规划，有一张较详细的规划图挂在村委会办公室的墙上。

四　沼气的推广和应用

良好的气温和天气条件，使得沼气在南疆极具发展优势，在缺乏薪材的南疆，它的推广使用不仅能减少对大自然的资源掠夺、保护本已很脆弱的生态环境，而且它还是一种清洁能源，沼气废料还可以作为绿色有机肥料使用于农业生产当中。由于沼气使用起来比薪材简单、方便且没有污染，在访谈中，大部分的村民认为用沼气做饭不用像以前那样满头满脸一身灰，柴火围着灶台堆了，都愿意使用清洁卫生的沼气灶，但普遍认为修建沼气池所需要的安装设备费用太高，如果自己修建经济上开支太大，难以接受。据了解，建一个沼气池约需 4000 元人民币（包括买炉子和设备的钱），盖沼气旁的一个厕所需要 635 元人民币。

图 4 – 2　村民家中的沼气设备

目前，针对在沼气推广中出现的问题，为鼓励农民使用沼气的积极性，保护脆弱的生态环境，县政府已经出台了相应的补贴政策：沼气池由村民自己挖，而使用沼气的设备和沼气池盖子等钱则由库车县付。具体措施是库车县免费为村民提供沼气炉子，并派技术人员免费给村民安装沼气池的盖子等。在县政府的大力支持与资助下，2006 年，本村有 48 户村民在技术人员指导下，投入了少量的资金自己动手建起了沼气池，2007 年开始使用。其余的村民在亲眼看到、了解到使用沼气的诸多好处后，也准备动手开建。

五　通信设施

格代库勒村在全乡各行政村中，村民收入相对较高，因此，在经济条件允许的情况下，对于通信设施的投入村民还是比较舍得的。在20世纪90年代末，手机对于收入较低的普通人，特别是在农村还是奢侈品的情况下，一个村民于1999年购买了本村的第一部手机。至2007年，全村已经有50个村民在使用手机了，主要使用人群是年轻人和村干部，年轻人认为使用手机便于联系，村干部则认为使用手机工作更方便。但村民普遍反映手机的信号不是很好，经常听不清、听不见。

2005年格代库勒村在村大队安装并使用了第一部固定电话，目前，全村已经有67户人家使用固定电话了。

第二节　文化建设

文化不仅是一种精神消费，也是一种精神投入。富裕的物质生活不能代替健康的文化生活，而文化的和谐是构建乡风文明不可或缺的"润滑剂"。随着人们物质生活的改善，物质需求得到基本满足之后，精神的需求便凸显出来，没有健康的文化去满足人们这种需求，不健康的东西就会乘虚而入。自改革开放以来，随着全县经济社会的发展，格代库勒村已从无通信网络、无广播电视、无图书阅览室的信息闭塞的一个小村庄，变成了一个有通信网络、广播电视和图书阅览室的现代乡村。近年来，格代库勒村在县乡两级政府的支持下，利用空闲时节、结合各类节庆适时举办文化活动，并组织村里艺人积极参加县乡的各类文化范围也在扩大，原来只在具有同一信仰的范围内确定婚姻，现在也在逐渐扩大。

二宫村是一个以维吾尔族占大多数的村庄，二组和三组几乎都是维吾尔族人，而维吾尔族在选择婚姻上除了信仰以外，对于双方的品德是很看重的。

11世纪维吾尔族诗人尤素甫·哈斯·哈吉甫撰写的《福乐智慧》中是这样说的："倘若你愿意成家娶妻，应具慧眼卓识，将佳偶寻觅。她应出生良家有纯正根基，贞洁、知耻、虔敬真一。"对伴侣的要求是"贞洁、知耻、虔敬真一"。

维吾尔族在婚姻选择上是有限制的，但新中国成立以来，在自由恋爱思想的冲击下，不同民族之间通婚的现象比较普遍，在霍城县档案局的一封档案里看到，50年代，该县一位上海来的汉族支边青年和一位维吾尔族姑娘（地主成分）恋爱，由于周围反对因素太多，导致双双"叛逃"苏联的事件。近几年，随着极端民族主义思潮的影响，维汉之间的通婚现象越来越少了。像二宫村，一些维吾尔族青年宁可从千里迢迢的南疆娶一位维吾尔族媳妇，也不会就近和汉族或者回族通婚。

据村干部讲：

> 周围其他村有维吾尔族和汉族之间通婚的，二宫村没有。以前三组有维汉结婚的，男方是维吾尔族，他去内地打工时一起回来的。女的结婚后自己学维吾尔语。结婚时20多岁。结婚以后，生了两个孩子，夫妻双方的矛盾比较大，男方认为宗教信仰不同，就离婚了。过了几年他们又再婚了，父母去世后，离开本

台、两个汉语台，新和县电视台的一个维语台。库车台电视信号比较清晰，而邻县的如沙雅、拜城、新和县的则不清楚。

图 4-3　村民家电视

由于夏季劳动时间长，很晚回家，看电视时间比较少，主要看电视的时间集中在冬天的晚上。村民常看的是库车县电视台和新疆电视台的维语台。比较喜欢的节目有动画片、新闻节目、农业节目、歌舞、电影、电视剧等，如库车县电视台的"库车新闻联播"、"宝地"（库车县电视台农业节目），新疆电视台的"公民与法律"、"幸运之星"等。库车县电视台和新疆电视台的播出时间是早 8 点至晚 12 点（新疆时间）。村民们反映，现在的电视节目虽然好看，但广告太多。

从我们对调查问卷的分析数据中可以看出，51 个村民中有 58.8% 的村民表示喜欢看电视并且经常看，35.3% 的村民表示喜欢看但由于其他原因而不经常看，只有 5.9% 的村民表示不喜欢看电视且很少看。格代库勒村的村民不经常看电视的原因及比例如下：12.5％的村民是因为电视信号不好、看不清；16.7％的村民是因为电视机太旧，效果不好；8.3％的村民是因为电视节目没意思，不想看；50％的村民是因为太忙而没有时间看；12.5％的村民是因为家里的电视机坏了或没有电视（见表4－1）。

表4－1　有关电视问题的问卷统计

单位：人,％

内　容	选　项	人　数	比　例
是否喜欢看电视	喜欢，经常看	30	58.8
	喜欢，但不经常看	18	35.3
	不喜欢，也很少看	3	5.9
	合　计	51	100
喜欢哪类电视节目（多项选）	新闻节目	37	72.5
	农牧科普知识	28	54.9
	农村类节目	20	39.2
	歌舞节目	16	31.4
	电影、电视节目	14	27.5
	本民族文化介绍	13	25.5
不经常看电视的原因	电视信号不好，看不清	3	12.5
	电视机太旧，效果不好	4	16.7
	电视节目没意思，不想看	2	8.3
	太忙，没时间看	12	50
	家里没电视或电视坏了	3	12.5
	合　计	24	100

从表4－1，我们可以看出，在被调查的村民中有一半以上喜欢看电视，村民最喜欢看的电视节目是新闻联播，

其次是农牧科普知识、农村类节目。这说明，村民对国家大事很关心，也很想掌握先进的农牧科普知识，以提高自己的农牧技术水平。但由于"太忙，没时间看"成为被调查村民（有效回答24人）的主要原因，占到有效回答人数的一半。

近几年，通过"西新工程"和"农村大喇叭覆盖工程"的建设，到村、到组、到户的调频广播、有线广播、有线电视、无线电视和无线数字电视并举的农村广电覆盖网络形成，村里安装了调频和有线广播大喇叭，设立了村民广播室。格代库勒村电视、广播的普及对于全村的村民来说，不仅多了一种娱乐方式，而且还丰富了村民的文化生活，开阔了村民的视野，加深、加大了对县域、区域和国内、国际经济社会发展变化的了解，加强了与外地的信息交流。据调查，新闻联播，贴近农村生产、引导农民脱贫致富的农村科技节目，丰富活跃农民精神文化生活的节目等，是村民平时比较喜欢的节目。

二　电影

据了解，格代库勒村村民以前看电影的机会很少，一年只有一次。主要是科技、农业方面的片子。2005年以来，随着国家"四部委"关于加快实施"2131"工程的要求，库车县积极研究制定农村电影"2131"工程的具体实施方案和工作方案。为确保农村电影"2131"工程的实施，县电影管理中心采取了领导亲自抓，责任到人的工作制度。并规定，每年一月份县电影管理中心与各村放映员签订一年一聘的放映合同，安排放映场次，年放映目标任务是一村一月一放映，全年12场。同时，根据文化部、广电局关于元旦、春节期间"送电影下乡"的有关精神和县委、政府"三下乡"工作安排，县电影管理中心在"三节"期间积极开展"向农牧民送电影"的放映活动。现在，村里一年放 12 次电影，每次 2 部。其中，一部是农业科教片，一部是故事片。有时也放有关预防艾滋病等宣传教育片。2007年，格代库勒村已经放了 9 次电影，包括《举起手来》、《预防艾滋病》、《苹果栽培技术》等。村民们表示非常喜欢看，就算下雨也要坚持观看。村民比较感兴趣的是战争片、功夫片，尤其喜欢看印度、巴基斯坦、美国等国外影片。

三　报刊、杂志、书籍

在村图书阅览室，我们看到书架上摆放整齐的报纸杂志和各类图书。

图 4-4　村图书阅览室

据村支书介绍，阅览室的图书杂志主要是由县财政出钱购买分发下来的，主要是农民急需的实用技术书籍。县里还免费给村里订了党报党刊，村民们可以随时借回家看，既充实了业余生活，又长了见识。此外，比西巴格乡还出资给格代库勒村征订了 7 种报纸，但是，由于经济原因，格代库勒村的村民没有一人自己掏钱订阅报纸的。到村委会看报纸的主要人群有村干部、文化水平较高的年轻人、中年的男性村民等。村干部喜欢看是因为想多了解国家的新闻和政策；年轻人则是文化程度相对较高，想开阔眼界、不脱离外界；而看报纸的中年男性也绝大多数是初中文化水平，女性则需要在家做家务，照顾老人、孩子而没有时间来看。村民们比较喜欢看的主要是《新疆日报》《新疆法制报》《新疆科技报》《新疆经济报》《阿克苏日报》等报纸中的新闻、历史、法律案件评析等栏目。他们认为可以从中了解国家、自治区、阿克苏地区的时事、历史以及学习到一些法律知识。

格代库勒村并没有给村民订什么杂志，但有村民反映，村里规定有拖拉机的农民每年都必须订杂志《新疆农业机械化》，村民们也都在看。

格代库勒村的文化活动室目前有 5000 多本书，包括农业、科技、小说、党和国家政策类政治读物等。村民都可以借阅。村里有 60% 的村民喜欢来看书，他们喜欢阅读关于农业技术、农业生产、农业机械化的科普书籍和小说。

2007 年 7 月 18 日，库车县文体局给格代库勒村捐了价值 2500 元的书籍，包括《中华五千年》《维汉语学习译本》以及农业技术和教育子女等方面的书，有些书还带有 VCD 光盘，村民们都非常喜欢，这些书对他们很有吸引力、而且很有益处。村干部也认为这些书对提高村民文化素质、提高农民农业生产技术有很大的帮助。

据了解，格代库勒村现有报刊和书籍基本上能满足需要，可是书和报纸的种类比较单一、不全面。此外，村里也没有订购报刊、书籍的专项资金。而格代库勒村的村民在订购报纸、杂志、书籍方面仍有一定的经济上的现实困难，村民们反映，"有时想看的报刊没钱订，想读的书籍没钱买"。村民都希望村里能多订一些报纸、杂志和书籍，希望种类能多一些，特别是农业科技和娱乐等方面的。

四 文体活动

这里的村民十分朴实，在我们调研期间，虽然忙于秋收，但村里几位擅长乐器、歌舞的村民，听村干部说我们想找到他们座谈并想观看他们的表演，他们毫无怨言地放下手里的农活就赶来了，根本不计较是否有报酬，不仅使我们对村里的文化活动情况有了详细的了解，还欣赏到他们精彩的音乐歌舞表演。

图 4 - 5 村艺人的精彩表演

据村民说，现在电视、广播的普及对传统娱乐活动影响比较大，传统娱乐活动明显减少。以前没有电视、广播时，大家常常在晚上开展麦西莱甫（维吾尔族的一种传统聚会，即围着火堆唱歌跳舞）活动。有了广播电视，这些活动少了很多。虽然县里为增强文化设施对基层群众的影响力，狠抓乡村文体活动中心的建设工作，从 2005 年起，县委、县政府对下辖的每个村文体活动中心的建设财政拨款 10 万元，文体中心包括活动室、棋牌室、播放室等。但到 2007 年，格代库勒村的文体中心还未修建，目前仅有一个青年文化室，成为村民开展活动的主要场所。

冬闲时，格代库勒村委会积极组织村民参加县乡的"农村百日文体活动"，如斗狗、叼羊、赛马、麦西莱甫等一系列民间传统文体项目，组织本村民间艺人进行文艺表演等，极大地丰富了村民平时的业余文化生活。

每到节日期间，村委会都会把民间艺人组织起来跳麦西莱甫。麦西莱甫历史悠久，它是维吾尔族的一种以歌舞和民间娱乐融为一体的娱乐形式。据记载，古代突厥人有一种晚会，称为"索尔丘克"和"苏合迪提"。史学家认为，现在的麦西莱甫正是由这些古老的仪式和风俗演变而来。参加麦西莱甫的人数是没有限制的，一般在节假日或傍晚休息时，人们聚集在一起，吹、拉、弹、唱、杂技魔术、跳舞娱乐，大家都可登场表演节目。麦西莱甫因地区不同，其内容、形式和规模都有差异。喀什、伊犁地区有同行间轮流举行的麦西莱甫、季节性野游麦西莱甫、少女少妇举行的麦西莱甫等。在南疆的麦盖堤县还有"节日麦西莱甫"、"婚娶麦西莱甫"、"邀请麦西莱甫"、"道歉麦西莱甫"，等等。而库车县的麦西莱甫则继承了

龟兹乐舞的神韵，潇洒飘逸，欢快活泼，多用热瓦甫、
都塔尔、弹布尔、手鼓演奏。"管弦伎乐，特善诸国"
则是高僧玄奘对龟兹乐曲的赞美。格代库勒村的村民都
非常喜欢"麦西莱甫"，因为这是维吾尔族民间流传下
来的娱乐活动。

　　此外，格代库勒村还有民歌、民族舞、拔河、斗狗、
斗鸡、叼羊、赛马等民间娱乐活动。弹唱民间歌曲与跳民
族舞的多为村里的民间艺人。格代库勒村大约有 15 个民间
艺人，这些民间艺人的年龄大多数为 40～50 岁，最大的 85
岁，最小的 40 岁。其中，女性民间艺人只有 4 个，其他都
是男性。他们的才艺多数是在库车县文化馆学的，年龄较
长的人则是跟村里的老艺人学的，目前他们都没有教过徒
弟。库车县与比西巴格乡对民间艺人很关心，经常到格代
库勒村来，把民间艺人召集在一起，组织一些活动。比西
巴格乡每年至少组织一次全乡各村民间艺人的大汇演。时
间一般都定在每年"三八"妇女节期间。拔河比赛通常是
由比西巴格乡组织，各村组队参加。每年都会举办拔河比
赛，村民们都认为可以加深村与村之间的交流，也可以增
加本村的凝聚力。

　　叼羊、赛马、荡秋千等比赛，2004 年以前每年都组织，
村与村之间的竞争也非常的激烈，村民们热情都很高，但
是近三年来由于村里的很多空地都改为耕地，村里没有合
适的场地进行这些比赛，因此也就不组织了。而除了以上 3
种娱乐活动外其他娱乐项目如斗狗、斗鸡、打篮球、羽毛
球等现在仍在举行，虽然内容和形式上与以前没有太大的
变化，但次数比以前少了。

　　这些娱乐活动都是由村委会组织，村干部牵头的，开

展得很好，村民们对这些活动的次数和质量比较满意。由于格代库勒村的村民能歌善舞，而这些又都是村里的传统娱乐活动，所以非常受村民们的欢迎。而且这种传统的娱乐活动在宣传民族文化方面也起到了积极的作用。

当然，格代库勒村在组织文化娱乐活动方面也有一些困难，主要有以下几方面：

（1）没有固定的活动场所。格代库勒村没有录像室，也没有老年活动中心，只有一个青少年活动室，也没有什么娱乐设施，此外，叼羊、赛马等传统项目，大家都很喜欢，现在却由于场地的原因而没有活动的场所。

（2）活动经费不足。据村民说，乡上说是有经费，但一直没到位。组织各种娱乐活动都是需要经费的，只有经费到位，格代库勒村的文化建设才能发展得更快，组织的娱乐文化活动才能更加多彩，村民的文化生活也才会更加丰富。

（3）村里文化娱乐活动设施不全、设备有限。村里体育器材、场地、乐器等不齐全，格代库勒村唯一一个露天体育设施就是小学的篮球场。而且村里的乐器也因为经济方面的原因而不齐全。

（4）民间艺人收徒弟遇到困难，传统文化面临失传危机。格代库勒村的民间艺人多为中老年人，但却没有人愿意学习传统的技艺，一方面老艺人没有教授技艺的积极性，另一方面，年轻人认为学习传统技艺既浪费时间，又不能提高自己的生活水平。因此，在传授技艺、培养下一代民间艺人方面遇到了一定的困难。

第三节　教育发展状况

　　教育是一个民族最根本的事业，涉及千家万户，惠及子孙后代，关系民族的前途命运和国家的长治久安。库车县根据县域少数民族的特点，在巩固提高少数民族学生母语教学质量的同时，以提高汉语教学质量为重点，开展了汉、维双语教学。同时把群众需要与教育实际供给能力有机统一起来，优先发展农村、边远地区等弱势区域教育事业。2008 年全县教育投入达到 4.78 亿元，中小学危房改造、农村寄宿制学校建设、农村中小学现代远程教育工程正在进一步完善。在落实国家"两免一补"的基础上，库车县实行公办中小学免收义务教育阶段寄宿生住宿费，免收学生必要的教辅用书费等"四免一补"政策。为杜绝学龄青少年辍学现象，库车县采取多种手段"保学控辍"，学龄青少年辍学将严肃追究乡镇领导和校长的管理责任、家长的监护责任，对使用童工的还要追究工商部门的管理责任和企业的法律责任，把入学率、到校率落到实处。

　　格代库勒村目前只有一所小学。我们访谈到的绝大多数村民对于在全疆推行的"双语"教育都持积极态度。他们认为学习、掌握汉语对于孩子今后的学习、工作、就业等有利。村里有 10 个孩子上了汉语学校。格代库勒村小学的"双语"教育资源虽然有限，但也在努力地推进。根据县委的教育政策，2009 年以来，村里的中小学生除享受到国家的"两免一补"教育政策外，还享受到了县里的"四免一补"政策。但就业的现实压力、村民教育观念的淡漠，使得村里学生的学习积极性受到挫伤，也导致部分村民产生"读书无用论"，这是今后政府要重点解决的问题。

一　教育观念

格代库勒村村民的教育观念比较淡薄，他们认为孩子上到初中毕业就没有必要再上高中了。原因在于：一方面，家里的经济条件不允许，若是孩子上高中就必须到县里，交通、住宿、吃饭的费用比较高，他们无力承担；另一方面，即使上了高中，在县上也不好就业，大多数的孩子还是要回村里来种地。因此，大多数的村民认为孩子上完九年义务教育就可以了。

表 4 - 2　被调查村民的文化程度统计

单位：人，%

内容	高中	初中	小学	文盲	中专	大专	总计
人数	2	17	23	7	1	1	51
比例	3.9	33.3	45.1	13.7	2.0	2.0	100

在所调查的 51 户村民中，户主是高中文化程度的仅 2 户，占 3.9%，文盲（含半文盲）占 13.7%，在所调查的 4 个村子中文化程度位居第三，中专、大专文化程度只占到被调查人数的 4%，与其他村一样。一些村民很希望孩子们上大学，但是由于经济方面的原因，加上毕业后就业困难或甚至不能就业，就不太愿意让孩子们上大学了。

格代库勒村的大多数孩子们希望上学，通过老师的教导，他们觉得上学是提高自身文化素质、开阔视野、拓宽就业门路的唯一出路。但有 10% 至 20% 的孩子初中毕业后不再上高中了。这部分孩子失学、辍学的主要原因，一是家里经济困难，因为高中在县里上，交通、吃饭等都得花钱；另一方面就是有些孩子到县里上学，自己也不适应，由于学习成绩跟不上县城的孩子，他们也不太愿意继续上学。据了解，村里上高中的几乎都是村干部的孩子。

据格代库勒村的村民介绍，自 2003 年起村民们就开始享受政府对中小学的学杂费、书本费的减免政策，村里的孩子上小学和初中就不用交学杂费、书本费了。但是孩子们要上大学，家庭负担还是非常重的，尤其是有些家长和孩子想上医学类院校，学费相当高，所以上不起。就算是一般院校，一个孩子到毕业也要花费 4 万元左右。村里上大学的孩子，靠拿奖学金和贷款解决学费问题。但大学毕业后，找工作的时候，汉族学生就业率高，少数民族学生就业率低；男生就业率高，女生就业率低，格代库勒村就有 10 个左右的大中专毕业生没有找到工作，又回到了村里。所以，村民们觉得，上了大学也不能就业，还得回来，就不想让自己的孩子上了。

二　学校规模

格代库勒村没有幼儿园，也没有初中，只有一所小学，是与别的村合办的。格代库勒村的孩子们一般都是在村里上小学，因为离家比较近，也不需要住校。据村民们反映，2006 年以前村里是有初中的，但是由于师资力量严重不足，到 2007 年已无法继续开办了。

格代库勒村小学有基本的教学设施，如教室、桌椅、图书、远程教育设施等。

该村小学共有教职工 14 名，包括 11 名老师和 3 名后勤人员。其中，有 9 名是男老师，2 名是女老师，剩下 3 名是工人编制。这些老师基本上是用维语授课，教数学、汉语、

图4-6 正在上课的村小学生

体育、文艺等专业的老师是非常短缺的。格代库勒村小学的学生生源主要以本村为主，学校共有学生212名，其中74名学生是双语班的，目前"双语"老师短缺。据格代库勒村村民乌斯曼·托乎提（男，维吾尔族，56岁）说，村民们对学校的教育质量比较满意，老师的教学态度也比较认真。

三 双语教育

众所周知，我国各族人民使用自己语言文字的权利早已载入中华人民共和国宪法，受到宪法保障，不同民族的语言文字在政治上和法律上是平等的。但这不等于说不同的语言文字在使用范围、传播作用等社会功能方面不存在差异。新疆和平解放以前，新疆的学龄儿童入学率只有19.8%，少数民族教育更是处于十分薄弱落后的状况。新中国成立后，鉴于长期以来社会历史、自然条件和经济发展水平的制约，许多少数民族群众存在"双语"交流障碍，这使得他们在市场化、信息化、现代化飞速发展的当今社会面临信息缺乏、眼界狭窄等一系列困境，国家决定在加强民族地区教育的同时，也加紧对少数民族教育进行改革。双语教育就是其重大举措之一。[①]当今的汉语，不仅是我国的通用语言，也是国际交流的重要工具。少数民族群众借助汉语这个工具，就能够更多更快地吸收先进科学知识和现代信息，更好更快地提高自身综合素质，不断缩小在经济、科技、文化发展上的差距，实现民族的发展和繁荣。我国引导少数民族群众学习"双语"，就是帮助他们获得广阔发展空间的有效途径。

新疆的"双语"教育经历了举步维艰的初级阶段、稳步发展阶段和目前的快速推进阶段三个阶段，现在基本上已经成熟。2005 年以来，自治区加快推进"双语"教育，决定从"娃娃抓起"，将"双语"教育引入学前教育。我国"双语"教育的原则是让少数民族学生在学好本民族母语的基础上学习掌握汉语，成为"民汉兼通"的人才，事实证明，少数民族学习掌握汉语，不但不影响对本民族语言文字的掌握，而且可以深化对本民族语言文字的认识，促进本民族语言文字的发展。这个道理，现在已被越来越多的少数民族群众所认同。新疆维吾尔自治区主席努尔·白克力曾表示，大力推进中小学"双语"教学，是提高少数民族教育质量的突破口，是少数民族民众获取更多知识信息、赢得更多发展机遇的"通行证"，对少数民族经济发

---

① 盖兴之：《双语教育原理》，云南教育出版社，1997。作者指出所谓"双语教育"就是指我国有自己民族语言文字的少数民族学生，在基础教育或义务教育阶段中享有本族语文和汉语文两种语言文字的教育权利，因此在学校中并列实行本族语文和汉语文教学的教育体制。

展将产生积极作用，新疆少数民族民众对"双语"教学的需求十分强烈。

我们的调查结果充分地证明了这一点。调查数据显示，格代库勒村愿意让自己的孩子学习其他民族语言的比例高达88.2%，多数汉族家长愿意让自己的孩子学习其他少数民族语言，这可能是少数民族地区特殊环境所致，掌握两门语言在新疆意味着更多一份机会（见表4-3）。

表4-3　关于自己的孩子学习其他民族语言数字统计

单位：人，%

内　容	选　项	人　数	比　例
是否愿意自己孩子学习其他民族语言	不愿意	3	5.9
	愿　意	45	88.2
	无所谓	3	5.9

表4-4　被调查村民中愿意让孩子学习何种其他民族语言的调查

单位：人，%

内　容　民族及调查总人数	汉　语		维吾尔语		英　语		其　他	
	人数	比例	人数	比例	人数	比例	人数	比例
维吾尔族（38人）	28	73.7	—	—	3	7.9	7	18.4
汉　族（12人）	—	—	5	41.7	2	16.7	5	41.7

从表4-4可以看出，被调查的维吾尔族村民中有73.7%的人愿意让自己的孩子学习汉语。目前，村民们都非常愿意让孩子们上汉语学校，就算上不了汉语学校，他们也希望让孩子能够上"双语"班（是指用维语、汉语双语教学）（见表4-5）。

表 4-5　被调查村民希望孩子能进民汉合校学习的调查

单位：人,%

选　项	人　数	比　例
同　意	43	97.7
不同意	1	2.3
说不清	—	—
合　计	44	100

表 4-5 显示，有 97.7% 的村民愿意自己孩子进入民汉合校，不同意的仅有 1 人。格代库勒村全村大概有 10 个孩子上的是汉语学校，而且上汉语学校毕业后找工作会相对容易一些。但是进汉语学校是比较难的，这些孩子必须成绩非常好，汉语程度也比村里的人好得多才行。

表 4-6　被调查村民认为双语政策好，积极推广

单位：人,%

选　项	人　数	比　例
同　意	47	100
不同意	—	—
说不清	—	—
合　计	47	100

在被调查的村民中，认为双语政策是一项好政策的占到 100%。这说明，经济社会的快速发展加上外出务工人员的亲身感受已使村民深刻意识到，在当今社会如果不会说汉语就寸步难行，只有超越语言、民族及地域的局限，自己的孩子才能在广阔的领域施展才能，汉语是帮助孩子获得广阔发展空间的有效途径，可以使孩子在以后的发展空

间选择更宽广。①

分析数据表明，少数民族对自己孩子通过学习来改变自己生活的期望值还是比较大的。在41位村民对"是否希望自己孩子进内地高中班"问题的回答里，有39人希望自己的孩子能够考上内地高中班，比例高达95.1%（见表4-7）。

表4-7　是否希望自己孩子进内地高中班

单位：人，%

内　容	人　数	比　例
希望进内地高中班	39	95.1
不希望进内地高中班	1	2.4
说不清	1	2.4

而对于47位村民关于"是否同意自己孩子在内地工作"的问题的作答上，分析数据表明，34人同意自己的孩子去内地工作，比例也高达72.3%。（见表4-8）

表4-8　是否同意自己孩子在内地工作

单位：人，%

内　容	人　数	比　例
同　意	34	72.3
不同意	7	14.9
说不清	6	12.8

---

① 实践证明，新疆广大少数民族群众非常拥护和欢迎"双语"教育。从城镇到农村，从南疆到北疆，少数民族群众送子女上"双语"学校和"双语"班的热情空前高涨，要求十分迫切。截至2008年10月，全区接受"双语"教育的少数民族学生已达60多万人，占少数民族学生总数的25.4%；到"双语"学前班就读的少数民族幼儿也超过15万人。这说明，党和政府的这件事办到了千千万万老百姓的心坎上。"双语"教育满足了老百姓的需求。

以上数据说明，村民还是非常希望自己的孩子有更多的学习机会，以争取更多的走出去的发展机会。库车县实行的"四免一补一助一奖"工程使更多村民解除了经济顾虑，村里进入高中阶段学习的孩子会越来越多。

调查时，我们发现，目前学生家长对学校的意见主要集中在两点：第一，格代库勒村学校的教学质量不高，老师的汉语水平说还可以，教就很难胜任，会耽误孩子的。第二，学校的勤工俭学较多，影响了上课学习时间。

四　扫盲工作

格代库勒村与学校联合，由学校出教师，村委会出场地，每年举办扫盲班，积极落实"两基"工作（即基本普及九年义务教育、基本扫除青壮年文盲）。"两基"教育是国家为进一步推动西部大开发，实现西部地区基本普及九年义务教育、基本扫除青壮年文盲（以下简称"两基"）而实行的，其目的是推动西部地区教育的发展，普遍提高劳动者素质，促进区域之间、城乡之间和经济社会的协调发展，为全面建设小康社会和实现西部大开发战略目标奠定坚实的基础。村里经过努力，在1999年"两基"教育工作就验收合格。但目前全村还有12个文盲。

五　教育阵地

格代库勒村响应比西巴格乡的号召，加强对学校和教师的管理。2005年在斋月期间，乡党委要求教育办每周必须汇报一次，汇报内容包括18所学校师生斋月期间的思想状况，未落实者对第一责任人处以500元罚款。格代库勒村党委意识到教师肩负着教书育人的重任，学校是传播思想文化的重要阵地，更是宣传无神论的重要场所，认真配合乡党委对学校和教师的情况做了详细的汇报。

六 存在问题

经过调查，我们了解到，格代库勒村的学校、教师还存在以下问题：

（1）师资力量严重短缺且没有编制。目前，村里小学的数学、汉语、体育、音乐、美术等专业的老师严重短缺，特别是"双语"老师严重缺乏，导致学校教育不完善，有些课根本无法开。在老师短缺的同时，村小学现在还没有事业编制，即使有老师愿意来这里工作，学校也没有编制，这也是南疆大多数农村小学目前普遍存在的问题。

（2）教师队伍老龄化，教课内容陈旧。格代库勒村的教师基本上都是几十年教龄的老教师，他们出去培训的机会不多，所教内容相对陈旧。村干部都希望能多引进一些年轻教师，为教师队伍注入新鲜血液。

（3）教学时间被"填表格"所耽搁。格代库勒村的教师们反映，目前，库车县教育局让教师填的表格有 42 种之多，要一直从头一年的 9 月份填到第二年的 9 月份，自 2004 年以来，几乎年年都在填这些表格，这占去他们很多的时间，大大影响了教学时间。

（4）教师的培训费用无人承担。格代库勒村校领导反映，教师的培训由教育局统一安排，教师必须参加，但培训费用由教师自己承担，这给教师和学校都带来了一定的压力。

（5）教学设备不足导致教学效果不好。如学校缺少体育器材，更没有化验室。

（6）格代库勒村上初中的学生要走12公里路去乡里上学，没有交通工具，村民们希望政府对这个问题能给予重视和解决。

第四节　医疗卫生

村级卫生室在疾病预防与诊治、卫生保健、健康教育等方面为广大农民提供全面而持续的服务，其卫生服务能力直接关系到广大农民身体健康，对维护社会稳定和促进农村经济发展起着很大的作用。库车县非常重视村级医疗卫生体系的建立。近年来，各村级卫生室与村级阵地、社区阵地建设同步推进，农牧区新型合作医疗全面展开。全县目前有村医549名，已初步形成了县、乡、村三级医疗预防保健网络服务体系，满足了广大人民群众的基本医疗服务的需求。截至2008年4月，库车县拨出县级补贴资金861万元及个人缴费435万元划入新型农村合作医疗基金财政专户，县里对每位农牧民补贴30元，是全疆新型农牧区合作医疗县级补贴最高的县。县里有10所乡镇卫生院，医护人员除了给患者以及陪护家属介绍新型合作医疗的最新政策外，还定期以讲座的形式宣传妇幼保健知识和传染病、地方病防治相关知识。①

一　乡卫生院

比西巴格乡原有的卫生院在2005年被列入危房后进行了

---

① 张国领、张辉、陈鹏、胡秋香：《新疆·库车30万农牧民共享改革开放成果》，http://www.farmer.com.cn/wlb/nmrb/nb8/200811220081.htm。

拆除。现在的乡卫生院门诊部和住院部在国家农村卫生服务
体系建设国债项目资金、地方配套资金的资助和支持下于
2007 年建成并投入使用。我们调研时，卫生院还在搞庭院绿
化建设，为前来就诊的病人营造一个生机盎然的就医环境。

图 4 - 7　比西巴格乡卫生院外观

目前乡卫生院可以治疗各种常见疾病，但不能进行手
术治疗。乡卫生院的治疗器材比村医务室要完备得多，它
配备了氧气罐、牙科器械、黑白 B 超机、X 光机、听诊器、
血压计等医疗设备。此外，乡卫生院有 35 张病床，可以接
受住院治疗的病人。比西巴格乡卫生院根据本地情况，按
照县卫生局的要求，配备了 2～3 名防疫、妇幼人员，加强
艾滋病、结核病、霍乱、肝炎等重点传染疾病、地方病的
监测防治和妇幼保健工作，并选拔出具有大专以上学历和
一定医学职称的年轻人担任本乡卫生院的院长、副院长。
为缓解新型农村合作医疗工作带来的医疗护理人员的严重
不足，县卫生局于 2007 年 3 月面向社会为乡镇卫生院公开
招聘了医生、护士、药剂、放射、检验和财务等专业技术

人员，充实了乡卫生院的医护队伍。为激发村医的工作积极性，乡卫生院根据县卫生局的要求对村级医疗机构在业务上进行指导，对村医从医疗、疾病预防、培训、考核等方面加强管理，推荐乡村医生参加各级医疗机构组织的医学再教育，坚持每年对乡村医生进行2~3次以上业务培训，以提高农村医疗卫生服务水平和能力。

虽然目前乡卫生院的就医环境与以往相比大有改观，但随着新型农村合作医疗制度的实行，农民住院治病可以报销医疗费，所以村民们生病后基本上都是去乡卫生院就医，以致乡卫生院床位严重不够，医护人员短缺，医护人员的工作量大大增加。

二 村医务室

格代库勒村医务室是2005年年底在县财政的支持与资助下建设起来的，村医务室面积在75平方米以上，依照不同功能划分为诊疗室、观察室、输液室。

图4-8 格代库勒村医务室

　　县财政为村医务室配备了基本医疗设备（听诊器、血压计、体温表、人体称、量身高器和检查妇科病的床、存放疫苗的小冰箱、盛放药品的药柜等），由县里统一制作的牌匾、医务室各项操作规章制度等都悬挂在医务室墙壁上。村医务室与村计划生育服务室设在一起，除诊疗疾病外，还进行妇幼保健、计划生育和疾病预防工作。格代库勒村医务室的村医，名叫库尔班·阿帕尔，男，30岁，维吾尔族。

图4-9　正在为村民看病的村医

　　库尔班·阿帕尔是本村人，他以前不是医生而是农民，没有接受过正规的医疗专业教育。他的姐姐以前是本村给村民们接种疫苗的医生，他先是和他姐姐学了一些医术。县上规定每个村必须要有一个村医，村上就确定了他。后来村里又派他到县防疫站培训了一个半月，在阿克苏培训了三个月。库尔班·阿帕尔是从阿克苏培训回来之后开始给村民看病的，一般可以治疗常见病，如感冒、咽喉疼、咳嗽、皮肤过敏等，也会给村民们打针、输液。村医务室主要治疗感冒、腹泻等常见病，开一些常用的药。到村医务室来的人比较少。夏天少，冬天多一些。据村民们说，因为现在有合作医疗，村民基本上都去乡卫生院治疗。乡卫生院花费不是很高，药物都有固定价格，都有公示。但是乡卫生院的医疗技术水平不太高，如果乡卫生院不能治疗的疾病如手术等就得去库车县医院治疗。

格代库勒村没有从事传统医术的人。村民以前用蒸汽等传统方法治病，但是现在基本上没有用传统医疗方式治病的人了。因为村民们觉得用传统医疗方式治病效果不明显、见效慢。

村医的待遇是村上每年给 600 元，乡里给 600 元，合起来是每年 1200 元。

三　村民就医和新型农村合作医疗

实行新型农村合作医疗制度之前，由于看病难、医疗费用高，村民经济收入不高，村民们看不起病的现象较为普遍。村民生病时能扛就扛，实在扛不了才去找医生。要是大病，虽然村民们认为库车县的医疗条件比较好，是与村庄附近的部队医院一样的甲级医院，但县医院不见钱就不给治病，而部队医院可以先治病救人，再交钱。因此，村里的人都愿去附近的部队医院。

2002 年 10 月，为解决农民看病难、看不起病的问题，实现让广大农牧民群众"病有所医"的目标，《中共中央、国务院关于进一步加强农村卫生工作的决定》明确指出：要"逐步建立以大病统筹为主的新型农村合作医疗制度"，"到 2010 年，新型农村合作医疗制度要基本覆盖农村居民"，"从 2003 年起，中央财政对中西部地区除市区以外的参加新型合作医疗的农民每年按人均 10 元安排合作医疗补助资金，地方财政对参加新型合作医疗的农民补助每年不低于人均 10 元"，"农民为参加合作医疗、抵御疾病风险而履行缴费义务不能视为增加农民负担"。根据此《决定》及自治区人民政府关于建立新型农村合作医疗制度实施意见的有关精神，新型农村合作医疗实行个人缴费、集体扶持和政府资助相结合的筹资机制，筹资标准不能低于人均 30 元，其中县财政补助 10 元，乡镇财政补助 5 元，农民筹资 15 元。归纳起来是筹资提高，政府补助多，农民受益面大，为患大病的农民建立了保障机制，最高给付额达到 2 万元。这是我国政府历史上第一次为解决农民的基本医疗卫生问题进行大规模的投入。2003 年，自治区开始在全区开展新型农村合作医疗试点工作。新型农村合作医疗保险在资金的筹集上，通过国家补助一部分、自治区配套一部分、财政划拨一部分、农牧民自筹一部分的方式进行筹集。农牧民只需每人每年交费 20 元，大病医治就可以得到保障，如果当年不用，可以滚存和继承。参合农牧民在缴纳合作医疗基金后，凭《新型农牧区合作医疗证》、户口本到定点医疗机构就医，按规定享受医疗费用的补偿，补偿住院费实行分级补偿，在乡（镇）卫生院住院补偿标准为 100 元以上，县级医院住院补偿标准为 300 元以上，县级（不含县级）以上医院住院补偿标准为 600 元以上，住院费补偿比例为乡级 60%、县级 50%、县级（不含县级）以上 40%，每人每年补偿封顶线为 1 万元。参加新农合农牧民属于有计划的正常住院分娩的每例给予 300 元补助，病理性分娩按照住院报销比例执行。

表 4 - 9 农村新型合作医疗保险是否实施问卷调查

单位：人，%

内　容	人　数	比　例
实行了农村新型合作医疗	50	98
没有实行农村新型合作医疗	1	2
不清楚	—	—

格代库勒村于 2006 年 12 月 20 日开始实行新型农村合作医疗。据村干部介绍，格代库勒村刚实行合作医疗，收参保费时，有一些村民非常反对，后来看到别的村民享受到新型农村合作医疗所带来的好处后，都自愿缴纳了。

从我们调查问卷的结果看，格代库勒村的农村新型合作医疗实施还比较顺利，除 1 人不知道外，98% 的村民都知道。

据村医库尔班·阿帕尔介绍，根据新型农村合作医疗制度的规定，参加合作医疗的村民每人每年交 15 元，地方财政补助 20 元，中央财政补助 40 元。村民如果在比西巴格乡医院治疗，则报销 60% 的费用；如果在库车县医院治疗，则报销 50% 的费用。此外，生育也已被纳入合作医疗。参加合作医疗的、年龄在 75 岁以上的村民报销 75% 的费用。家里是独生子女或双子女（两个孩子）的村民也有一些优惠政策。村医还说：

> 刚开始实行合作医疗，收参保费时有一些人还反对，后来看到好处后都想通了，愿意交了。合作医疗方面村民确实得到了实惠。

新型农村合作医疗是惠及农民的一项国策，它能否得到农民的认可是顺利实施的关键所在。调查问卷显示，51 位被调查村民中，有 36 人认为新型农村合作医疗制度"很好，很欢迎"，占总数的70.6%；有23.5%的村民认为制度很好，但对老百姓是否能真正享受到持怀疑态度；还有2%的村民认为交的钱太多，负担不起（见表4-10）。

表4-10 村民对农村新型合作医疗的态度

单位：人，%

选 项	人 数	比 例
很好，很欢迎	36	70.6
制度好，但老百姓能否真正有实惠	12	23.5
交的钱多，承担不起	1	2.0
其他	2	3.9
合 计	51	100

目前，全村200户人家中共有192户参加合作医疗，剩下8户有的去乌鲁木齐市了，有的长期住在库车县里，因此没法办理。村民普遍认为能从新型农村合作医疗中享受到实惠。村民艾克木说："我们家5口人只需要交75元，村上还有一个村民住院花了6400元，后来给报了2000元。"

实行新型农村合作医疗制度之后，如果比西巴格乡卫生院能够确诊的病，村民们就在乡上治疗，如果乡上不能诊断、治疗的，才转到库车县医院去治疗。村民到乡上看了病之后，乡卫生院的药物都有固定价格，也都有公示，花费不是很高，村民看完病后从乡卫生院把药买回来，让村医打针。由于目前合作医疗工作尚未在村医务室开展，参合村民有病一般都到乡卫生院就诊，同时，本村的村民认为本村的村医医疗水平不高，平时有小病也不愿意去村医务室，而宁愿到汉族医生那里去看。村民们对于村上设医务室很欢迎，但对村医的医疗水平，村民做了个形象的比喻：就像是司机可以开车，不会修车一样，乡医院开的药和吊液，让村里的医生给注射是可以的，从而导致村医收入大幅下降。虽然县财政每月给村医发放 80 元的补助（目前已提高到 280 元），但按照目前的经济消费水平，80 元的补助很难维持村医的正常生活开销。我们去调研与村民访谈时还了解到，据村民们讲，格代库勒村还有一个汉族医生，名叫程宝平（男，甘肃人）。目前经上面检查，该汉族医生没有执业医师资格证，也没有行医证，属于非法行医，正要对其进行处理。村民们想不通，认为这个村民在这给村民们看病都好多年，医术比村医高多了，而且对于经济困难的村民多少免除些费用，不应该处理他，应让其继续行医。

根据农村合作医疗制度的有关规定，村民在比西巴格乡医院、库车镇医院、库车县医院的住院费用可以报销，在其他医院的治疗费用不能报销。所以自实行农村合作医疗制度后，到部队医院去看病的人就少了。

格代库勒村的村民对新型农村合作医疗有以下建议和意见：

（1）村民们希望乡里给派一个医学专业毕业的医生，因为村里的村医只有初中文化，而且由于不是学医学出身，不会诊断疾病。

（2）实行新型农村合作医疗虽然为村民们提供了治病的保障，使村民们没钱治病也可以去治病，但是手续比较复杂。村民托呼提·库尔班说，从乡医院转院到县医院十分麻烦，村里有一个女村民就是在乡医院治疗，由于没有及时转院，在治疗过程中死亡了。但是，没经过乡医院的治疗直接到县上住院治疗又不给报销。

（3）新型农村合作医疗药品、检查报销的项目不全，报销范围较小。根据目前县合作医疗运行情况和测算，合作医疗沉淀资金过多，说明农民就诊报销比例低。从费用上看，主要是由于药品、检查目录的限制，参合农民的一些小病不能用便宜的药，一些必需的药却要自费，一些基本检查项目也要自费，一些必需的检查费用也不能报销，增加了农民的医疗负担，在一定程度上影响群众的参合积极性。

格代库勒村的村民希望新型农村合作医疗能提高报销的比例，增加一些报销项目，如门诊费等。

四 地方病防治

南疆是地方病的高发区，如碘缺乏病（俗称"大脖子病"）、结核病，近些年，艾滋病也成为本县的高发病。据了解，格代库勒村村民食用的都是加碘盐，因此没有出现碘缺乏病。格代库勒村对地方病和传染病也有一定的预防措施，如对儿童会注射防疫针加以预防。再如在预防禽流感方面，比西巴格乡农牧站每年春季和其他固定时间会派人到村里给村民打疫苗等。同时，格代库勒村民风朴实，社会治安较好，没有卖淫嫖娼或吸毒人员。因此，由于本村预防措施到位，没有出现艾滋病。

格代库勒村村民常见的疾病主要是感冒、气管炎、腹泻、阑尾炎、妇科病等。

近年来，全村大概有 10 个人做了阑尾炎切除手术，出现过一例肺结核病人。

村里没有念咒、驱邪等治疗方式。格代库勒村以前有用巴克希（是一种类似于内地跳大神的方法）治疗疾病的，但现在已经没有了。村里的人已经有 10 多年没有见过巴克希了，也没有用气功给病人治疗的了。村民们说到村医务室治疗，费用最多也不会超过 25 元，因此基本上都可以承担。

第五节　社会保障

自农村低保正式启动后，库车县 8013 户 23088 名农村贫困人口享受了农村低保。库车县针对困难职工、城镇弱势群体和城市化进程中所涉及的村改居等问题，制定并落实了相应的保障措施，保证了困难群众的基本生活。2002～2007 年，全县累计安置就业再就业人数 3.1 万人次，城镇登记失业率始终控制在 3% 以内。累计发放最低生活保障金 4321 万元，7.84 万人次城镇贫困人口享受了最低生活保障。与此同时，结合扶贫开发工作，有效解决了 8399 户 41674 名农村人口的脱贫问题。

从课题组对格代库勒村的调查来看，47 个村民关于是否享受过政府社会保障政策的问题的回答上，我们发现有 25 个村民享受过政府社会保障方面的政策，占总数的 53.2%，2 个村民表示不清楚，19 个村民明确表示没有享受过政府社会保障方面的政策（见表4－11）。

表 4－11　参与社会保障的问卷统计

单位：人，%

内　容	选　项	人　数	比　例
是否享受过社会保障政策（47 人）	享受过	25	53.2
	没有	19	40.4
	不清楚	2	4.3
	其他	1	2.1

续表

内　容	选　项	人　数	比　例
享受过哪些社会保障政策（56人）	扶贫资助	4	7.1
	合作医疗	26	46.4
	救灾资助	1	1.8
	教育费减免	16	28.6
	伤残抚恤	2	3.6
	抗震房补贴	7	12.5
是否办过保险（43人）	是	15	34.9
	否	28	65.1
参加保险的险种（18人）	养老保险	2	11.1
	医疗保险	2	11.1
	交通工具保险	9	50
	人寿保险	4	22.2
	种植业灾害保险	1	5.6

说明：56人是享受社会保障政策的总人数。18人是参加保险的总人数。

回答享受社会保障的25名村民均参加了合作医疗（但统计数据显示有26名村民），有16人还享受了教育费用的减免，7人享受了抗震安居补贴。说明多数村民对于党和政府的有关社会保障政策还是比较关心和了解的。但从我们调查的库车4个行政村的总体情况看，格代库勒村村民享受政府社会保障政策的比例最低，这与格代库勒村的经济社会发展与人均收入在全乡较高有很大关系。在社会保险方面，村民的参保意识还是比较弱的。在18个参保人员，参加交通工具保险的人数最多（9人），占参保人数的50%；参加人寿保险的有4人，占参保人数22.2%，但村民对于养老保险和医疗保险不主动。

一　县、乡、村对贫困户的帮助

比西巴格乡领导在冬天、夏天会专门慰问乡里的特困户。该乡贫困标准是年人均收入在 670 元以下。前几年，自治区民政部门的扶贫资金和对口的支援主要用于吃、穿、用，税费改革后，转移支付的部分用于扶贫，进行了大规模的基础设施建设，用 20 多万元挖了排碱渠和防洪渠。2004 年以前全乡有 1/3 的劳动时间用于义务工，2004 年开始再也不需要出义务工。经过近几年的思想教育示范扶持，已有一半的贫困人口生活好转，正逐步摆脱贫困。

2006 年库车县扶贫办为 4 个村的贫困户捐助牲畜共计1410 只，库车县各级单位捐赠各类物资总价值达 2.3 万元。过年过节时，库车县也会给贫困户送大米和面，还有的送了铁皮炉子，这些慰问品都是由村干部去领了之后交到贫困户手上的。

2006 年，比西巴格乡机关、站所全年共为贫困户送面粉 7.5 吨、煤炭 51 吨，各级乡干部捐款 2.7 万元，捐赠各类衣物 500 件。2007 年，比西巴格乡为格代库勒村的每个贫困户送了 3 袋煤、25 公斤大米、25 公斤面粉和 2 公斤食用油。

除了库车县和比西巴格乡对贫困户的帮助，格代库勒村也会对贫困户有一些帮助。如有一个村民由于骑摩托车受伤，后来因治病变成了贫困户，村里就组织大家捐了 400元钱，并按每亩地捐 3 元钱，解决了他的燃眉之急。格代库勒村每年都会给贫困户 5 公斤大米、50 公斤面。2005 年还送了 200 公斤煤和 50 元现金。2006 年，由村里和广播局共同出钱为 12 户贫困户每户人家购买了一只羊，还给特困户和部分贫困户送了 100 公斤煤 290 元现金。

格代库勒村的村民们说,库车县、比西巴格乡和格代库勒村组织对他们定期的慰问,让他们感受到党的温暖。

二 贫困户情况

目前,格代库勒村 200 户村民中有 63 户是贫困户,30 多户是低保户。

我们了解到,格代库勒村贫困户大多数都是因为年纪大了加上身体有病,为了治病而成为贫困家庭。如托呼提·库尔班(男,维吾尔族)是 2007 年 9 月 13 日我们访谈的一名贫困户,现年 74 岁,其老伴叫尼亚莎·努尔,现年 55 岁。托呼提·库尔班家里有 7 亩地,其中 4 亩种棉花,3 亩种小麦。托呼提·库尔班与他的第一个妻子生了 6 个孩子,都分别成家了,前妻去世后,他娶了现在的妻子。

托呼提·库尔班说:

> 我家贫困的原因是我年龄大了,又有心脏病、肺结核和胃病等,所以不能下地干活,家里也没有别的劳动力,每年都要到医院去好多次,每次都要花费三四千元,所以家里就变得很困难了。

村民们反映,村上的富裕户、宗教人士没有对贫困户进行过任何帮助。

第五章　村民生活

第一节　经济生活

随着新农村建设工作的稳步启动，库车县在 2002 年至 2007 年的 5 年间，通过争取国家和自治区的支持，采取落实配套资金、市场化运作和帮扶共建等办法，先后实施了县乡道路、供排水、绿化、抗震安居、农电网改造、改水防病等一批改变城乡面貌和提高各族群众生活质量的基础设施建设工程。全县通过近几年的产业结构调整，农民的生产、生活条件得到改善，农民收入稳步增长。2007 年，全县实现农村经济总收入 20.4 亿元，同比增长 19.7%。实现农牧民人均劳务创收 252 元，同比增加 50 元，农牧民人均纯收入 4146 元。在全县经济快速发展的大背景下，格代库勒村的新农村建设工作也稳步展开，村民经济收入逐年上升，村民生产、生活条件有了显著改善。

一　村民收支概况

1980 年以前，农民收入很少，主要靠集体分配，收入主要用于购买生活日用品。党的十一届三中全会以后，农村推行生产责任制，开始大力发展多种经营，农民收入大大增加，收入结构也发生了很大变化，家庭自营收入大幅提高。1984 年，农民人均纯收入 516.75 元，其中从集体分配所得为 364 元，占总收入的 70.44%，其余 29.56% 为家庭自营收入。收入水平比 1978 年平均递增 36.94%。1984年，农村进行第二步改革后，农民收入水平和结构又发生了较大变化，随着收入的增加，农民消费结构有了变化，同 1980 年相比，购买食品、燃料的比重明显上升。1990年，家庭自营收入占总收入的 99.34%，人均纯收入 532.83元中有 529.33 元为家庭自营收入，1990 年农村生活消费中购买商品的支出占到了总支出的 69.14%，自产自用比重下降。[①]

2004 年，格代库勒村总收入 4528744 元，其中第一产业中：农业收入 3571708 元，林业收 115208 元，牧业收入560576 元；第二产业中工业收入 84501 元，建筑业收入36734 元，运输业收入 16965 元；第三产业中商饮业收入42161 元，服务业收入 100880 元；人均收入在 2000 元以上的有 58 户、282 人，占全村总户数的 30.21%、总人数的29.78%，[②] 格代库勒村人均纯收入在全乡名列前茅，这与其高收入相对户数、相对人数多有直接的关系。我们以吾斯塘布依村与格代库勒村作一比较，就可以发现这点（见表 5 - 1）。

---

① 库车县志编纂委员会编《新疆维吾尔自治区地方志丛书：库车县志》，新疆大学出版社，1993，第 143～144 页。

② 陈延琪主编《目前新疆少数民族现代化进程中的重大问题研究调查文集》（内部出版），2005 年 11 月，第 201 页。

图 5 - 6　肉孜节走出清真寺的村民

丈夫，一位壮实的维吾尔族汉子走了过来，瓮声瓮气地告诉我，"我老婆做这个问卷没有任何问题的，她上过汉校，汉字也写得相当好……既然来了，我们在过节，就要进去做客的，边喝茶边谈"。

他叫阿卜杜拉。在他家的大炕上，他一定要我坐在上方，我记得维吾尔族的习惯就是要客人坐到上方以示尊重。炕桌上满是各种干果和各种油炸食品，阿卜杜拉的妻子给我呈上一小碗奶茶，他告诉我他家有两个孩子，女儿的学习还不错，读高一，儿子读初二，两个上的汉校，家里的经济情况不好，家里劳动力少，很少出外打工，就是种地的收入。但他的希望就在两个孩子身上。就在这时候，进来了几位老人，我顺势就坐在炕边，这几位老人是前来做客的。

在肉孜节，男人们基本上要到各家走走，相互礼节性拜访，大家很随意地聊着，由于说的是维吾尔族语言，我一句也听不懂。坐了大致有 10 多分钟，又来了一批客人，这说明大多数村民在种植业方面的收入比重比较高，种植业收入是村民主要收入来源，有 4 户没有种植业方面的收入，主要是家庭缺少劳力，或者一些不愿搞种植业的村民将自己的土地承包出去。

通过调查我们还发现，被调查的汉族村民的年收入都在 8600 元以上，被调查的维吾尔族村民年收入在 8600 元以上的大约占到 2/3。

虽然格代库勒村的土地资源远远少于乡政府驻地的科克提坎村，但由于人口少，人均收入却比该村高出 1000 元左右。我们的调查数据显示，从 2002 年至 2006 年，科克提坎村的人口一直比格代库勒村多出 1500 人以上，其中 2004 年最高多出 1810 人，导致其人均耕地仅有 2.4 亩左右。从种植经济作物的面积来看，人均面积远远低于格代库勒村。这也是格代库勒村村民收入远高于其他村的主要原因（见表 5 - 3）。

表 5 - 3　格代库勒村与科克提坎村人均收入与土地资源情况 *

单位：元，亩

年份	乡村名	人均纯收入	土地总数	耕地
2001	格代库勒村	2556	3200	3200
	科克提坎村	1520	6910	5910
2005	格代库勒村	3402	13700	3371
	科克提坎村	2410	31900	6200
2006	格代库勒村	3613	13700	3800
	科克提坎村	2637	31900	6700

* 表中数值由比西巴格乡农经站提供。

随着生活水平的提高，格代库勒村的农牧产品自食自用比例有所下降。村里的农牧产品（如羊、鸡等）及村民自产的农牧产品开始进入市场。销售的主要途径是村民自己到市场出售。现在村民进入市场出售很方便，县乡根据国家和自治区的有关规定，对于农民自产农牧产品的销售可以免除税收，鼓励农民自产自销，以增加农民收入。对于农民来讲，既提高了农民进入市场销售的积极性，又提高了农民从事农业生产的积极性。因此每逢乡里的巴扎日时，村民们都会去，一方面购买自己需要的日常生活用品和食品，另一方面还可以把自产的农牧产品到市场以适当价格出售。

　　关于支出，在发出的 51 份问卷中，有效问卷有 48 份（户）。2006 年 48 户村民生产、生活总支出为 825550 元，户均支出 17198.96 元。其中 44 户村民用于生产支出 296941元，48 户村民用于饮食支出 163709 元，26 户村民用于教育支出 76510 元，39 户村民用于医疗支出 136920 元，44 户村民用于其他支出（穿、电、煤、交通、通信等）151470 元（见表 5 - 4）。

表 5 - 4　被调查村民支出统计

单位：元，户

内　　容	总　　数	户　数	户　均
生产支出	296941	44	6748.66
饮食支出	163709	48	3410.60
教育支出	76510	26	2942.69
医疗支出	136920	39	3510.77
其他支出	151470	44	3442.50
合计支出	825550	48	17198.96

从这组数据可以看出，村民用于支出的主要是生产支出、饮食和医疗支出，这三项就占到村民总支出额的72.4%。整个支出中生产性支出比重最大，占去了全部支出的35.9%。据村民反映，化肥、农业灌溉，农药、机耕费、人工费在逐年上涨，是造成生产性支出大的主要原因。其次是饮食支出。教育支出所占比例最小，这反映出村民的教育意识淡漠（这一点在第四章教育部分已述及），不舍得在教育上投资。

村民的粮食一般可自给，用于饮食支出的主要是购买食用油、肉、奶、蔬菜、水果、调味品等。村里没有市场，这些食品和日常生活用品村民一般都是星期天去乡里的巴扎（集市）上买。买蔬菜的主要是维吾尔族村民，同村的汉族村民一般都种有蔬菜。

图 5 - 1　村民在村里出售自种蔬菜

二　村民住房状况

农民商品经济意识的增强，使农民种植经济作物如棉花等增加了经济收入，农民的生活质量不断提高，农民的耐用消费品（如自行车、缝纫机等）数量大幅增加，他们的住房质量也逐步得到提高，住砖木结构的住户越来越多。

图 5 – 2 装饰精美的民居

在我们发放的 51 份问卷中，有 48 位村民对我们提出的有关住房问题做了回答。在这 48 户村民中，有 22 户的房屋为土木结构，占调查户数的 45.8%，有 20 户村民的房屋为砖木结构，占调查户数的 41.7%，6 户村民的房屋为砖混结构，还有一户村民为木结构。村民用于建房支出在 4 万元以上的有 4 户，支出最多的为 8 万元，最少的为 500 元（这一户的房屋是 1962 年建的）。住房面积在 100 平方米以上的村民有 15 户，其中修建年限最长的已有 20 年了；住砖混、砖木结构的村民合计占调查村民的 54.2%，有些村民家中还对房屋进行了石膏板吊顶、木雕装饰，这说明格代库勒村的村民在改善住房上是比较舍得投入的。

表5-5 被调查村民居住条件的有效问卷统计

单位：户,%

内　　容	调查项目	户　数	比　例
建房时间	2000年以前	23	47.9
	2000年以后	25	52.1
建筑面积	80平方米以上	21	43.8
	80平方米以下	27	56.3
所花费用①	2万元以上	13	27.1
	2万元以下	35	72.9
抗震与否	是	15	31.9
	否	32	68.1
房子内部设施②	自来水	31	70.5
	石膏板吊顶	3	6.8
	木雕装饰	4	9.1
	下排水	1	2.3
	卫生间	1	2.3
	煤　气	2	4.5
建筑形式	土木结构	22	45.8
	砖木结构	20	41.7
	砖混结构	6	12.2
	木结构	1	2.0

① 抗震安居房的大致花费在每平方米300~500元，40~60平方米抗震安
　居房的全部花费约为2万元。

② 问卷填写不完整所致，以问卷中反映的数字计算其比例

　　从表5-5中我们发现，被调查人员中有70.5%的村民
家中通了自来水，还有两家有煤气。但不具备抗震性能的
房子占到68.1%左右，而且2000年以前的老房子所占比例
很大，砖混结构的房子只占其中的12.2%，具有下排水和
卫生间的房子比例很小，居住状况差的村民量大面宽，抗

震安居房的补贴又十分有限，真正要改善格代库勒村民的居住条件，还需要时间和村民的努力（2010 年富民安居工程已取代抗震安居工程，相信村民真正改善居住条件等待时间的不会太久）。

通过访谈，我们还了解到村民家中的家用电器品种也在不断增多，被调查的村民中，大多数家庭拥有电视机，其次是手机、摩托车、小四轮拖拉机、照相机、洗衣机、电冰箱、电风扇等。实际上，近两年该村农民的消费观念已经发生了很大变化，简单地说就是农民敢花钱了。

图 5-3　村民家中的拖拉机

随着农村税费制度改革的成功和新农村建设逐步深入，农村教育、医疗卫生、文化娱乐、电网道路、引水工程、邮电通信、社会福利和各项财政补贴等非生产性公共物品供应逐渐充裕，比如九年制义务教育和农村合作医疗的普遍推行，使农民从中直接或间接地得到很多收益，对促进村民家庭消费的作用非常显著。村民收入水平的提高、居住环境的改善，必将促进家庭用品及服务需求的扩大和需求档次的提高，以家电为耐用消费品的家庭用品的增长幅度较大，电话、手机、摩托车、洗衣机、照相机等现代消费品开始步入农户家中（见表5－6）。

表 5－6　家庭耐用品拥有量的统计

单位：户，%

耐用品	户　数	比　例	耐用品	户　数	比　例
彩色电视机	33	67.3	黑白电视机	14	28.6
录音机	4	8.2	电冰箱	9	18.4
洗衣机	15	30.6	电风扇	6	12.2
小四轮拖拉机	16	32.7	大拖拉机	2	4.1
摩托车（有1辆）	29	59.2	摩托车（有2辆）	6	12.2
摩托车（有3辆）	7	14.3	自行车（有1辆）	14	28.6
自行车（有2辆）	2	4.1	电话1（1部）	12	24.5
电话2（2部）	3	6.1	照相机	1	2.0

在51份问卷中有效问卷49份，其中电器中彩电的拥有量达到33台，比例高达67.3%；有9户拥有电冰箱，占18.4%；有15户拥有洗衣机，达30.6%；小四轮拖拉机是村民生产中不可缺少的工具，拥有户比例高达32.7%，有2户还拥有大拖拉机，这在其他村是不多见的，也说明本村的农民在购置生产用品上比较舍得投入。自行车本来是农村最为便捷的交通工具，但现在，它已经被摩托车所代替，甚至有的家庭拥有两辆、三辆。电话1指固定电话，占24.5%；电话2指手机，在该村的拥有量也达到了6.1%。家庭设备的现代化已成为越来越多的农村家庭所追求的目标。

三 抗震安居工程

新疆是我国地震活动和地震灾害频发的主要区域，境内83.9%的县市房屋抗震设防烈度在7度以上，农村90.3%的民居达不到抗震设防要求，成为直接危及各族人民生命财产安全的重大隐患。库车县就处于地震多发地带。2004年2月24日，为了切实防御地震灾害，在纪念"巴楚—伽师地震"一周年大会上，自治区党委、人民政府正式在全区启动抗震安居工程。在此工程的实施过程中，阿克苏地区把抗震安居工程与农村"五改"结合起来，让农民住上抗震安居房、喝上干净水、用上清洁灶。自治区实施抗震安居工程以来，已完成200多万户的建设任务，有980多万各族群众搬进了抗震新居。在边疆广袤的大地上，一排排、一片片整齐的抗震安居房随处可见。"住上抗震房，不忘共产党"的醒目标语表达了各族群众对党和政府由衷的感激。抗震安居工程是民生工程、民心工程。为确保工程质量，比西巴格乡对全乡农村建房施工者（农村各种砖、瓦、木匠）进行免费培训，使其全面掌握建房抗震要求和技术操作规定；对属于抗震安居工程的建房户，优先提供建设用砖，补助资金；建立抗震安居互助机制，即地基开挖、上房泥、土方回填等由大队统一组织义务工来完成。鉴于本乡人多地少，在异地兴建方面严格控制土地使用面积，主要在老、旧房原址及低产果园内进行。

附：比西巴格乡2007年度抗震安居工作计划

按照党的十六届六中全会提出的建设社会主义新农村的奋斗目标，地委行署在我地区范围内不断加大乡镇抗震安居工作力度。县委、县人民政府对我乡下达了 2007 年新建 1300 户抗震安居房任务。

2007 年经乡党委、人民政府研究，根据各村户数和居民住房条件及今年的抗震安居房要求不同于往年的实际（即：规划村民居住房屋，要在以村为单位的基础上，村组要相对集中，分散的居民到村庄，统一规划，合理布局，体现出民族式的新农村的要求），对以下 14 个村（即：其乃巴格村、依格孜库木村、牛场村、肖库尔村、哈尼喀村、科克提坎村、吾斯塘布依村、博斯坦一村、博斯坦二村、比西巴格村、库库什一村、库库什二村、艾里玉素甫村、格代库勒村）等下达了 2007 年的建房任务。

1. 各村不能将对自己所分配的抗震安居房计划任务统分给个村民小组。各村所分配的抗震安居房要以村为单位集中或集中到一两个村民小组建设。

2. 布局上要形成一个新的村民居住区域。布局上尽量按照"田"字形布局，要严格避免两排房子一条路的"非"字形布局的情况。

3. 在一条路上规划房总面积不得超过 400 平方米，严格禁止路有多长、房屋就建多长的沿路规划建设的情况发生。

4. 各村今年规划安居房时，要选定好交通便利、适合于供电、供水和便利通信的地段。

5. 各村的安居房屋规划图由乡抗震安居建设办公室，根据自治区建筑设计研究所提出的资料，设计出 20 多个房屋图仅供参考，需建房的农户可任选一个。

6. 选定图时，在一个居住区内的村民必须选定一种房屋图，一个区域的房屋模式必须一模一样。如：牛羊圈、草料房、厕所、沼气池等，不得自行规划布局。

7. 各村民委员会不仅要规划今年的宅基地而且更要规划好到 2008 年的长远规划。如果现居住房已经陈旧，需在原来的宅基地上重建房屋时（在今后的规划内的），要报乡抗震办审批后建设。所建房屋的模式和有关技术要求相关的材料由乡抗震安居办公室提供。今后严格控制村民们乱建房屋现象的再发生。

8. 各村根据今年建房计划，制定好本村抗震安居建设规划方案报乡抗震安居办公室，乡报县安居办公室后，待县安居房办公室人员下来实地调查和核实确定，由乡安居办公室提供住宅区平面图，然后经村组画红线允许建房。

9. 今年抗震安居房建设技术要求高，为此今年对我乡范围内搞施工的人员，特别是瓦匠人员集中到乡进行建筑工程技能方面全面培训四次。如发现未参加技术培训而进行施工的人员要取消资格并严肃处理。

10. 各村要充分认识到今年村组规划工作的重要性，把此项工作列入重要工作之中抓好、抓紧，确保我乡今年村组规划和抗震安居建设的顺利进行，保质保量地完成任务，严格避免乱批、乱建问题的发生。

11. 今年各村的村组规划编制工作和抗震安居建设工作情况将列入 2007 年各村各项工作目标考核的重要依据，如没有完成当年计划任务的单位和个人将取消评优资格，同时追究并严肃处理该单位的主要领导（第一责任人）和有关人员的责任。

12. 要加强领导，明确分工，成立乡、村两极村组规划编制和抗震安居建设领导小组，层层签订责任书，明确指定责任和目标任务，分工负责，责任和目标任务落实到人。

从调查情况看，在被调查的 47 名格代库勒村村民中，仅有 15 户建成抗震安居房，占总数的 31.9%，其中有 8 家获得建房补助，补助金额 1800～4000 元不等。剩余的 32 户村民的房子则不是抗震安居房，占总数的 68.1%（见表 5－5）。个别村民（主要是贫困户）认为盖抗震安居房虽然很好，但是会影响经济。村里的贫困户托呼提认为，盖抗震安居房严重影响他的经济生产，本来经济就贫困，有限的钱还需要买生产生活资料，盖抗震安居房虽然有补贴，但很少，根本不够盖房用。但乡里有规定必须得盖，没办法借了 4000 元买了砖，（2007 年）9 月 30 日要是盖不起来，（还）要给乡里交 1000 元的罚款。

四　村民存贷款情况

根据我们收回的调查问卷，格代库勒村的村民有存款的不多，贷款的相对较多。截至 2006 年年底，在 41 户村民中，仅有 5 户有银行存款，存款最多的达 3 万元；有借贷款的 29 户，贷款额在 2 万元以上的有 9 人，贷款最多的高达 9.5 万元，历年累计欠款的人家有 27 户，累计欠款最高额为 9.5 万元。

对于目前的生活现状，通过问卷分析，有 43.1% 的村民认为与 5 年前相比，目前的生活更好了，19.6% 的村民认为没有变化，有 37.3% 的村民认为变差了。对于今后的生活状况，有 45.1% 的被调查村民认为会越来越好，13.7% 的村民认为和现在差不多，27.5% 的村民认为会越来越差，还有 13.7% 的人表示不知道。从这一组调查数据看出，格代库勒村的村民对目前的生活状况基本满意，对今后的生活状况还是充满信心的（见表 5－7）。

表 5 - 7　被调查村民生活的满意度统计

单位：人,%

内　容	选　项	数　量	比　例
和其他村民相比较的生活水平在本村所处的位置	很好	1	2.0
	较好	7	14.0
	和大家差不多	22	44.0
	较差	15	30.0
	很差	5	10.0
	合　计	51	100
是否对目前的生活状况比较满意	满意	18	35.3
	一般	21	41.2
	不满意	10	19.6
	说不清楚	2	3.9
	合　计	51	100
与过去 5 年相比目前的生活状况	更好了	22	43.1
	没变化	10	19.6
	变差了	19	37.3
	不好说	—	
	合　计	51	100
以后生活状况将会怎样	越来越好	23	45.1
	和现在差不多	7	13.7
	越来越差	14	27.5
	不知道	7	13.7
	合　计	51	100

　　在农村"和大家差不多"、"还可以"是日子过得比较好的另一种说法，这一点在与许多村民的访谈中得到了印证，如村民日子过得好，会表述为"你都和大家一样"、"他家有存款，日子过得不错"等等。较差和很差的占其中的 40%，这是和其他村民的对比中对自己生活状况的直接

感受，结合问卷的前半部分内容，主要与家庭拥有土地的数量、劳动力有关，明显感觉到生活不如其他村民的主要与疾病、意外灾难或缺乏劳动力有关。

对自己生活状况感到满意或一般的人员占到被调查人员的 76.5%，其中 41.2% 对目前生活状况感到一般，对目前生活状况不满意所占被调查人员的比例不是很大，仅占 19.6%。

与过去 5 年相比较，认为"生活更好了"的比重较大，占其中的 43.1%，如果没有重大变故，农村的生活状况比以前好起来是很正常的一件事。但也有 37.3% 的人认为生活状况变差了，在调查中我们发现，这部分人之所以认为比以前生活变差，多与家庭变故（如疾病、天灾人祸等）有关。如 74 岁的老人托呼提称，家里有 7 亩地，但由于他年龄大，身体有病不能干活，三年来把挣的钱都治病花光了，生活越来越不行了。

在展望未来生活状况时，仅有 45.1% 的人认为以后会越来越好，接近被调查人数的一半。由于村里以种植业为主，受自然灾害等不确定因素的影响，部分村民以来年的计划收成做的判断。格代库勒村村民对目前生活状况的态度，反映出基层基础工作有待进一步加强，这对村干部提出了更高要求。村干部必须适应经济社会发展的要求，努力学习、掌握农业科学技术，提高自身的业务素质、管理水平，科学管理村务工作，对全村的发展规划做进一步的科学调整，加快本村的经济建设步伐，在科技致富的道路上带领全村群众共同步入小康。

第二节 婚姻家庭

格代库勒村是一个维汉混居村，但一直以来维吾尔族在该村占很大的比例，因此他们的生活风俗习惯对本村有着主要且重要的影响。

一 格代库勒村村民的婚姻

（一） 格代库勒村村民的初婚年龄

从我们的调查问卷和访谈来看，格代库勒村男性青年的初婚年龄一般在 22 岁左右，最早的是 20 岁，女性青年的初婚年龄则是在 19 岁左右，最早 18 岁。目前，格代库勒村未婚者的最低年龄在 25～30 岁，全村没有终身不婚的，也没有 30 岁以上未婚的。大龄未婚青年全村总共也就一两个。

格代库勒村的村民，在男孩子十七八岁、女孩子 15 岁左右的时候开始考虑他们的婚嫁之事，到儿子满 20 岁时考虑给他娶妻，女儿满 18 岁后就做好了出嫁的准备。

（二） 格代库勒村村民的结婚形式

格代库勒村村民男女双方都以自由恋爱为主。家长也会尊重孩子的选择，不会对孩子包办婚姻。

格代库勒村全村没有近亲通婚的情况，因为村民们都知道法律上有规定三代以内的亲戚不能结婚，而且近亲结婚会生育出有残缺的儿女。

格代库勒村的村民中有在村里互相嫁娶的，也有男性村民娶外村的女孩或女性村民嫁到外村、外乡、城区的。

格代库勒村村民嫁娶村外的范围主要在库车、沙雅、新和、拜城等。最远的有嫁到乌鲁木齐的，姑娘们不在本村找对象的原因在于觉得本村人的经济、家庭等条件不好。

（三）格代库勒村村民的择偶条件

格代库勒村的村民普遍认为找对象只要个性合得来就行，但对对方的民族、职业、文化程度、年龄、收入、职业等条件也有一定的考虑。虽然格代库勒村不同民族通婚的情况不多，但从调查问卷中，我们可以看到在 43 个村民中，有 38 人同意不同民族间的人通婚，占到总人数的 88.4%。此外，男女双方都希望找与自己文化层次相当的，例如：从事教师职业的愿意找同行。男性村民心目中的理想配偶是会做饭、孝顺父母、个性比较好、年龄比自己小的。而女性村民则希望自己的丈夫孝顺父母、家庭富裕、勤劳等。

（四）提亲、嫁妆与彩礼

在格代库勒村，如果青年男女互相中意，会由男方父母的姐姐、哥哥、嫂子转告女方家里，然后送出聘礼，促成儿女的婚事。

据格代库勒村村民说，在格代库勒村男性的彩礼一般在 1.5 万元左右，最多的也有花费 2 万 ~ 3 万元的，主要用于购买电视、洗衣机、冰箱等大型电器或摩托车，此外，生产工具和住房也由男方准备；而女方的嫁妆则在 5000 元左右，主要用于购买金银首饰（一般都是买 25 ~ 40 克的金首饰），再就是给男方父母买服装、饮料、食物、鞋子、被褥、床单等日常用品。而婚宴的花费一般在

2万~3万元。

格代库勒村的村民认为嫁妆与彩礼的多少对男方及女方以及他们的家庭没有太大的影响。如果男方出的彩礼少，也有被女方家里看不起的情况，但这种情况最多占10%，一般情况下，男女双方的父母对儿女的婚事都以协商为主。

（五）结婚形式

格代库勒村的村民大多数都是在家里举行婚礼，但之前或之后都会去领结婚证。据村民说，村里没有不领结婚证就生活在一起的，但有领结婚证却不请客的。

（六）居住形式

格代库勒村男女青年村民刚结婚的时候都会和男方的父母一起居住一段时间，主要目的是让新郎新娘学会持家。但如果有两个以上的儿子，父母只会和小儿子、儿媳一起居住，其他的儿子会分家出去单过，小儿子也将成为父母的继承人和赡养人。

格代库勒村里也有两三户人家是与女儿、女婿一同居住的，即村里存在招婿的情况。有的是因为女方家生活条件比较好，但是没有劳动力；有的是女方父母都有病残，又无劳力，所以招个女婿当儿子；还有的是男方家儿子多，条件不好，因此住到女方家从事生产等。这些被招到女方家的女婿有从外地来的，也有本村的村民。格代库勒村的村民不会看不起他们，对他们很好，而且还会认为他们帮助那些家庭是很高尚的，值得赞扬的。

（七）关于格代库勒村女性村民是否分配土地的问题

格代库勒村对本村女孩嫁外村及从外村娶进的媳妇都不进行土地分配。而全村的村民对此也没有意见，如果土地不够种就租地种。

（八）格代库勒村村民离婚再婚的情况

格代库勒村里的婚姻关系比较稳定，离婚的人很少，全村大概只有3个，现在都已经再婚了。

离婚的原因一般是夫妻性格合不来、婆媳关系不好、丈夫打老婆等。

离婚后男女双方共同分配财产，女孩一般跟妈妈，男孩则跟爸爸。妇女离婚后一般会带着孩子回到娘家。目前，村民的观念已经有所转变，认为离婚也是很正常的事，不会像以前那样看不起离婚的人了。格代库勒村负责妇女工作的妇女干部帕提古丽说，"一般谁有抚养孩子的能力就会把孩子交给谁抚养，离了婚女性一般也都是回娘家居住，我就是离了婚的，村里也没有人看不起我，村民们对我仍然挺好的。"

格代库勒村村民们普遍认为，离婚的男性比女性更容易再婚。离婚的男性的择偶条件仍然是要求女性会做饭，贤惠，懂礼仪、风俗，性格开朗。而离婚后的女性的择偶条件多与前夫有关。例如，如果前夫有抽麻烟、吸毒、喝酒、砸东西、闹事、打人等恶习，女性则会希望再婚对象没有这些毛病。

离婚之后，男女双方都可以另行娶嫁或复婚，不受其他人的干涉。按照传统习俗，必须经阿訇再念一次"尼卡"，举行一次宗教仪式。但成年人中也有不再举行婚礼的情况。

再婚和初婚有着不一样仪式，再婚时来参加婚礼的人会减少一半，结婚次数越多，来参加婚礼的人就越少，给的礼金越来越少，男方的聘礼也只有 2000～3000 元，女方的嫁妆也比较少。男女双方再婚以后，与前妻（夫）所生的子女有一同抚养的，也有由自己的父母抚养的。

丧偶的男女不如离婚的男女容易找到对象，因为人们会担心她（他）们克夫（妻），但丧偶再婚与离婚后再婚的过程并无不同。

（九）格代库勒村村民对婚前性行为或婚外性行为的看法

格代库勒村村民吾守尔·巴斯提（男，维吾尔族，60岁，小学二年级文化）告诉我们，村里如果有婚前性行为的男女一定会结婚。如果他们不结婚，男女都会被村民们认为是品格不好的人，同时他们的家人也会在村民中失去威信。女方的兄弟也会找男方的麻烦，还会教育女方不要这样做。村里以前也有婚外性行为的情况，村民们认为那是作风问题，都会对其议论纷纷，不会对他们产生好感。

二 格代库勒村村民的家庭

（一）家庭结构

格代库勒村的村民家庭是以夫妻关系为基础的小家庭。家庭成员一般包括祖孙三代以内的直系亲属。正如前文所述，在格代库勒村多子女的家庭里，儿子长大成婚之后可以与父母分离，另立门户，但是最小的儿子会与父母一同居住。如果家里是独生子，则不会分家。

格代库勒村的村民在给子女操办完婚事后，儿子、儿媳会与他们同住半年至一年左右，在教会他们如何打理生活后，会让他们搬出去独自生活。当然，也并不是非要他们出去，有时，儿子、儿媳也可以搬到与父母一起盖起的新居居住，但是当次子结婚后，长子则必须搬出，而当最小的儿子结婚后，次子也要搬离父母，独自居住，只有最小的儿子才能与父母长期居住。

（二）家庭规模

我们对格代库勒村第3村民小组的49户家庭的人口规模进行了抽样调查，结果如表5-8所示。

表5-8 村民家庭规模情况统计

单位：户,%

家庭规模	户 数	比 例
1人1户	0	0
2人1户	3	6
3人1户	9	18
4人1户	12	24
5人1户	17	35
6人1户	2	4
7人1户	2	4
8人1户	2	4
9人1户	1	2
10人1户	1	2
合 计	49	100

需要说明的是，此表所显示的家庭结构上本村在村委会附近的第3村民小组没有1人1户的家庭。在2人1户的3个家庭中，一个家庭是维吾尔家庭，由一对母子构成，户主名叫斯力尹木·肉孜。另一个家庭则是一个汉族家庭，由一对夫妻构成，户主名叫赵明富。这两个家庭的生活水平在本村是富裕家庭。3人1户的9个家庭中8个家庭都是由一对年轻父母和一个孩子构成的。另外一个家庭则是由一个祖母、女儿、孙女三代人组成，母亲的名字叫海尼沙汗·卡衣木，虽然这个家庭没有男性劳动力，但她们的生活在本村属于富裕家庭。4人1户和5人1户的家庭则占据了格代库勒村第3村民小组的主要家庭规模形式，多为由夫妻、子女组成的核心家庭。一般来说，7人1户和8人1户则是由夫妻、父母、子女一起组成的主干式家庭或扩大式家庭。但是，在本表格中，唯一一个10人1户的人家是一户汉族村民，由三兄弟和他们的妻子三对夫妻构成，此外，一对夫妻还有一对儿媳、一个孙子和一个未出嫁的女儿构成，这家的户主名叫李刚，所住房子是他们的祖屋，这户人家的家庭状况在本村属中等。

（三）　家庭关系

格代库勒村的家庭关系上，与其他地区的维吾尔族家庭并没有什么不同。在夫妻关系上，妻子依然对丈夫有着很大的尊重和依赖，但女性的地位也有一定的提高。比如，在决定所属土地的使用方法、家庭总的经济支出、子女结婚、家畜的买卖、农业生产工具的购买、大型家用电器的购买等都是由丈夫与妻子一起商量后，再做出决定的。而对于抚育儿女、赡养老人、洗衣做饭、喂养家禽、购买日常生活用品等都是由妻子全权负责，丈夫一般也不过问。"男主外、女主内"是格代库勒村夫妻关系的最好概括。但是，妇女整体素质的提高也使格代库勒村的女性独自撑起半边天。如村民牙生·莫沙依甫是父母的大儿子，在库车县开出租车，与父母分家后，分得了18亩地，全由妻子一人耕种，家里的大小事务妻子也一人打理得很好。

在父母与子女的关系方面，格代库勒村也依旧保持着尊老爱幼的传统美德。一方面，他们认为能把孩子培养成知书达理、聪明勤劳的人是父母的责任，另一方面，善待、孝敬父母，给父母养老送终是他们的义务。在格代库勒村的家庭中，一般是由母亲教会孩子们日常生活的常识、习俗、礼仪等，如母亲教给女孩子如何操持家务、照看弟妹和祖父母等。父亲则教孩子们基本的生活经验、生产技能等。格代库勒村的青年人对自己的长辈都很尊敬，如在父亲开始用餐后，他们才可以动手吃饭，在父母面前也绝不会饮酒、抽烟，更不能说脏话、指责父母。而女儿则不可以在父母、兄长面前梳妆打扮。

在格代库勒村，大部分的家庭都与前面所述的第二村民小组一样，即最小的儿子儿媳与父母一起居住，这样就不可避免地要谈谈另一对主要的家庭关系——公婆与儿媳关系。这与其他民族、其他地区情况一样，公婆与儿媳的关系，在家庭关系中也属于最敏感的一种关系。由于女孩子从小在家中受到自己母亲的教育，因此，嫁入婆家后，基本上很快就能与丈夫、公婆建立起良好的家庭关系。当媳妇娶进门后，婆婆会把大部分的家务交给媳妇打理，但当媳妇要生产的时候就会让儿媳尽量多休息，自己重操家务。儿媳与公公的交往则存在一些禁忌。如公公不能进儿子、儿媳的房间；儿媳在公婆面前要注意礼仪，穿戴要整齐，坐的时候要二腿并拢，不能跷二郎腿等。

（四）父母赡养与财产继承

由于格代库勒村村民一般都是同最小的儿子一起生活，他们一般都会在分家的时候，给长子、次子等分合适的财产，当他们不在的时候，剩余的财产会全部留给最小的儿子，因此，最小的儿子也承担着赡养父母的义务。但是并不是说长子和次子等就不用尽赡养义务，当父母生病的时候，他们也要一起伺候父母。目前，格代库勒村里有父母年老了没人养的情况，这种情况现在还有逐渐增多的趋势。村民们说："一对父母可以养十个子女，但十子女长大后也养不活两个老人。"村民对于这些不赡养父母的子女都很生气，说他们不是真正的男子汉，父母从小把他们养大，他们却不管年老的父母。

格代库勒村的村民在去世之前，会召集邻居和家庭成员，有时候也会叫上村干部，对土地（包括耕地、果园等）、房子（包括住房及与其配套的厨房、库房、牲畜圈等）、家畜（即牛、马、羊等）、日常用品（如电器、地毯、被褥、现金等）等财产进行分配。但如果只是丈夫或妻子一个去世了，另一方还健在，是不能分财产的，只有夫妻俩都不在了，才会给孩子们分财产。此外，出嫁的女儿也会要求分上一些财产。村里孤寡老人的财产则全部由村里负责，属于村集体所有。

具体说来，格代库勒村村民家庭中的一部分财产如劳动工具、饮具、厨具和家具等都会给他们最小的儿子。由于他们的长子、次子等长大结婚以后，会与父母同住一段时间后再分家，分家时，父母会为他们另建新房，并置办一些生活用品和生产用具，所以，父母去世后，已分家的男子是不能参加遗产分配的。

（五）家庭暴力

据格代库勒村村民说，村里有老公打老婆的，也有老婆打老公的，但是不是家庭暴力，他们也不是很清楚。发生这种事情的原因有二：一是女人做了让男人不高兴或生气的事，或男人做了对不起女人的事，或是互相闹别扭赌气；另一原因则是经济上的问题。发生这种事后，邻居们都会去劝，村干部（妇女主任）调解之后也会批评教育。

三 格代库勒村村民的生育

1979 年，库车县开始在汉族人口中实行计划生育工作，1985 年开始对少数民族宣传计划生育政策，1989 年开始实行。库车县是多民族聚居区，汉族可以生育一个孩子，少数民族依城乡户籍的不同，可以生育 2~3 个孩子，要有一定的生育间隔，并根据规定申请生育指标。县里的计划生育制度很严格，有明确的奖惩措施，对独生子女家庭、晚婚晚育者有一系列政策支持或奖励；对无生育指标生育二胎者，有降级、罚款、行政处分等方面的处罚，母亲的生育费用及小孩的医疗费用自理。如以前规定，汉族领取独生子女证、少数民族领取计划生育光荣证的夫妻，从领证之日起至孩子满 10 周岁领取儿童保健费，职工每年 60 元；

夫妻系个体工商户的，每月从工商管理费中发给 3～5 元；夫妻双方无固定收入的城镇居民或农民，由县计划生育委员会每年发给 30 元。对于违反计划生育超生的汉族、少数民族干部及农牧区的各族农牧民都分别规定了相应的处罚措施，如给予一定的行政处分、降级、罚款等。2003 年自治区新的《自治区人口与计划生育条例》实行后，对符合政策规定可以生育三孩而自愿少生一个子女并采取长效节育措施的夫妇及农村少数民族夫妇，由县级人民政府给予不低于 2000 元的一次性奖励，通过经济奖励的方法，鼓励农民少生快富。同时，对农村实行计划生育的少数民族群众除一次性奖励外，对列入社会救济对象的家庭，优先发放社会救济金和生活困难补助费；免去夫妻双方一年的集体生产、公益事业所筹劳务；承包土地和划分宅基地，给予优先优惠；领证家庭子女伤残或者死亡，夫妻不再生育或者收养子女，且无生活来源或者丧失劳动能力的，由其所在地的乡（镇）人民政府列为五保户家庭；优先列为重点扶持对象，在技术、信息、农业生产资料等方面优先提供服务；对贫困家庭优先发放各类扶贫资金和贷款，优先安排扶贫项目和科技实用技术培训，优先享受其他扶贫优惠政策等。目前由政府发放的一次性计划生育奖励费已由原来的 2000 元增至 3000 元。

近年来，比西巴格乡按照库车县和比西巴格乡人口和计划生育委员会全面建设小康社会和建设社会主义新农村的总体要求，紧紧围绕稳定低生育水平，提高出生人口素质这个目标任务，真抓实干。对本乡实行计划生育的农村夫妇免费享受国家规定的基本项目的计划生育技术服务，如对高龄妇女提供无偿服务，对采取上环等节育措施的妇女减免义务工等，2007 年比西巴格乡还为实行计划生育的家庭发放缝纫机。格代库勒村计生工作在县乡两级政府的领导下，按照全面、协调和可持续发展的思路，把本村计生工作作为村级工作质量好坏的评定标准，坚持落实"一票否决"制和责任追究制，采取各种措施确保村级各项计生工作任务的落实。

为了更好地了解格代库勒村村民的生育观念、对国家计划生育政策的认识等问题，调研组对老、中、青不同年龄段的女性村民进行了访谈。

（一）格代库勒村村民的生育观念

格代库勒村村民普遍希望生育 2 个以上的孩子，国家政策允许生育 3 个，但村民们希望生育 4 个孩子。村民们喜欢要男孩，如果生的是女孩子，除了劳动力方面有一定影响以外没有其他影响，因为，村民们认为孩子都是真主给自己的礼物。从问卷中，我们也可以看出，45 个村民中，有22 人认为生多生少不是父母能决定的，应该听天由命，占总数的 48.9%，19 人不同意这种看法，4 人表示说不清楚。格代库勒村的村民不会看不起不孕不育的村民，只要条件允许也都主动照顾没有孩子的孤寡老人。

从调查问卷的分析数据中，我们惊奇地发现，49 位作答问卷的村民全部同意"少生孩子能致富"的观点和"少生孩子母亲更健康"的观点。就"孩子多，老了才有依靠"的问题，只有 46 人作答，其中 23 人表示同意此观点，占50%，30.4% 的村民表示不同意此观点，其余的 19.6% 则表示说不清楚（见表5 - 9）。

表 5-9　被调查村民中有关生育方面的统计

单位：人,%

内　　容	选　项	人　数	百分比
您希望有几个孩子	1 个	4	7.8
	2 个	21	41.2
	3 个	24	47.1
	4 个以上	2	3.9
少生孩子能致富	同　意	49	100
	不同意	—	—
	说不清	—	—
少生孩子母亲更健康	同　意	49	100
	不同意	—	—
	说不清	—	—
孩子多，老了才有依靠	同　意	23	50
	不同意	14	30.4
	说不清	9	19.6
生多生少是由上天决定	同　意	22	48.9
	不同意	19	42.2
	说不清	4	8.9

　　许多村民认为生一个孩子未免有点孤单，在农村，汉族生两个孩子也符合计划生育政策，有部分维吾尔族认为生三个孩子比较合适，这个比例占到 47.1%。"能生几个就几个"和"生多生少是由上天决定"（最高比重 48.9%），就是"胡大给多少，就要多少"的宗教语境的世俗说法；被调查村民全部能够认识到"少生孩子能致富"，这是我们没想到的，这种认识对于农村计划生育工作的开展十分有利。孩子越多，开销越大，这是不争的客观事实，虽说少生孩子不能很自然地成为富裕户，但家庭负担明显减轻、

支出明显减少却是摆在村民面前的事实。虽然从调查数据看，村民同意"少生孩子能致富"和"少生孩子母亲更健康"，但由于种植业目前是村民的主要收入来源，因此农村多子多劳动力的传统观念仍然占据很高比例。村民在回答"孩子多，老了才有依靠"的问题中持"同意"的比例高达 50%。

（二）格代库勒村村民的生育费用

格代库勒村的村民都是在医院或村卫生室生孩子，村里没有接生的妇女，全村也没有出现过产妇难产死亡的情况。孕妇会按照医生的要求经常去医院检查身体。据村民们说，到医院生育的费用在 3000~4000 元间。

（三）格代库勒村村民对计划生育政策的理解与落实情况

据格代库勒村负责计划生育的妇女干部帕提古丽（女，维吾尔族，25 岁，已婚）说，格代库勒村妇女的节育方式是以带环为主，节育年龄一般在 19 岁以上 30 岁以下，全村目前没有计划外生育的情况，比西巴格乡和格代库勒村都比较重视计划生育工作的落实情况，每三个月比西巴格乡都检查一次，每一个月村里检查一次。计划生育经费的投入也比其他经费都多，每年格代库勒村都会投入 5000 多元。村里对于按照政策实行计划生育的妇女一般都会在每年的"三八"妇女节时进行物质奖励，金额至少 30 元钱。目前，全村已有 108 人实行节育，其中，有 17 人使用药物避孕，4 人做了节育手术，3 人已经停经，3 人由于配偶去世，一直单身，还有 6 人是不孕。

（四）其他

格代库勒村女性村民生育后的护理一般回到娘家，由自己的母亲照顾，哺乳期在 40 天至 60 天。全村妇女的健康状况良好，但由于都是农民，必须干农活，在经期、孕期、产期、哺乳期等特殊时期并没有什么特殊的保护措施。

格代库勒村里儿童的防疫（打针、服药）措施是主要是打疫苗，都是由村里卫生室的医生在村卫生室里进行，村民们也非常愿意接受。

第三节　宗教生活

在伊斯兰教传入新疆之前，库车县与其他地区一样，存在过原始宗教、祆教、佛教、基督教、摩尼教和景教等。10 世纪 60 年代至 13 世纪初，伊斯兰教虽然还没能大规模传播到库车等地区，但在塔里木盆地西部和南部，已成为占统治地位的宗教。到 16 世纪初，伊斯兰教在哈密取得优势，它标志着伊斯兰教已在新疆各地取代佛教，成为新疆占统治地位的宗教。与此同时，伊斯兰教开始在库车维吾尔族群众的生活中占据重要的地位。

目前，格代库勒村村民中除了干部、党员、团员、教师及其子女、在校学生不允许信教以及汉族村民外，其余都是伊斯兰教教徒。从我们的调查问卷可以看出，回答"信仰哪一个宗教"问题的 45 个村民中，有 38 个表示信仰伊斯兰教，均为维吾尔族，占总数的 84.4%，另外 1 个表示信仰基督教的村民和 6 个表示不信仰任何宗教的村民都是汉族村民（见表 5 - 10）。

表 5 - 10　被调查村民宗教信仰统计

单位：人,%

内　容	伊斯兰教	佛教	基督教	不信教
人　数	38	—	1	6
百分比	84.4	—	2.2	13.3

一　格代库勒村清真寺概况

　　格代库勒村四个小队共有两个清真寺。一组有一个清真寺，二、三、四组共用一个清真寺。在第三村小组的清真寺，是村民 1994 年在原来用土块垒的清真寺的基础上修建的，改建后的清真寺是砖混结构的抗震房。据格代库勒村清真寺的伊玛目阿不拉·伊明（男，维吾尔族，现年 67 岁，格代库勒村三组村民，2005 年参加组织朝觐）介绍，清真寺长约 35 米，宽约 17 米，并铺有地毯。

图 5 - 4　村清真寺

二 格代库勒村宗教人士概况

伊斯兰教宗教人士，是指在依法予以登记的宗教活动场所担任教职的哈提甫、伊玛目、助理伊玛目。格代库勒村目前有 3 个宗教人士，其中 2 个伊玛目，1 个助理伊玛目（见表 5－11）。

表 5－11　格代库勒村宗教人士基本情况

单位：岁，元，人

寺院名称	宗教人士姓名	年龄	学经时间	学经地点	宗教职务	生活补贴	带学经者数量
一组清真寺	亚森·达比提	26	1996 年	格代库勒村	伊玛目	无	无
一组清真寺	赛买提·库尔班	64	1956 年	库车县	助理伊玛目	无	无
二、三、四组清真寺	阿布拉·依明	67	1956 年	库车县	伊玛目	200	3

调查组与格代库勒村清真寺伊玛目阿不拉·伊明（阿吉）、助理伊玛目赛买提·库尔班（阿吉）进行访谈，了解到以下情况。阿不拉·伊明，家里共有 7 口人，分别是他、老伴、儿子（名叫热合曼·阿不拉）、儿媳、两个孙子（一个三岁半、一个 30 天）和一个女儿（17 岁，初中刚毕业）；2002～2006 年他带过 3 名塔里甫塞（学经人员）。赛买提·库尔班家有 4 口人，种有 16 亩地，担任清真寺助理伊玛目的同时也是寺管会成员。

三 格代库勒村村民信教情况

从与伊玛目阿不拉·伊明和助理伊玛目赛买提·库尔

班的访谈中，我们可以看出格代库勒村村民的宗教信仰情况、对党的宗教政策了解程度、格代库勒村村民朝觐情况以及格代库勒村宗教人士传教内容等方面的情况。

附访谈摘录如下。

阿不拉·伊明在谈起他担任伊玛目这32年的情况时说："我当伊玛目已经有32年了。1956年，我在库车县跟着塔里甫·买合苏目阿吉、斯迪克·卡日阿吉（2个星期前去世了）、阿木提大毛拉（伊斯兰教学者）学习的。最开始的时候，我的父亲是伊玛目，父亲去世后，我哥哥做了伊玛目，到1975年，我哥哥去世之后，我开始当伊玛目。"

"据我了解，我们格代库勒村全村没有零散朝觐的，以前有4个人朝觐过，都是20年前去的，他们都在七八十岁时去世。我是2005年参加地区组团朝觐的，当时给统战部交了22000元（包括路费如飞机、汽车等路费、住宿费、学习费等），个人自己花了6000元左右（主要用于给家人买礼物），陪同我们的还有医生、县里的领导，使馆的人接待，一切都比较顺利。穆罕默德说过，组织朝觐好，安全，没有组织的不提倡。我们在去朝觐之前，先要在阿克苏培训7天，学习一些规矩和注意事项。如：我们作为中国人，在国外要维护中国的威信，维护法律的尊严，在国外不能参与任何渗透活动，还要统一思想，此外，也不是谁想去朝觐就可以去的，还要满足以下条件：一是自己和家里的亲属没有违法犯罪的；二是家里经济条件要能承受得起，如给贫困户、学校搞过捐助扶持的；三是做过许多好事、助人为乐的；四是团结群众，这主要是指宗教人士；五是年龄必须在50岁以上、70岁以下，年轻的如果是当翻译也可以去。"

"我平时给村民们讲经的内容都是在国家规定的范围之内的，主要是教育村民们不能偷盗、打架、吸烟，教育村民们植树造林，勤劳致富，以及遵守国家法律、不搞非法宗教活动、不干坏事等等。"

"过年过节的时候，村里的干部都会主动联系宗教人士，与宗教人士谈话，对工作做得好的，还会发证书等（这时，他拿出了许多奖状和证书）。此外，村里的干部还会联系宗教活动场所，让信教村民有活动的地方，我认为，干部联系宗教活动场所，对宗教活动、宗教人士都有好处。"

"以前，给我们这些宗教人士每三个月发一次生活补助，是508元，现在则是每个月按月发200元。我听说只要三年连续当人大代表，被评为五好清真寺、五好爱国宗教人士就可以每个月拿到578元，但是我已经连续五年了，却没有给我兑现，我现在仍然拿200元。我已经把情况向王书记反映过了，王书记也答应反映解决，材料也已经交到统战部了。"

"我现在生活上没有什么困难，身体还算健康，家庭条件也说得过去，我的外出活动比较多，主持宗教活动比较少，我参加的都是统战、民宗活动，此外，我是库车县允许培养塔里甫（学员）的人员之一，目前，政府确定让我带了三个塔里甫。但是我和别的不出去的宗教人士待遇是一样的，我到县上培训外出都是自己掏钱，我觉得应该给我提高一些待遇。"

助理伊玛木赛买提·库尔班说，"我是从父亲那儿学的宗教知识，会念经。2004年，我去朝觐，回来后，村民们对我的态度基本上没什么变化，我在村里的地位也没什么变化，村民们只是开始叫我"阿吉"（朝觐过的人）。在我们格代库勒村曾经有两个私朝人员，都是 15 年前去的，现在这两个人都已经去世了。近年来村里没有私朝的。因为有组织地去朝觐在安全、住宿、吃饭、医疗、翻译、维护国家名誉、培训等方面都优于私朝。我也拥护有组织去朝觐。据我了解全村想去朝觐的人有 5% 左右，但是由于他们在年龄、经济状况等方面不符合条件而不能去。"

"宗教人士在我们村威望很高，村里人对我们的态度也好，都比较尊重我们，我们对村民也是很友善。村民们主要是在家里有婚事、丧事等时候来找宗教人士帮忙。"

"我们讲经的内容也是按国家的宗教条例和上级下发的书进行，内容包括：做人为善、教育好子女、不做违法违纪的事儿、宗教信仰自由、学生和党员不能参加宗教活动、反对非法宗教活动，国家的政策法规等。在讲经的过程中我们会把党的宗教政策与宗教教义里的积极思想结合起来引导群众。"

"我认为信教有很多的好处，宗教在做人、以人为善、教育子女、禁毒、防治艾滋病、不偷不赌等方面都有积极的作用。第一，我们是穆斯林，所以必须要完成五功。第二，信教的人不轻易走错路，不做违法的事、不赌不嫖、不喝酒，会做一个守法的人。但是，我没有给自己的孩子传授宗教知识，因为孩子不想学。"

"据我了解，格代库勒村里的党员、干部中没有参加宗教活动的，因为政府规定党员、干部不能参加宗教活动，村民们对此也表示理解。所以党员、干部在群众中还是有一定的威望，村民们也听他们的话。"

"政府说，宗教不能干涉教育、婚姻、政治，我认为这是对的。因为国家的社会事务、婚姻、教育都是由法律来规范和管理的。在一个法制国家中宗教是无权管理这方面事务的。格代库勒村的村民对国家的宗教政策、宗教管理也还是满意的，因为信教或不信教、做礼拜或不做都是自由的，也没有人强迫。村里信教群众在宗教政策和管理方面没有什么问题或困难。我个人有一个要求，我是助理伊玛目，没有生活费，但是，每个月为了清真寺的事务或去乡里开会都要花一些钱，因此，希望也能给助理伊玛目一些生活费。"

四 村民的宗教生活

格代库勒村两座清真寺主要供全村的信教群众礼拜和举行与宗教有关的民间风俗活动，比如：婚礼、割礼、丧葬之用。清真寺平时人不多，有 25~35 人，到了居玛礼拜的时候会来 60~70 人，肉孜节、古尔邦节的时候会来300~400 人，清真寺里面坐不下，都会挤满整个院子。

每年到了封斋的时候，格代库勒村封斋的村民也不多，一般在 30~50 人，最多占全村的30%，因为封斋的日子也是村民们挖渠和摘棉花的季节。封斋的时间一般在 30 天左右。

格代库勒村的村民在清真寺一天只做两次礼拜，即早礼和晚礼。其他三次礼拜在家里或在田间干活的地方做，居玛礼拜（星期五礼拜）则是在清真寺做。据赛买提·库尔班说，早礼去清真寺的人有 30~35 人，晚礼去清真寺的只有 8~10 人，居玛礼拜去清真寺的人有 50 人左右。

调研统计数据显示：39 位信教村民中，仅有 8 人经常参加宗教活动，每天去清真寺做礼拜；每周去寺里做一次礼拜的有 8 人，每年去寺里做两次礼拜的有 21 人，占到信教村民总数的 53.8%。对于是否应早些给孩子传授本民族的宗教意识，约有 44.4% 的被调查穆斯林村民不同意这样做，有 41.7% 的村民认为应该这样做，还有 13.9% 对此问题说不清（见表 5 – 12）。

表 5 – 12　被调查村民对是否应早些给孩子传授
本民族宗教意识的看法

单位：人，%

内　容	同意	不同意	说不清	合计
人　数	15	16	5	36
百分比	41.7	44.4	13.9	100

朝觐作为穆斯林的五功之一，只要家庭经济条件许可，赴麦加朝觐成为许多穆斯林最大的愿望。由于朝觐需要花费一大笔开支，因此政府每年对前去麦加朝觐的穆斯林要进行经济条件等各方面的考察，统一组织前往，统一组织回国。还有一种零散朝觐，这一类是未经政府允许，私自通过各种手段自己前去朝觐的，对于后一类，我国是禁止的，因为这类活动扰乱了正常的宗教活动秩序。由于每年前往沙特阿拉伯朝觐的人太多，为维持国内正常生产、生活秩序，缓解因朝觐带来的交通、住宿等压力，沙特阿拉伯对前往麦加朝觐的人员在数量上有所限制，前去朝觐的人要持有合法的签证才被容许。我国对于朝觐的条件做了严格限制，以确保朝觐人员有一定的经济基础、身体健康状况良好等，安全往返。

从格代库勒村村民对朝觐的态度可以看出，信仰伊斯兰教的大多数村民认为有条件的穆斯林都应该完成朝觐，这占

到被调查穆斯林村民人数的 84.6%，说不清的有 4 人，占
10.3%；很希望去和希望去朝觐的有 28 人，占 73.7%，没有
考虑过朝觐的也占有一定的比例，达到 26.3%（见表 5 -
13）。由此表可以看出，大多数信仰伊斯兰教的村民认为作
为一名穆斯林应该朝觐，并且希望自己有一天能成行。

表 5 -13　被调查穆斯林村民朝觐统计情况

单位：人，%

内　容	选　项	人　数	百分比
有条件的穆斯林都应该完成朝觐	同　意	33	84.6
	不同意	2	5.1
	说不清	4	10.3
家里是否有人朝觐	有人朝觐过	1	3.0
	没有人去	32	97.0
是否希望去朝觐	很希望去	21	55.3
	希望去	7	18.4
	没考虑过	10	26.3

根据乡上提供的资料，从 2002 年至 2005 年，格代库勒
村先后有 4 人（这四人基本情况见表 5 -14）参加过县乡统
一组织的朝觐。从表中可以看出，格代库勒村参加朝觐的
人员都是 60 岁以上的老人，且均是通过统一组织去的，村
里没有零散朝觐的现象。

表 5 -14　库车县比西巴格乡格代库勒村朝觐人员统计

单位：岁

姓　名	性别	年龄	民族	文化程度	朝觐时间	朝觐形式
卡哈尔·莫明	男	62	维吾尔族	小学	2002 年	组织
吐尔地·阿西木	男	74	维吾尔族	小学	2003 年	组织
赛买提·库尔班	男	64	维吾尔族	小学	2004 年	组织
阿布拉·依明	男	67	维吾尔族	小学	2005 年	组织

总体上看，格代库勒村村民的宗教意识较淡，经常参加宗教活动的不仅人数少且参加频率低，与库车县浓厚的宗教氛围相比该村的宗教氛围较为淡漠，该村没有非法讲经点，也没有参加非法宗教活动的人员，这也是该村处于敌情较为复杂的库车县却没有复杂敌情的主要原因。

第四节 和谐的民族关系

新疆自古以来就是各民族共同生活的大家园。几千年来，许多部落、民族在新疆漫长的历史进程中，密切交往、相互依存、休戚与共，共有的历史、相同的信念，使新疆各民族融合成团结和睦的大家庭，共同推动了新疆经济发展、社会进步，共同捍卫了国家统一和民族团结。历史证明，社会稳定、民族团结、国家统一，则政通人和，事业兴旺；社会动荡、民族分裂、国家纷争，则丧权辱国，人民就遭殃。民族团结是新疆各族人民的生命线，它对新疆的社会稳定和经济发展有着重要的现实意义。

格代库勒村是个维汉混居的村庄，主要民族是维吾尔族、汉族。截至 2006 年年底村里共有 248 户，总人口 1066 人，男性 547 人，女性 519 人，其中有 76 名汉族村民。汉族村民共有 10 户，其中 1 户是湖北籍人，9 户是山东籍人（其中 8 户有着亲戚关系）。多年来两个民族的村民之间团结互助、亲如一家。不管是汉族群众的传统节日春节，还是穆斯林群众的古尔邦节、肉孜节，维汉村民之间都会互相串门拜年。过春节，汉族百姓除了吃饺子，还会在桌上摆上馓子、巴哈力等维吾尔族传统食品；而许多维吾尔族同胞也会在除夕之夜放鞭炮迎新年。

一　民族团结工作

格代库勒村的领导班子成员都是维吾尔族，但他们团结本村的汉族村民，始终把民族团结工作摆在重要议事日程，平时注重把马克思主义民族观、宗教理论以及新时期民族与宗教问题作为一项重要的学习内容。在加强对民族团结工作领导的同时，把民族团结创建活动作为两个文明建设的根本任务纳入干部任期目标责任制中，作为考核干部政绩的一项重要内容。村委会定期召集村民进行党的民族理论和民族政策法规学习，通过对村民面对面地教育，认真做好和开展民族团结教育月活动，向村民宣传"三个离不开"的思想，牢固树立"少数民族离不开汉族，汉族离不开少数民族，各少数民族之间也相互离不开"的思想。

村"两委"班子带领群众，旗帜鲜明地同各种危害民族团结和祖国统一的言行作斗争，全面贯彻执行党的民族宗教政策，依法加强宗教事务管理，引导信教群众在政治上爱国、爱社会主义、拥护党的领导，保护爱国宗教人士和正常宗教活动，坚决反对利用宗教进行非法、违法犯罪活动，加强对清真寺的严格管理。由于工作到位，多年来，格代库勒村没有出现过非法宗教活动、没有零散朝觐人员，也没有利用宗教进行违法犯罪活动的现象，没有重点控制人员。

格代库勒村领导班子还结合该村实际条件，注重加强对广大青少年的民族团结教育，充分利用专栏、橱窗、板报、标语、横幅和宣传画等宣传方式，教育和鼓励村民群众，增强维护民族团结、维护祖国统一、维护社会稳定的自觉性。村广播站每天播放有关民族团结的宣传内容，积极参与县乡举办的以民族团结教育为主题的各类活动，深入开展"四个认同"宣传教育，即对祖国的高度认同、对中华民族的高度认同、对中华文化的高度认同、对中国特色社会主义的高度认同，巩固和提高意识形态领域反分裂斗争的教育成果。通过开展"四个认同"宣传教育，引导各族干部群众充分认识新疆自古以来是祖国不可分割的一部分。同时，格代库勒村领导班子组织干部群众学习中央和自治区党委关于维护新疆稳定的一系列指示的精神，结合学习《新疆历史与现状》，正确宣传新疆发展的历史、民族发展和宗教演变的历史，不断深化干部群众对反对民族分裂、维护祖国统一、维护社会稳定重要性的认识，全村维汉村民共同团结、进步，有力地维护了本村的社会稳定。

二 民族交往

自从民族产生以来，民族交往作为民族的伴生现象，一直与民族紧密联系在一起，且使民族备受影响。民族交往伴随着民族共同体变迁与发展的整个进程，是构成民族关系的重要内容，民族关系也是通过民族交往具体实现与体现的。作为人类特有的生存方式和活动方式的交往是民族社会发展的动力、源泉和结果。交往是社会生产和社会生活中，人、民族、国家间的交流、往来及相互作用的过程。民族交往水平的提高及范围的扩大，标志着民族生产能力即生产力的增强，从而引起社会分工的进一步发展。与此相反，如果一个民族不与其他民族发生交往，就有可能导致该民族的停滞、萎缩、衰落，甚至消亡。美国人类学家罗伯特·路威（Robert H. Lowie）在谈到人类文明时曾提到："1877 年绝种的塔斯曼尼亚人……为什么会落在别的民族后面整万年呢？……当初的塔斯曼尼亚人一到了他们家里以后，立即和外面的世界断绝往来。他们自己和他们最近的乡邻澳洲人全部没有可以促进交通的船只。拿这个和历史上的任何复杂文化比一比，古代的埃及人和巴比伦人互相影响……希腊人的文化建筑在埃及人所立的基础之上，罗马人又尽量从希腊人那儿搬来。我们的现代文明更是从四面八方东拼西凑的一件百衲衣。我们文明的仓库丰满，不为别的，只因为我们前前后后接触过的异族不知其数，而塔斯曼尼亚人接触过的简直等于零。因为任何民族的聪明才智究竟有限。所以与外界隔绝的民族之所以停滞不前，只是因为十个脑袋比一个脑袋强。"[①] 因此，一个民族从主观上是否愿意与他民族交往在民族关系的发展中是很重要的。

多年来，维吾尔族村民和汉族和睦共处、和谐居住在格代库勒村这块土地上。1962 年，当地维吾尔族群众赶着毛驴车把内地来的汉族群众接过来在此共同生活、共同生产，多年来维汉群众和睦相处。村里还有一户汉族村民的儿子娶了一个维吾尔族姑娘（遗憾的是我们在村里调研时，男主人刚好外出不在家）。通过收回的 50 份有效问卷，有42 位村民愿意与其他民族交往，占被调查人数的 84%（见表 5 - 15）。不愿意的有 7 人，占到 14%。这在总体上真实地反映出近几年格代库勒村民族关系是好的，但也有不和谐的因素存在。

---

① 〔美〕罗伯特·路威：《文明与野蛮》，吕叔湘译，生活·读书·新知三联书店，1984，第 13 ~ 14 页。

表 5 – 15   被调查民族之间交往统计

单位：人,%

选 项	人 数	百分比
不愿意	7	14
愿意	42	84
无所谓	1	2
合 计	50	100

问卷调查显示，被调查的 38 名维吾尔族村民中有63.2% 的人更愿意与汉族村民交往，愿意自己的孩子学习汉语并将孩子送进民汉合校学习，大多数维吾尔族村民首选的学习语言也是汉语。汉族村民也愿意与维吾尔族村民交往，愿意学习维吾尔语（见表 5 – 16）。

表 5 – 16   更愿意交往的民族

单位：人,%

选 项	与维吾尔族		与汉族	
	人 数	百分比	人数	百分比
维吾尔族	—	—	24	63.2
汉 族	5	41.7	—	—

从被调查村民掌握的语言情况来看，由于村里的维吾尔族村民所占比例大，村里的重要活动（如村民大会、选举等）均使用维吾尔语，因此，大多数汉族村民都掌握了维吾尔语，并会使用维吾尔语与维吾尔族村民进行交流、沟通，这个比例达到 75%；但维吾尔族村民掌握并会使用汉语与汉族村民交流、沟通的人员较少，仅有 3 人，仅占被调查维吾尔族村民总数的 7.9%（见表 5 – 17）。

表 5-17 被调查村民掌握其他民族语言的状况

单位：人,%

内　　容	掌握汉语		掌握维吾尔族语	
	人数	百分比	人数	百分比
维吾尔族	3	7.9	38	100
汉　族	12	100	9	75

在人类的交往中，最基本的沟通莫过于语言文字。语言是人类最重要的交际工具，人们借助语言保存和传递人类文明的成果。由于格代库勒村的维吾尔族村民有自己的语言文字，汉族村民也有自己的语言文字，因此，各民族的语言文字自然也成了村民交流与沟通的主要障碍，这从我们的调查问卷中也真实地反映出来（见表 5-18）。

表 5-18 影响民族间交往的最大障碍

单位：人,%

内　　容	百分比
语言不通	49.5
风俗习惯不同	25.3
信仰的宗教不同	20.9
对方不尊重我的民族	3.3
没有什么障碍	1.1

在格代库勒村，由于语言的障碍使得民族之间的交往有困难的占到 49.5%，而风俗习惯的不同和宗教信仰的影响，其比例占到 46.2%，至于"对方不尊重我的民族"的问题，这一点在多民族地区，大家对此都比较谨慎，所以，民族间不尊重的事件发生频率很少，在有效问卷中只有 2 位，比例只占 3.3%。

长期以来，格代库勒村的维吾尔族村民与汉族村民之间不仅能和睦相处，团结友爱，有的还成了朋友。过去少数民族村民很少吃蔬菜，汉族人迁来以后，一些维吾尔族村民从汉族村民那里学习到种菜技术。每到夏天，村里的一些维吾尔族村民向汉族村民要菜时，汉族村民都给他们，关系好的，汉族村民还主动送过去。

据格代库勒村清真寺的买曾吾买尔·司马义介绍，去年村里一个汉族村民种地缺钱，找他借钱，他没有犹豫地就借出 1000 元，秋后借钱的汉族村民把棉花卖了后及时把钱还给他了。他平时吃什么菜只要和汉族村民说一声，他们就给，他的儿子生病时，去那个汉族医生那里治疗时没钱，医生同意先治病，他欠着（医生的钱）把（儿子的病）治好了。因此，当乡卫生院来人要把无医师资格和执业证的汉族医生赶走时，村里的好多维吾尔族村民不同意。这个汉族医生在本村很受欢迎，看病方便不说，技术也比较高还很体恤村民，乡周围的人也有很多在他这儿看病。

维汉村民在生产劳动时，能团结协作、互相帮助。种地需要什么生产工具，可以互相借用。维吾尔族村民过节或结婚时汉族村民会去；汉族村民过节维吾尔族村民也会去。汉族村民非常尊重维吾尔族的生活习惯和禁忌。村里的汉族村民大人、小孩都会维语，村里为此推荐了 3 个汉族孩子到机关农场当老师。

我们调查了一位曾经与汉族村民做过邻居的维吾尔族村民，真实再现了格代库勒村的维吾尔族村民和汉族村民确实团结和睦、互相帮助的情景。

　　伊米提，党员，家有 6 口人，4 个孩子（2 男 2
女），其中一个女孩先在民校上到六年级，之后又从一
年级开始上汉校，今年在汉校上五年级，已 16 岁了，
中午常去汉族同学家休息，学习很好。伊米提家有耕
地 22 亩，其中 11 亩种棉花、8 亩种小麦，3 亩是果园。
1978～1984 年间他与一家从四川来的汉族人家为邻，
在与他们相处的过程中，伊米提说他从这个汉族人家
学到最有用的东西就是吃苦，这让他非常受益。伊米
提家与这户汉族邻居关系非常好，伊米提的妻子曾帮
助他们邻居的妻子接生。伊米提的孩子小，汉族邻居
家的大孩子帮助照顾伊米提家的小孩子，汉族家孩子
的鞋子小了就给伊米提家的孩子穿，还给他家打馕。
伊米提家还把拉条子、抓饭、馕子等吃食送给汉族邻
居。汉族邻居过年时，伊米提来到邻居家喝酒，汉族
邻居从商店买来花生等做下酒的菜。伊米提跟他的汉
族邻居学会了种蔬菜，汉族邻居跟伊米提学会了养羊，
刚开始买了 10 只，3 年后发展到了 50 多只，汉族邻居
很高兴。这家汉族邻居的男主人放羊的时候跟当地维
吾尔族牧羊人学会了维吾尔族民间歌曲，在一次娱乐
场合，他放声唱起这首歌，别人问他在哪里学的？他
说："跟维吾尔族朋友学的。"伊米提家邻居给他们的
第三个男孩取名库尔班，库尔班与当地孩子没有任何
区别。伊米提的汉族邻居家的大人、小孩都能听、说
维吾尔语，孩子更是能说地地道道的维吾尔语。1989
年，因为他们所在的小队浇水太难了，而汉族邻居种
蔬菜需要很多的水，因此他们就搬到了不远的农场去
了。汉族邻居搬走后，他们的孩子还来伊米提家看望

他们，在伊米提家的果园里吃桑葚子、杏子、葡萄。一次伊米提的妻子问他们吃什么饭，他们说："若没有拉条子我们就去外面的饭馆吃饭。"伊米提夫妇俩有一次去县城，汉族邻居家的儿子在清真饭馆请他们吃了一顿饭。伊米提跟这个汉族邻居学会了使用火墙，他们至今冬天还用它取暖。村里别的维吾尔族村民与这家汉族人关系也很好，他们家盖房子请维吾尔族人打土块，他家的邻居承担起了在自己家里为打土块的人做饭的工作。这家汉族人常将自己种的西红柿、辣椒、皮芽子、卷心菜等送给村里的村民。

格代库勒村还有一户维汉民族组成的家庭，男方是汉族，女方是维吾尔族。双方都是再婚，育有一女儿，女儿汉族名字叫牡丹，维吾尔族名字叫阿丽娅，已经8岁了。这名维吾尔族妻子对男方父母很好，公婆家里人都挺喜欢她，并尊重她的生活习惯，一家人相处得很好。男方会维语，也会去丈母娘家。女方家庭经济条件不是很好，结婚后，男方经常从经济上帮助女方母亲。目前，夫妻关系很和睦，是村里民族团结的典型。

第六章 风俗习惯

民族风俗习惯,是指各民族在服饰、饮食、居住、生产、婚姻、丧葬、节庆、娱乐、礼仪等物质生活和文化生活方面广泛流行的喜好、风气、习尚和禁忌等。风俗习惯是各个民族政治、经济、文化生活的一种反映,在不同程度上反映着民族的生活方式、历史传统和心理感情,是民族特点的一个重要方面。民族风俗习惯是民族形成发展的过程中逐渐形成的,它与各民族居住地区自然环境和自然条件、各民族的生产发展水平、经济特点和经济条件、民族的历史遭遇、社会斗争以及宗教信仰有着密切的关系,民族风俗习惯对各民族的发展进步有着重要的影响,由于民族风俗习惯是长期历史发展中形成的,它必然带有各个历史时期赋予的精华与糟粕。

尊重少数民族的风俗习惯是体现民族平等和民族团结的重要方面,一般说来,各民族人民对于本民族的风俗习惯是有深厚感情的,他们会把其他民族对待本民族风俗习惯的态度,看做是否尊重自己民族的问题。尊重少数民族风俗习惯,是我们党的一贯政策。新中国成立以来,党的各民族都保持或改革自己风俗习惯的自由政策,得到了贯彻执行,少数民族的风俗习惯受到尊重,国家专门安排了少数民族生活特需用品的生产和供应(乌鲁木齐市人大还专门制定了《清真食品条例》），规定了民族节假日制度，对少数民族的一些传统节日国家都给予积极支持和照顾。同时为了这项政策的贯彻执行，国家还通过法律明确规定："国家工作人员非法剥夺公民的正当宗教信仰和侵犯少数民族的风俗习惯，情节严重的，处二年以下有期徒刑或者拘役。"在新疆，穆斯林的传统节日肉孜节、古尔邦节，政府都给穆斯林群众放假，肉孜节放一天假，古尔邦节相当于汉族群众的春节，因此放假时间较长。由于党和政府正确贯彻了各民族都有保持或改革自己风俗习惯自由的政策，逐步清除了历史上遗留下来的民族间的不信任，改善了民族关系，加强了民族团结，促进了各民族共同发展繁荣。

格代库勒村是一个维、汉混居的民族村。但维吾尔族占全村总人口的比重大，村民的生活风俗习惯主要以维吾尔族为主。维吾尔族热情好客，崇尚礼节。路遇尊长、朋友，都要把右手放在胸前，上身前倾，并道"色俩目"，以示问候。走路让长者先行，谈话让长者先说，坐下时让长者坐在上座；小辈在长者面前不准喝酒、抽烟；亲友相见必须握手问候，互相致礼和问好，然后右臂抚胸，躬身后退步，再问对方家属平安；妇女在问候之后，双手扶膝，躬身道别。在调研期间，我们充分领略了格代库勒村的维吾尔族村民的热情好客。

第一节　饮食习俗及禁忌

维吾尔族人禁吃猪肉、驴肉、食肉动物，禁食一切动物的血和自亡的、非伊斯兰教徒宰杀的牲畜。只吃穆斯林宰杀的牛、羊、骆驼、马、鸡、鸭、鱼肉。平时以白面、大米为日常主食。饮食花样丰富多彩，独具特色。主要有抓饭、拉面、肉粥、薄皮包子、烤包子、油塔子、曲曲（形似小饺子）、烤羊肉、牛羊肉汤及大小厚薄不同形状的烤馕。蔬菜主要有皮芽子（洋葱）、卡马古尔（蔓菁）、胡萝卜、辣椒、豇豆、西红柿等。调料除盐、醋外，喜用极椒、孜然（安息茴香）。早饭一般喝茶吃馕，不炒菜；午、晚两餐常吃抓饭、包子、拌面、汤面，有时吃手抓羊肉。在吃抓饭和手抓羊肉前都要净手，不用筷子，直接用手抓食。有时还吃"阿勒瓦"（一种用糖和面做的糊糊）。维吾尔族人民都喜欢喝茯砖茶奶茶。

在格代库勒村调查期间，我们观察到格代库勒村的村民在饮食方面主要以面食为主，米饭则吃得不多；肉食则以羊肉为主；蔬菜、瓜果夏天吃得多，冬天则少；待客、节日、喜庆的时候则多吃抓饭。格代库勒村村民的饮食情况还与各自的生活水平相关，家庭条件较好的家庭则一年四季都会吃肉喝奶，家庭条件差一些的村民只有过节时才吃肉。格代库勒村村民的饮食种类还比较丰富，有面、米、羊肉、牛肉、牛奶、各种蔬菜（如胡萝卜、卡玛古、洋葱、大蒜、南瓜、萝卜、西红柿、茄子、辣椒、香菜、藿香、青豆、土豆等）和瓜果（甜瓜、葡萄、西瓜、苹果、梨、无花果、沙枣、红枣等）。主要食品有：

馕。馕是格代库勒村村民的主要食物之一，格代库勒村村民基本每家都有自己的馕坑，馕做起来容易，而且保存时间长。它是用面粉制成的大小厚薄不等的各种烤饼，有的还加入白糖、鸡蛋、奶油或肉，美味可口。

抓饭。逢年过节、婚丧嫁娶或招待客人，格代库勒村村民都会做上一锅香气诱人的抓饭。它是用羊肉、胡萝卜、葡萄干、洋葱、大米做成的风味食品，维吾尔族将"抓饭"称为"帕罗"，意为用蔬菜、水果和肉类做成的甜味饭。

图 6-1　正在打馕的村民

烤包子。是格代库勒村村民逢年过节、招待客人的必备食品。烤包子维吾尔语称"沙木沙"，它是用羊肉、羊尾油、洋葱等做成馅心，再用面皮包成方形，放入馕坑烤熟，色泽光亮，味道鲜美。

此外，格代库勒村村民也传承着维吾尔族的传统食品如帕尔木丁（类似烤包子）、皮特尔曼吐（薄皮包子）、曲曲（形似小饺子）、胡修（羊肉丁核桃仁葡萄干煮大米粥）、玉古勒（鸡蛋盐水擀制的银丝面）、哈勒瓦（羊油面粉甜搅团）、曲连（杏干面粉糊）、黄面（面粉与蓬灰水制的抻面）、米肠（羊大肠中填实面粉和羊肝等煮成）、面肺子（羊肺中挤入调好味的淀粉浆煮成）、炒面、凉拌面、汤面、玉米糊等。烹调方法常用烤、煮、蒸、焖，调料则习惯用胡椒、辣椒面、孜然、洋葱等，常辅以胡萝卜配制。

格代库勒村村民的日常饮品则依然是维吾尔族传统的饮料：茶、牛奶、酸奶、各种干果泡制的果汁、果子露、多嘎甫（冰酸奶，酸奶加冰块调匀制成，是维吾尔族最喜欢的饮料）、葡萄水（从断裂的葡萄藤中流出来的水，味酸，可做药引）、穆沙来斯等。维吾尔族在日常生活中尤其喜欢喝茶，一日三餐都离不开茶。茶水也是格代库勒村村民用来待客的主要饮料，无论何时去维吾尔族人家里做客，主人总是先要给客人敬上一碗热气腾腾的茶水和端上一盘香酥可口的馕，即使在瓜果飘香的季节里，也要先给客人敬茶。

我们在调研中了解到，格代库勒村村民的饮食禁忌主要有：

（1）格代库勒村村民与其他信奉伊斯兰教的群众一样，禁食猪肉、驴肉、狗肉、骡肉、骆驼肉和自死的畜肉及一切动物的血。

（2）不可在碗中留下剩食，不可将已取的食物再放回盘中，不可随地吐痰、擤鼻涕，不可随便到锅灶前去，不可随便拨弄盘中的食品等。

（3）馕只准正放（即正面向上或向前），要将馕或馒头掰开吃，不可整吃。

（4）饭前饭后要洗手，洗完手后不能乱甩手上的水珠，必须用毛巾擦干。

（5）做客时，应听从主人的招待，如实在不想吃东西，也要尝一口，以示尊敬，不能完全拒绝。

（6）主人给客人倒茶时，客人应双手捧起碗，不能为了表示客气接过茶壶自己倒。

（7）做客时，如有事要离席，不能从人前走，必须从人后走。

（8）吃饭或与人交谈时，最忌讳吐痰、擤鼻涕、挖鼻孔、掏耳朵、剪指甲、挠痒痒等，否则被人认为是失礼的行为；在屋内炕上坐下时，不能双腿伸直，脚底朝人。

第二节　着装习俗及禁忌

维吾尔族人的衣着，一般都比较讲究。维吾尔族的服饰多样而美观，具有独特的风格。老年男性喜欢穿右衽斜领无纽扣的"袷袢"（长上衣），腰系长带，足着"买斯"（软底鞋），外套"喀拉西"（套鞋）；中青年男性喜穿小花或花格衬衣，西式长裤，外着西服或便服，喜穿皮鞋；妇女无论冬夏喜穿色彩鲜艳、有领无衽、从头上套着穿的衣裙，足穿长筒袜和皮靴，头戴花帽或系纱巾，冬季则围以大方巾。现在城市居民多穿时装。维吾尔族男女老少都喜戴绣工精致的四棱小花帽。维吾尔族花帽品种繁多，维吾尔语音译为"朵帕"，一般都用黑白丝线或彩色单线绣出各种民族形式的花纹图案，以绣花、挑花、绊金、绊银、串珠等方法，用手工缝织而成。爱穿长筒皮靴，有时靴外还加套鞋。妇女喜戴耳环、手镯、项链、戒指等装饰品。维吾尔族年轻姑娘有画眉的习惯，将两眉画连在一起，围花色头巾，讲究染指，以长发为美，未婚少女梳有七八条或十多条小辫，婚后一般改梳两条长辫，辫梢散开，头上别新月形梳子为饰品。宗教职业者多用长的白布缠头。

格代库勒村村里的老年村民普遍喜欢传统的维吾尔族服装，年轻的村民则喜欢穿时装，如牛仔裤等。现在村民们很少做衣服，内衣外衣基本都在街上买。一方面，时装

价格便宜，另一方面，买的服装款式较多。但是，在大的
节日庆典上，村民们都愿意穿传统服装，如男子穿"袷
袢"，女子穿艾迪莱斯绸连衣裙，头戴小花帽，他们认为这
是民族文化传统中不可分割的一部分。有一个老年村民说
他妻子留下了三代人的传统服装。据村民们说，格代库勒
村全村没有一个专门的缝纫店，但有一个身体患有小儿麻
痹后遗症的女裁缝手艺很好，村里和其他村的人都来找他
做衣服。

图 6-2　女裁缝的制衣间

村民们说的这个女裁缝，名字叫米可日古丽，维吾尔
族，42 岁，初中毕业，家里有三口人，夫妻俩和一个女儿，
由于母亲在库车县人民医院工作，父亲在库车县兽医站工
作，从小与汉族人在一起，所以会汉语。

米可日古丽说：

> 我是 1982 年在库车县巴扎学的裁缝，我房间里的
> 衣服都是自己设计、制作的。到我这购买衣服的主要

是格代库勒村村民、科克提坎村村民以及库车县我父母单位那些知道自己做民族服饰比较好的人。我做的衣服还是比较受欢迎的，还经常有来我家找我定做服饰的。目前，我主要按照书上的款式来做，如民族服饰的套装、半大衣、皮装、棉装等。但是，由于我的腿脚不方便，我从来没有到库车巴扎出售过我做的服装，也没有收过徒弟。现在的民族服饰与过去的民族服饰也有一些变化。比如说，以前的民族服饰艾迪莱斯的款式有像朝鲜服饰那样的胸卡、腰卡，现在的民族服饰一般不做衣服领子，做卡胸卡腰的也比较少了，布料方面也大都选择纱，旗袍和短袖的款式比较受欢迎。我这里做的衣服也是新款销得好，销售对象主要是年轻人。但是，老年人也不少，因为，现在有许多裁缝不会做老年人的衣服，我们村周围几个村的老年人也都到我这里来做，他们的衣服也基本都是我给做的。

图6-3 制作精美的民族服饰

据了解，格代库勒村村民在服饰方面主要有以下禁忌：

（1）禁止穿袒胸露背的衣服及过于短小的衣服；

（2）禁止穿背心短裤在室外活动或去别人家做客；

（3）忌女性在男性面前换衣、梳头、化妆；

（4）忌讳穿着颜色鲜艳的衣服参加丧葬活动；

（5）忌讳将穿在下身的衣服放在头部或高处，如忌讳将袜子、鞋子放在靠近头部的地方；

（6）女子戴花帽、头巾时，不能露出头顶；

（7）头巾和服装上不能有人和动物的图案。

第三节　格代库勒村村民的节日习俗

维吾尔族的传统节日基本上都是伊斯兰教的宗教节日，是按照伊斯兰教历（即回历）计算的。这些节日时间，大多都不固定，一年四季春夏秋冬，都会轮流出现。这主要是使用了公历和伊斯兰教历两种历法而形成的。主要有"库尔班"节（古尔邦节）、肉孜节（开斋节）。"库尔班"是"宰牲"的意思，库尔班节的那天早晨，几乎每家都要宰羊。过节时，维吾尔族群众无论男女老少都穿着节日盛装，相互登门拜访祝贺。在乡村，每年3月22日还过"努吾若孜"节，迎接新春的到来。格代库勒村的村民也延续着维吾尔族的传统节日。

1. 肉孜节

也叫"开斋节"，维吾尔语称"肉孜艾依提"，阿拉伯语，意为斋戒。艾依提，维吾尔语，意为节日。在封斋一个月以后开斋的那一天过肉孜节。传说古时候，人们为了躲避异族统治者的侵犯，白天躲在深山不生火，到了晚上月亮升起的时候才开始做饭，这样坚持了一个月，异族统治者终因时间太长，后勤补给中断而撤兵，人们为了庆贺而奔走相告，互相请客，以后人们就把这一天定为节日。其实，这个节日完全是宗教上的活动，随着维吾尔族皈依伊斯兰教，也就形成了维吾尔族的节日习惯。穆斯林在封斋一个月后，开斋的那天，举行礼拜和庆祝活动，称为开斋节。伊斯兰教规定，成年的教徒每年都要封斋一个月，一般在每年的九月。在封斋期间，每日只在日出前和日落后进两餐。白天绝对禁止任何饮食。封斋的天数为二十九天或三十天。伊斯兰教历的九月封斋一个月，到了十月一日改为正常生活。这一天，即为开斋节，也就是肉孜节。封斋期间每日两餐，必须日出前和日落后进餐。白天是绝对禁止吃喝的，嘴里有了口水也不得咽下去。封斋的开始和结束，均以日月为准。封斋期间，教民们要达到眼不观邪、口不道邪、耳不听邪、脑不思邪，达到上述"四不"即达到了真正全身的斋戒。斋期满后，节日的凌晨，教徒聚集礼拜寺举行盛大的礼拜，然后开始热闹的节日活动，家家户户都备有丰盛的节日食品，并且互相登门贺节，男女老少都出来游玩，这个节日一般要过 3 天。

2. 古尔邦节

"古尔邦"是阿拉伯语，意为"献牲"，故"古尔邦节"也称"献牲节"、"忠孝节"。在肉孜节后的 70 天举行。伊斯兰教历十月一日是肉孜节，以后 70 天即伊斯兰教历十二月十日是古尔邦节。节日期间，家境稍好一点的家庭，都要宰一只羊，有的还宰牛、宰骆驼。宰杀的牲畜肉不能出卖，除将规定的部分送交寺院和宗教职业者外，剩余的用来招待客人和赠送亲友。

3. 努吾若孜节

努吾若孜节也叫"撒拉哈特曼节"。每年阴历春分日这一天，即阴历三月二十二日前后，为"努吾若孜节"。在这一天要举行各种庆祝活动和传统的"麦西莱甫"，预祝在新的一年里平安幸福、人丁兴旺、五谷丰登。许多地方还保留着在努吾若孜节时才唱的民歌。

维吾尔族人民能歌善舞。每逢盛大节日和喜庆吉日，或是劳动之余，维吾尔族男女老幼都要伴着"达甫"（手鼓）等唱歌跳舞，节奏欢快，舞姿轻巧，情绪炽烈。

图 6 – 4　载歌载舞的村民

在调查中我们发现格代库勒村村民对一些"洋节日"，如情人节、圣诞节、母亲节等有一定的了解，尤其是年轻人了解比较多。而对于国家法定节日的活动，如国庆节、劳动节、儿童节、青年节等都非常愿意参加。格代库勒村的村民们在过节的时候会走亲戚、去清真寺。节日期间也会举办一些活动，如唱歌跳舞、朗诵、拔河比赛等，男女老少都会积极参与。

第四节　格代库勒村村民的人生礼俗

格代库勒村村民的人生礼俗主要有起名礼、摇床礼、割礼、婚礼和葬礼等。

1. 起名礼

维吾尔族给孩子取名，一般在孩子出生后的第七天。格代库勒村的维吾尔族村民也同样沿袭了这个习俗。村民中无论谁家生男孩或是女孩，取名时都要举办命名仪式，请客人来祝贺。所请的客人，大都为直系亲属。给孩子取名时，在娘家举行取名的仪式。给小孩取名，一般由孩子的父母请来一位阿訇，或亲戚中的长辈，为孩子起名，并主持仪式。这天，要将小孩用小棉被包得严严实实，只露出一张小脸。由阿訇或年长者双手抱起，他的前面还铺上地毯或褥子。在众客人面前，阿訇或年长者要念经，并取名，对孩子进行祝福，愿阿拉保佑，然后将小孩轻轻在棉褥上或是地毯上滚一圈，有的还要在孩子左右耳朵边呼唤孩子的名字，这样仪式才算结束。接着，妇女们将孩子抱起，轮流抱着孩子进行祝福，并向小孩赠送礼品。这天，孩子的家长要做丰盛的饭菜招待来客，大家一边喝茶吃饭，一边祝贺，气氛显得十分热烈。有的还要唱歌和跳舞，使孩子的取名仪式显得隆重而欢快。

名字寄托着父辈对孩子的期望和祝愿。维吾尔族常用的男子人名，如：阿里木（学者）、哈拉汗（伟大的汗王）、阿迪里（追求公正者）、哈里克（创造者）、巴图尔（勇士）、艾则孜（有力量的、伟大的、珍贵的）、热合曼（至仁的）、萨比尔（善于忍耐的）、萨迪克（忠诚的）、艾尼

（富有的）、艾尼瓦尔（最光明的）等。而以植物起名的则多为女子人名，如：罕古丽（蝴蝶花）、热娜（月季花）、热依罕（紫罗兰）、古丽苏如合（玫瑰花）、玛依莎（禾苗）、奇纳尔（条悬树）。

还有以日月起名的，男子人名，如：奎尼（太阳）、奎尼吐艾迪（太阳出来了）、夏哈甫（星）等。女子人名，如：阿依（月亮）、坎曼尔（月亮）、阿依木（月亮般的女儿）、玛依努尔（皎洁的月亮）、阿依吐露（满圆的月亮）、祖合拉（金星）。以圣人起名的皆为男子人名，如：穆罕默德（买汗买提、买买提为两种不同的叫法，意思均为被永恒赞颂者）、伊不拉音（服从真主者）、艾沙（真主的财富）、伊力亚斯（真主的力量）、苏来曼（结红色果实的一种植物）、玉素甫（增多了）、达吾提（曲调、音律）。以圣母取名的皆为女子人名，如：阿瓦罕（蓝天、深绿色）、玛力亚木（祈祷者、苦涩的）、帕蒂曼（断了奶的）、萨热（愉快、安宁、香甜）、阿依仙（好生活、忍耐的）。用宗教词语起名，男子人名较多，如：斯拉木（服从，即伊斯兰）、阿不都肉索里（圣人的使者）、伊玛尼（信仰）、艾伯不拉（真主的朋友）、阿不力孜（真主的奴仆）、塔里甫（宗教学府学员）、阿吉（朝觐者）等。以孩子出生的顺序起名，男子人名，如：艾克板尔（大儿子）、牙库甫（第二个婴儿）、艾合坦木（最后一个儿子）、坎吉（最末的）等。女子人名，如：热比安（第四个女儿）、哈蒂曼（最后一个女儿）等。以孩子出生的时间起名。男子人名，如：吾守尔（回历一月）、赛盘尔（回历二月）、热健甫（回历七月）、巴拉提（回历八月）、肉孜（回历九月，即斋月）、库尔班（牺牲品，即古尔邦节）、奴肉孜（回历新年）、海伊

221

提（节日）等。女子人名，如：阿孜娜（星期五）、纳哈尔（白天）、南吾巴哈尔（早春）、巴哈尔（春天）等。

维吾尔人的全名，由本名和父名组成，本名在前，父名在后，没有专用的姓。本名与父名之间用间隔号，如"艾尼瓦尔·萨迪克"。在文字材料和书面上用全名，一般场合中仅称本名。

2. 摇床礼

维吾尔族为婴儿所庆祝的"摇床礼"相当于汉族人所过的"满月礼"，一般在婴儿满40天的时候举行。维吾尔语称为"毕须克托依"。格代库勒村的村民们也很重视这一礼俗。

维吾尔族有句谚语：摇床里的孩子是别克（有地位的）的孩子。可见摇床在维吾尔族人心目中的地位有多高。无论在农村还是城市要找一个没有摇过摇床的维吾尔族母亲几乎是不可能的，维吾尔族人无论是男的还是女的，婴儿时期大都是在摇床里度过的。因此，摇床是维吾尔族母亲的第二个怀抱。每一个维吾尔族婴儿在母亲的身边喂养40天，就要放到摇床上，在摇床上躺到一两岁。婴儿满40天时，要请邻居和亲朋好友和一群小孩来参加隆重的摇床礼。请来的小孩要用40个小木勺把水浇在婴儿身上，并叫着婴儿的名字说一句祝福的话。邻居、亲朋都会热情地来祝贺婴儿的摇床礼，主人家会拿出最好的食物招待客人。维吾尔族妇女必须回到娘家生孩子。直到举行过摇床礼，母亲才跟着婆家派来接她的人回到丈夫身边去。

3. 割礼

割礼，维吾尔语称作"逊耐克托依"，是维吾尔族男性人生中的重大礼俗之一。

　　割礼，即切除小男孩全部或部分阴茎包皮的仪式，其起源不详。它是通行于穆斯林中的重大人生礼仪。早期割礼普遍使用石刀而非金属刀，由此可知其历史悠久。进行割礼的时间一般是在单月，孩子的岁数也要求是单数，如5岁或7岁。为了伤口愈合得快，多在春秋季节进行。格代库勒村的村民一般在孩子满7岁后进行。

　　割礼仪式非常隆重。这天人们在屋顶上敲起纳拉鼓，吹起唢呐，像过节一样热闹，亲朋好友、乡邻带着礼物前来祝贺。在进行割礼前，男孩的父母要给他准备新衣服、新被褥、新枕头等。举行割礼仪式的前一天，受割礼的孩子要穿上漂亮的新衣服，在同龄小孩的陪同下，走亲串友，痛痛快快地玩一天，并邀请他们参加割礼仪式。亲朋好友要送衣服、衣料、腰巾等礼物给男孩。

　　在施行割礼时，专门施行割礼术的长者把锋利的"吾斯吐尔"（折叠式小钢刀）藏在袖内，不让受割礼的男孩发现。开始，长者对男孩进行蒙哄，把男孩裤子脱光，用手摩挲男孩的生殖器的包皮，若无其事地给小孩讲故事，或是用其他方法分散他的注意力，趁男孩不备，敏捷迅速地用板夹住其生殖器的包皮并割掉。手术前后仅用1分多钟，等男孩感觉疼痛准备哭喊时，忙把剥好皮的鸡蛋塞进男孩的嘴里，堵住孩子的哭声，等孩子吃完鸡蛋，剧痛早已过去了。割礼后，男孩卧床休息几天，受到特殊的照顾。行过割礼之后，这个小男孩就算是一个真正的穆斯林了。格代库勒村的村民说，由于现在医院里也可以做这样的手术，安全并且可以减轻痛苦，村民们也都愿意去乡卫生院或县医院里去为孩子做手术。

4. 婚姻礼仪

婚姻礼俗在一个民族的习俗中占有重要的地位，它也是最能表现这个民族礼俗的特点的重要活动之一。维吾尔族的婚礼习俗是在长期的生活过程中逐渐形成的。维吾尔族是一个民族性格热情奔放，而又虔诚遵守宗教及传统礼俗的民族，这一点在他们的婚礼上体现得最为明显。

维吾尔族实行一夫一妻制，在男女青年成亲之前，都要经过提亲和定亲仪式，反映了维吾尔族对婚姻的慎重。小伙子看上了谁家的姑娘，或是男方家长准备物色一位姑娘为儿媳，事先都要履行"提亲"的手续。男方向女方家提亲之前，要经过一番调查，女方家姑娘的年龄、家庭、长相、人品等情况都要进行了解，认为合适时，才会提亲。也有男女青年早已热恋，双方私下商定婚事后，再请家人去"提亲"，以达到双方关系公开化和合法化。

维吾尔族婚俗，包括订婚、结婚两个步骤。维吾尔族人从提亲到结婚一般要经过如下几个阶段：

（1）提亲

提亲一般要经过选亲和接亲两个过程。首先男方家长从亲戚朋友、邻里或从别处为儿子物色姑娘，选中以后，就通过别人告诉儿子，征求儿子的意见；儿子也可自己物色对象，但须经父母同意。姑娘一经选定，由家长出面拜托亲戚朋友中的两名中年男子到女方家提议结亲，经女方家长同意，才可以定亲。

一般来说，男方家长不能单独去提亲，而要请一位德高望重的长者陪同一起去，或是请亲属一起去。这样女方家才会接待，并认为有人郑重其事登门提亲，感到光彩，会非常高兴。提亲时，男方要准备给姑娘一套质量较好的衣料、一些盐、方块糖和 5 个馕（有的地区带 7 个或 9 个馕），作为见面礼。礼品中的盐和馕都含有深刻的意义。男方向女方家提出攀亲的要求后，女方家一般不马上答复，要和家人特别是女儿进行商量，并对男方家的情况进行调查和了解，如果同意，即答复男方，若不同意，也要通知男方。假若答应了这门亲事，则要把这门亲事公开，青年男女便可以来往，进行"合法"的恋爱，增进相互间的了解。维吾尔族把这种提亲的程序称为"拜西馕塔西拉西"（意为试探）。

（2）定亲

定亲，维吾尔语称为"穷恰依"。提亲被同意后，紧接着是准备彩礼和举行定亲仪式。彩礼是维吾尔族婚事中的一项重要内容，彩礼的数量与质量都和双方的经济条件有着密切的关系。送定亲礼时由男方的母亲带上事先准备好的聘礼，在三四名妇女的陪同下去女方家。女方备餐热情招待。餐中，把带去的礼物一一拿出，当面交给女方，并商定送大礼的日期。一般来说，作为大礼送的衣物、食品及其他东西要比第一次送得多得多。送大礼时，陪同人数和娶亲人数一般由双方商定。女方家提供彩礼的清单，最后经过男女双方家长商量后来确定。为了解决彩礼中的矛盾和分歧，要请一位双方都信赖的中间人，由中间人进行调解，最后达到一致的意见。彩礼准备好后要选择吉日举行定亲仪式。这天男女双方各要请 50 名左右的客人，其中女客占到 80% 以上，个别男客都是亲属或好友以及德高望重的男宾，所以说定亲主要是妇女们的活动。定亲仪式在女方家举行。这天，男方要为女方家带去一两只羊（经济条件好的也有带一头牛的），羊或牛是由专门的人牵去。羊头上要系上红绸带，女方家要给牵羊人赠送衬衣或其他礼品，以示谢意。这只羊当天宰杀，供待客用。同时还要带馕、茶叶、冰糖、水果糖、方块糖、饼干、点心、大米、食用油、面粉、洋葱、胡萝卜以及姑娘用的化妆品等。男方的父母在亲友及邻居的陪同下到女方家同女方的父母和主要亲属正式见面。送大礼的客人受到女方的热情款待。定亲仪式结束后，便商定迎亲的婚礼，维吾尔语称"穷托依"，双方共同商定结婚日期和婚礼事宜。

（3）婚礼

走入婚姻的殿堂，是每一个青年男女所向往的。虽说各民族婚俗有所不同，但在择偶的理念上都是一致的。爱情是婚姻的基础，婚姻是生活的纽带，而婚礼就是最好的见证方式。根据我国《婚姻法》规定，男女双方合法婚姻的必要条件是必须领取由国家民政部门的婚姻登记机关颁发的结婚证后，婚姻方视为合法有效。对于信仰伊斯兰教的维吾尔族群众来说，领取结婚证后，还要举行传统的结婚仪式。一般来说，维吾尔族的婚礼要经过以下几个步骤："念尼卡"；新娘、新郎和男女青年的庆祝活动；迎新娘仪式；挡路；揭面纱仪式；拜父母；两家相互宴请。新娘会穿上婚礼服，并作精心的打扮，头蒙面纱在家等候迎亲队伍的到来。新郎也会穿戴一新，在亲友的簇拥下去女方家迎娶新娘，一路上小伙子们会打起手鼓、吹着唢呐、兴高采烈地高唱"迎新娘"。当女方的亲友们得知迎亲队伍到来时，立即把大门堵上，索要礼品才允许迎亲队伍进门。女方盛情招待前来迎亲的人们，人们在新娘家的院了里跳一会儿舞，以增添喜庆的气氛。迎亲的人们离开女方家前，新娘要辞别父母，请求父母为自己祝福，当新娘的父亲在众人面前为女儿祝福和祈祷时，新娘难免会流下依依不舍的泪水，这时同新郎一起接亲的小伙子们就会唱起"劝导"。

迎亲队伍返回时，迎亲的小伙子打起手鼓、弹着热甫，唱着喜歌走在前面，整个迎亲队伍充满着欢乐的气氛。新郎和新娘的彩车随后，迎亲队伍的妇女们跟在后面。按传统习惯，迎亲队伍经过的路上，乡里乡亲可以"拦驾"，不让迎亲队伍通过，迎亲队伍向拦路者赠送礼物后，方可继续前进，这主要是为了使婚礼的喜庆气氛更加热烈。

当迎亲队伍簇拥着新郎新娘来到新郎家门口时，新郎家在门前点燃一堆火，让新娘从火堆上越过去。婆家还要在地上铺上新布，维吾尔族称这块布为"帕炎达孜"，一般要从院门一直铺到屋门。来宾中的妇女站在新布两旁夹道欢迎。进屋坐定后，青年男女唱歌跳舞，进行揭面纱仪式，其中一人利用跳舞的机会迅速地揭去新娘的面纱，新娘即起身向大家行礼。然后客人们入席吃喜宴。喜宴之后举行歌舞晚会，以示庆贺。晚会上，几乎所有的人，都随着鼓点翩翩起舞，欢乐的气氛达到高潮，直到深夜人们才离去。第二天早晨，新娘由伴娘陪同，去公婆屋里行礼问安，公婆向新娘及伴娘赠送礼物。这一天早晨女方家给新郎新娘送来早餐（维吾尔语称为"依斯克力克"），一般为抓饭和薄皮包子。早餐之后新郎由伴郎和一两个朋友陪同，去给岳父、岳母行礼问安，岳父岳母同样热情接待并向新郎等人赠送礼物。婚后一周内，双方家里都举行"其尔拉克"，宴请亲友。到此，整个婚礼仪式才告结束。

5. 生育习俗

维吾尔族妇女生孩子时，大都要回到娘家生，特别是第一胎，一定要回到娘家生。小孩出生7天后，请阿訇命名。满40天举行"毕须克托依"（谢绝男性参加），请来女客人和小孩，正式举行把小孩放进摇床的仪式。这天男方家人请女宾携带礼物，慰问娘家人，并把产妇接回婆家。维吾尔族小孩出生后，届时，大请宾客，举行"麦西莱甫"；女孩小时要扎耳朵眼。

6. 丧葬礼俗

遵照伊斯兰教规，教民实行土葬，主张速葬。他们以白布裹尸，用抬尸床将尸体送至墓地，挖穴安葬，不用棺材，不用任何陪葬品。墓丘长方形，也有圆形的。坟地周围砌围墙，不许牲畜进入，不许取土挖土。人死后，死者的亲属要戴孝以表示哀悼。死后的第三天、第七天、第四十天及周年之际，家属要请阿訇念经，做抓饭、炸油香等招待亲友，为死者祝福，称为"乃孜尔"。

维吾尔族信仰伊斯兰教，葬礼仪式皆按伊斯兰教的礼仪进行，盛行土葬。维吾尔族的葬礼隆重而又严肃。维吾尔人认为在星期五、肉孜节、古尔邦节去世是死者的幸福。许多民族都有"落叶归根"的习俗，而维吾尔族却更为讲究这一点，他们愿意将死者放在自己家一两天也可以，但最多不超过三天，以免尸体腐烂。葬前，要由专门的人员为死者净身，一般请清真寺的买僧①和一两位年长的男性为死者净身，若死者是女的，则请年长的妇女或布维（女洗尸人员）来为死者净身，童男童女，男女都可以洗。洗净之后，用新白布将遗体缠裹起来，一般男的缠三层，女的缠五层。净身时，其他人不得入内。如患者无望时，他们

---

① 即宗教教职人员。清真寺内主持和协助哈提甫管理寺内教务的人员。

便回到家里，而不愿死在病房；有人突然在外地去世，家属也要千方百计把尸体运回家乡埋葬。

维吾尔族人在家里去世后，对死者进行一番处理之后，才去向有关亲友报丧。特别是对老年人的去世，讲究比较多一点。人去世后，其面部要朝西安放，并用干净白布遮盖，用布绑住其下巴，使其嘴闭住，使人感觉死者安详地睡在那里。维吾尔族实行速葬，一般情况下，人死后，尸体在家停放时间不长，早亡晚埋，晚亡午葬，若其子女在外，则等在净身的门前替死者祈祷赎罪（小孩子不进行赎罪仪式）。净身后，将尸体放在"塔五提"（抬尸木架）里，并盖上布单，由亲友护送到清真寺举行葬礼（妇女不参加葬礼）。进寺后，首先做"伊斯卡特"，意思为最后一次施舍，将分好的钱及财物给寺里的阿訇和其他人。然后行"站礼"，由阿訇念经、祈祷。此后，即送往墓地土葬。墓坑呈长方形，长2米、宽1米左右、深近2米。壁开洞，置尸体于洞中面朝西。入葬前，由阿訇念经，所有参加葬礼的人各抓一把土，在念经后撒在尸体周围，之后用土块把洞口堵死，再填平直坑。坟的外形大都是长方形，有的还修成宫殿的样子。维吾尔族人家一旦有了事，其亲人均失声痛哭，街坊邻里一旦听到哭声立即前来悼念、安慰。每来一批吊唁的人，死者的亲人就失声大哭一次。边哭边唱，内容主要是颂唱死者的德性，表达死者家属对失去亲人的悲痛心情等。死者的近亲好友一般要系白腰带，妇女除系白腰带外，还要披白盖头。葬礼结束后，要在人死后的第三天、第七天、第四十天和周年举行"乃孜尔"。"乃孜尔"是"祭事"的意思，是对死者表示缅怀和哀悼的主要活动。

关于格代库勒村葬礼的问题，我们访问了两位年长的村民。一位是吾守尔·巴斯提（男，维吾尔族，现年70岁，没上学但识字，小学二年级水平，家中有6口人）。据吾守尔·巴斯提说，本村的村民死后，由子女把这个消息告诉别人，村里的男女老少知道后都会来参加"乃麻孜"，表示悲痛心情。在淹埋死者之前，要把他送到清真寺，做5次乃麻孜（一般信教群众5次都要去）。到了清真寺后，伊玛目对他进行净身，也就是先用棉布裹，然后用毡子裹，最后放在灵柩里，并把他生前喜欢的花帽挂在灵柩的前部。然后，由伊玛目带领信教群众念经，会的就背，不会的则模仿，时间大概在5分钟左右。到了新疆时间下午3点（北京时间17：00）"皮西木乃麻孜"时要再念经，亲戚们在人死后以最快时间赶到，做完乃麻孜后，就送到墓地埋葬。此外，给死者挖墓地时，坑要挖大一些，不能碰着头或脚，这样一场葬礼的花费约2500元。另一位是美力克木·那尤甫（女，维吾尔族，现年86岁）。美力克木·那尤甫说："村里的人去世后都是土葬，土葬时女人是不去的。"并且死者的家属要分别在亲人去世后的第三天、第七天、第四十天、第一百天及每年的忌日时请亲朋好友吃饭，以表示怀念之情。一场丧礼的花费在1500元左右。

第五节　伊斯兰习惯法

少数民族习惯法是我国传统法律文化的宝贵财产，它不仅在历史上影响着少数民族的行为和思想，而且直到现在这种影响力仍然存在。法律文化多元是我国少数民族地区长期存在的现象，国家制定法对少数民族来说是外来法、移植法，在国家制定法的强势语境下，各少数民族除了依照国家制定法的要求去作为和不作为之外，在生活的很多方面依然遵循着本民族的习惯法，依据习惯法解决日常生活中的一些纠纷，这些习惯法既有与国家制定法相一致的内容，在诸多民事领域（如债权、婚姻家庭、继承遗产等）也存在着相冲突的内容，伊斯兰法对穆斯林的影响远远超过了国家法，《古兰经》仍对其日常生活具有支配性的作用。因此，更好地研究、掌握少数民族习惯法，协调习惯法与国家法的一致，是当前民族自治地方法学工作者和地方立法者的任务。格代库勒村的维吾尔族较多，伊斯兰教法对其影响也很大，且他们的生活习俗中掺杂了许多宗教色彩。

1. 婚姻制度

婚姻法律制度在整个伊斯兰文化中占有很重要的地位，伊斯兰婚姻法已经深深地渗透到伊斯兰教教民的日常生活中。信奉伊斯兰教的维吾尔族的婚姻制度在新中国成立前是封建包办婚姻，一般由媒人说合，父母包办。包办婚姻看成是父母的权利和义务，子女不能反抗。在结婚前必须行订婚手续。男子可以重婚、多妻。婚姻上的限制一般的习惯是：同一母亲所生或同一奶头上吃奶的男女不能通婚。妻子死后，丈夫可以娶妻子的姐姐或妹妹为妻，也有兄终弟继的习惯，但弟弟死后，哥哥不能娶弟媳为妻。同时根据伊斯兰婚姻法规定，成年的男女都必须结婚，男人和女人都不应单身。结婚是信仰的一半，男人应当有妻子，女人必须有丈夫，这才是正常的人类生活，是建立信仰和文明的基础。伊斯兰的教义和法制鼓励一夫一妻的家庭生活，但因为特殊的理由男子容许多妻，限度是最多娶四个，这些特殊的情况，如战争和灾难之后，男子死亡太多，孤女和寡妇人数超过男人，她们需要有人负责扶养和保护，或者第一位妻子因疾病、性无能、不孕等原因。信奉伊斯兰教的教徒不得与异教徒结婚，男子一般不得娶异教徒，而女子也不能嫁给异教徒。不过，伊斯兰教规定，男子可以娶信奉基督教、犹太教的女子为妻，理由是他们都是信教中人，有一定的渊源关系。而在新疆，过去汉族分布也较少，一般情况下，信奉伊斯兰教民族的人不能嫁娶汉族人的。因为汉族人属于异教徒，严禁通婚。新中国成立后，这种禁忌已经随着社会的发展和人们思想观念的改变而改变，虽然新疆民汉通婚的比例不高，但无论在乡村还是在城市都有。格代库勒村民汉通婚的实例就很好地说明了这种古老的伊斯兰教禁忌已被打破。

新中国成立后，特别是十一届三中全会以后，党和国家高度重视我国法律制度的建设。在《中华人民共和国婚姻法》颁布后，新疆维吾尔自治区人大根据新疆少数民族的风俗习惯和特点，注意通过地方立法解决少数民族地区存在的特殊问题，1980 年通过了《新疆维吾尔自治区贯彻〈中华人民共和国婚姻法〉的补充规定》，将少数民族的婚龄规定为：男不得早于 20 周岁，女不得早于 18 周岁，男女结婚年龄分别比婚姻法规定的结婚年龄提前了两岁。这样的规定符合自治区少数民族群众历史上长期沿袭下来的早婚习惯，有利于保证《婚姻法》在新疆的顺利贯彻执行，也充分反映和适应了自治区的地方特色和民族特点。随着《婚姻法》的贯彻执行以及精神文明和物质文明的逐步提高，自由恋爱结婚的男女青年增多，夫妻感情不和，可直接去有关部门办理离婚手续，如发生财产归属纠纷则可去法院。1979 年后晚婚晚育现象较为普遍，许多陋习也已被废除，如新中国成立前丈夫可以随意休弃妻子，而妻子则无权提出离婚。若家庭破裂，离婚后男女双方都可以另行婚配，不受任何干涉等。虽然目前新疆的一些地方近亲结婚、重婚和家庭暴力的现象仍然存在，但在格代库勒村基本没有近亲结婚和重婚的现象。

2. 遗产继承制度

根据伊斯兰教的财产继承法，遗产继承一般限定在同胞兄弟血亲以内。家庭遗产按直系血亲分配。丈夫死后，妻子得遗产的1/8，其余由丈夫的亲生子女分得；如果妻子先死，丈夫得妻子遗产的1/4，其余由子女分别继承。死者无子女有父母时，除将遗产清理债务外，余下的由父取2/3，母取1/3。死者无子女及父亲，但还有母亲时，母亲得1/3，其余归死者的同胞兄弟姐妹分得。如果死者无子女、父亲，又无同胞兄弟姐妹时，母得遗产的1/3，其余做绝后处理。如死者尚有夫或妻，除夫或妻应得外，才给母亲余下1/3，其余做绝后处理。如果死者只有一个入赘的女婿，没其他近亲，此女婿得遗产的1/8。养子女无继承权，随嫁子女只有亲生母亲的财产继承权。在祖孙三代以内，如果父亲先死，祖父的遗产可以不给孙子，但如果祖父遗嘱中指明要给孙子，孙子才能分得遗产。根据伊斯兰教法的规定，妇女享有继承权，但份额很少。尽管妇女继承的份额很少，但在当时的社会背景下和条件下，伊斯兰继承制度无疑是比较完善和先进的。根据伊斯兰教关于继承的规定，它有以下特点：一是遗产在合法分配前，任何人无权处分；二是继承分为遗嘱继承和法定继承两种，《古兰经》明确规定了法定继承的继承份额、遗产分配的顺序、继承人的资格等，从而以最高效力的形式确立了法定继承。此外，为避免各继承人因继承发生纠纷，伊斯兰教法强调被继承人在临死的时候可秉公遗嘱。遗嘱继承的执行必须以留足死者的丧葬费用和清偿死者生前所负债务为前提；三是男女都享有一定比例的继承权；四是被继承人死亡的时间为继承开始的时间。

在我国继承法颁布之前，格代库勒村信仰伊斯兰教的村民在继承财产方面，基本上是按伊斯兰教法规定进行的。1985 年我国《继承法》颁布实施，根据我国现行的财产继承制度，在家庭中男女地位平等，所享有的继承财产的权利男女平等，这大大提高了妇女的法律地位。从伊斯兰继承制度的特点看，除男女继承的份额不同外，其他基本与我国继承制度是一致的。根据我国继承法，按法定继承，夫妻任何一方死亡，另一方都有权继承家庭财产的 1/2，子女的继承权平等，大大提高了妇女继承的份额，充分体现了男女平等。

从格代库勒村的情况看，维吾尔族村民一般还是按照传统习惯法实行遗产继承，涉及的妇女一般也无意去争遗产。

后 记

　　根据中国社会科学院中国边疆史地研究中心主持的项目"新疆历史与现状综合研究项目"子课题"当代中国边疆地区典型百村社会与经济发展调查"的要求，新疆维吾尔自治区有 22 个村纳入此次调研计划。由王磊副研究员担任组长的库车县调研组承担了 5 个村的调查任务，其中格代库勒村的调研工作和写作任务主要由我们承担。从接受调研任务到最终修改定稿，历时三年有余。其间遇到诸多困难，终于完稿，心里的一块石头也终于放下，一下感觉轻松不少。

　　调研点隶属阿克苏地区的库车县。该地区自新中国成立以来特别是 20 世纪 90 年代以来发生过多起政治骚乱或暴力恐怖事件，而库车县又是该地区的重中之重。之所以选择格代库勒村作为其中一个调查点，一方面因为该村是比西巴格乡唯一的维汉混居的村庄。通过对该村的调查，不仅可以真实反映出普通维汉村民的生活现状，也可以反映该村在社会经济发展的进程中，维汉各族村民生产、生活方式的相互影响。另一方面也是很重要和值得我们关注与思考的是：地处新疆反分裂、反恐怖前沿阵地的格代库勒村维汉村民和睦共处，整个政治社会形势一直很平稳。与库车县的悠久历史相比，格代库勒村的形成历史并不长，关于格代库勒村的历史资料也很少。该村虽处于敌情社情较为复杂的库车县，但多年来这里的维汉村民和睦相处，没有发生过大的摩擦或争端，也没有非法宗教活动或地下讲经活动，普通刑事案件极少，治安案件也不多。整个村庄祥和、安定。虽然该村人口仅1200多人且有维汉两个民族的村民，但民族因素、宗教因素在村子里表现并不突出，大多数村民宗教意识较淡，整个村庄的宗教氛围淡薄。调研组七位成员在王磊组长的带领下，分工合作，尽可能地深入到村民生产生活的各个方面，以期对该村的社会民风有一个较为全面的了解。村子虽然不大，但要在短时间内对村落的各方面进行全方位的、细致入微的描述，难度还是很大的，尤其与维吾尔族村民之间还存在语言障碍，而村委会的档案资料基本都是维吾尔文，且档案资料的建设工作尚不到位，资料非常有限。虽然调研组在村里与村民进行了访谈并进行问卷调查，但从客观上讲，这些还远不能满足我们写作对资料的需求。鉴于此，调研组只好到乡里、县上的相关部门尽可能多地搜集有关资料，这也是导致本书的个别方面是以县乡内容为主的主要原因，对于调查中所了解到的各个领域我们也尽可能地做出全面、客观的描述。

接受课题调研写作任务后，由于涉及的调查地点多，我们于2007年在9月中旬踏上了调研的路程。虽然以往也参加过基层调研工作，但基本上都是听取相关部门的汇报，没有深入最基层。而此次调研要求我们入门入户，搜集第一手的资料，由于没有这方面的相关经验（虽然调研前课题组专门就此为我们进行短期培训），我们内心十分忐忑不安。所幸在当地政府和调研组成员的共同努力，以及当地村民的大力配合下，整个调研任务完成得还是比较顺利的。

本书属于综合性调查项目的文字成果，由于格代库勒村位于库车县境内，我们对库车县的自然环境、历史发展、社会经济发展现状及人口的发展与分布进行了基本情况的综合叙述。在内容上，本书涵盖了比西巴格乡格代库勒村的政治、经济、社会、文化教育、民族关系与宗教活动及未来规划等方方面面，是首部全面反映库车县农村经济社会发展的图书，作为综合性调查项目的文字反映成果，本书最大限度地保留了调研期间获得的第一手资料。在写作过程中大量使用实地调查获得的各类资料，这些引用的资料为便于识别，用了不同的字体，基本保持原采集内容，未进行修改。

书稿中大量使用的数据、资料基本上是调研期间获取的，个别是其他同志提供的。除特殊标注外，本书关于格代库勒村的资料信息统计结果均截止到 2007 年 9 月。部分数据由于采集渠道或汇总部门机构的差异，存在一定程度的不一致，本书尊重原文，不作更改，特此说明。由于调研时间与出书时间跨度太大，对于库车县及比西巴格乡的社会经济宏观发展的情况，本书又补充了 2008 ~ 2009 年的一些新情况、新变化。

本书所采用的照片，除库车化工业园区图来自相关网页外，其余均系调研组成员陈琪在调研期间亲自拍摄所得。

课题组在调研期间，得到了库车县委、县政府、比西巴格乡党委和政府的大力支持和帮助。特别感谢的是比西巴格乡党委王志龙书记在百忙中抽出时间接待我们，并周到地安排专人陪同我们进行调研，客观上帮助我们解决了语言问题。乡党委副书记马亚雄亲自带领、安排我们去乡村的调研工作，帮助联系调研农户、安排调研人员食宿，解决了调研组的后顾之忧；乡农业经济管理站（以下简称"农经站"）、村党支部亚森书记以及村委会其他成员在农忙期间专门抽出时间予以全方位的配合，调研组成员菲尔东同志对我们写作过程中所需要的维吾尔文资料提供了翻译支持。书中的民族交往事例来自新疆社会科学院杂志社陈霞副编审提供的调研资料，书中的表格调查分析数据大多来自新疆社会科学院的张敏同志根据调查问卷得出的分析结果。正是由于大家的支持与帮助，才得以使我们的调研工作与撰写任务顺利完成，在此对他们表示衷心感谢！

同时要感谢当地朴实、平凡的村民们。他们为接受我们的调研，很多人不顾农忙，放下手里的农活认真回答我们的每个问题，完成我们的调查问卷，积极配合我们的调研工作。

调研过程中，调研组组长王磊副研究员从调研提纲的设计，调研点各种关系的接洽，访谈过程中方向、方式的调整，访谈资料的记录，课题组成员的食宿到督促稿件的完成等方面亲力亲为。课题组的何运龙、菲尔东、阿丽努尔在开展对格代库勒村的调查中，倾其全力。写作过程中，新疆课题组的总负责、新疆社会科学院中亚研究所的马品彦先生、中国边疆史地研究中心的厉声主任和李芳老师给予了指导。

本书对库车县的历史性介绍，资料来源主要是1993年《库车县志》编纂委员会编纂、由新疆大学出版社出版的《库车县志》，在文中就不一一注释了。库车的社会经济发展现状的资料则主要来源于2007～2010年的库车县政府工作报告。

本书稿由古丽燕、陈琪共同完成，具体分工为：古丽燕撰写第一章、第二章、第三章、第五章的第一节和第四节以及第六章的第五节；陈琪撰写第四章、第五章的第二节和第三节、第六章的第一节至第四节及访谈笔录的整理，由古丽燕最后统稿。

尽管调研组和本书作者为确保全书内容的准确性、科学性和完整性付出了巨大努力，花费了大量时间和精力，但仍难免出现谬误或遗漏之处。恳请读者朋友们给予谅解和批评指正。

祝库车的明天更加美好！祝库车各族人民安康、幸福！

古丽燕　陈琪

2011 年 1 月 12 日

附录一 访谈笔录

附1 访谈笔录（摘选）

时间：2007 年 9 月 12 日

地点：村委会办公室

访谈对象：努尔·尕依提

努尔·尕依提，男，维吾尔族，69 岁，家里 5 口人，2 个劳动力，18 亩地，种 4 亩麦子、14 亩棉花。在本村担任村长、副书记职务 18 年（1978～1996 年），会计职务（1963～1978 年）。1976 年 6 月入党。

努尔·尕依提介绍：1963 年，在本村上过学的人很少，我是中下农，上过小学五年级。村里派我到县里会计学校上了 3 个月的学，学完后回到村里当了会计。我工作很努力，群众也很满意。所以一直到 1978 年都在从事会计工作，干了 15 年。

1978 年从自治区来了一个工作组，工作组让我担任本村村长和支部副书记，一干就是 18 年。1996 年，我自己反复申请才从村长岗位上退下来的。主要是因为家里小孩还小，劳动力不够。

我当会计和村长时，一年的工资大约是 400 元至 700

元，比较低。退下来后的四五年也没有什么补助。到 2002 年，国家开始每年给 500 元至 1000 元。

我当会计和村长期间的主要工作有：

（1）以前我们村土地、水渠没有规划，当了村长后，我带领村民规划村里的土地、水利设施和道路。其间克服了不少困难。通过几年的努力基本上完成了规划。

（2）绿化。以前村里林地不多，我带领村民在田间、路边植树造林。

（3）在村委会办公室修建工作。

村里共有 6 个"三老"人员，他们在村民中很有威望。很多情况下"三老"人员带头执行国家的政策，村民都很拥护。都说"以前的干部干得很好"。村里每年春耕时，造林或执行国家政策时，"三老"人员都带头执行，还对村民进行宣传。每年年底乡政府把我们召集到乡里发放生活补助金。生活费发放是十二三年前开始的。刚开始发 200 元，后来提高到 500 元，现在是 1000 元。

我非常感谢党和国家没有忘记我们，退休后还照顾我们，慰问我们。家里人也很感谢。村民很拥护这一政策，还提出生活费应该提高。因为"三老"人员工作期间很辛苦，得到的回报很少。

我没有接受过宗教知识，也从没参加过宗教活动，只参加婚丧等大型活动，也不去清真寺。群众中也有一些人说"年纪也大了，应该去清真寺"。《宗教事务条例》出台后，那些人也不说什么了。群众也理解党员不能参加宗教活动。

我们入党时就宣誓全心全意为人民服务，永远跟党走。我以后更加拥护党的政策，执行党的政策，带领群众建设本村。

　　我们目前面临的困难主要是：一是参加会议方面，乡里给我们发过证件（三老人员）。可是村里不召集我们开会，也不传达党和国家重要文件。要求能不能一年开两三次会听听我们的心声，解决一些问题。二是因为年龄大了，我们干义务劳动方面有困难。孩子们长大了，都有自己的家，能不能减轻或取消我们的义务劳动任务。

附2　2007年9月12日，星期三，访谈内容：有关生产生活情况（节选）

　　（一）格代库勒村村民葛××（73岁，汉族）夫妇。

　　葛××说："我们一年四季里，春天播种，主要是种棉花；夏天管理，主要是浇水、施肥、打药、收小麦、种玉米；秋天收获，主要是摘棉花、收玉米、种小麦；冬天因天气冷，主要是积肥、整地，以备来年。"

　　"夏天从早晨起床到晚上睡觉就忙个不停。因为我种的地离我居住的地方比较远，所以基本上都带上食物在地里吃，晚上太阳落山才回家。忙时起来早，冬季闲时起来就稍微晚一点。"

　　"不同作物的投入和产量我说不清，我们主要是种棉花，种棉花是为了用钱方便，所以大家都想种棉花，现在种什么都随自己，干部们也不管，我们这一片都种棉花，种其他作物就不合适，最主要的原因是种其他的作物浇水不方便和生长环境不同。"

　　"这些年用过什么新品种、新技术我也说不上，我都是在巴扎上看到啥好买啥，啥好用买啥，这里没有技术员帮助我们。其实我觉得还是新技术新品种好。种的玉米、蔬菜主要是自己吃，没有卖过，吃肉很少，想吃了就买上点。吃的面粉、大米、清油都是买的。一年去一两次巴扎，忙了根本顾不上去。"

"村上没有农民协会，种什么卖什么没有人管，收钱有人管。我们来这里几十年了，没有人照顾过我们，维族有人照顾过。种棉花主要用拖拉机犁地，播种机播种，都是花钱找别人的。收棉花靠人工摘，没有机械，打药也是自己打。我们购买农资都是到专卖店购买。有的到库车去买，也有人到库尔勒去买。"

"本村人均耕地我们说不清楚，有种几十亩的，也有种几亩的。浇地用的是渠水，是水库的水，喝的水是井水，是打的压井，打一口井300多元，没有打压井之前喝的是河坝里的水。用压井的水方便，干净、卫生。用水前几年不紧张，这几年紧张，主要是开荒的多了。去年有一个汉族村民就因为用水和一个维族村民打起来了，找干部调解就解决了。"

"两次承包地的情况我记不清了，我原来地多，有30多亩地，后来有些给了生产队，一是因为年龄大了，二是因为生产队有时搞统一规划，收走了一些。村里没有集体土地，没有退耕还林的，粮食补贴种小麦的有，种棉花的没有。种子、化肥、农药质量国产的二铵不如进口的、美国产的好。"

"三提五统（'三提'包括公积金、公益金和管理费三项村提留，它由村合作经济组织在每年年底提出下一年度预算方案，并由村合作经济组织成员大会或成员代表大会讨论通过后实施。'五统'包括乡村两级办学、计划生育、优抚、民兵训练、修建乡村道路建设等五项乡统筹费。）都取消了，这是好政策。关于村里的公共建设，修路、挖渠有人的出人，没人的出钱。去年村里在别的生产队盖大棚，让我们掏钱，我们有意见。为什么盖大棚让我们掏钱，又不是给我们建的。当时是按1亩地8元钱收的，太多了。"

"人们希望干部能帮助农民提高收入，对种果树，农民有些意见，特别是种红枣树。干部今年让种梨树，明年让种核桃，核桃中间又让种枣树，枣树种的也收钱，不种的也收钱。党的政策好，但下面的土皇帝了不得，全是搞强制，树苗是强制种的，强制养鸡仔，强制买农药，家里没人的就放在门缝里，秋后来收钱。"

（二）访谈对象：巴吐尔（男，维吾尔族，62岁）

巴吐尔说，"村里的主要的农作物种类有棉花、小米、玉米。村民对棉花的投入较大，其次是小麦；目前村民最喜欢种植的农作物是棉花，因为收入高；不存在干部们提倡强制种植农作物。本村土地不适应种其他农作物。"

"我们吃的是小麦，出售的是棉花。粮食一般可以自给，蔬菜要购买，但我买得少，也买不起。需要买的村民一般去巴扎上买。乡里星期天有巴扎（市场），村里没有巴扎，村民去巴扎一般购买日用品，可以满足需要，因为我们没有对高档次商品的需要。"

"目前村里还没有农民协会或几家一起耕作、出售的方式。主要农作物种植过程中，如在选种、耕地、播种、施肥、铺膜、除虫、除草、灌溉、收获、运输、打场等等能做到100%机械化。村里50%的家庭有农业机械，有些是干部的，也有些是农民的，服务的价格不一样，一般一亩地是20元，农民对机械的依赖程度很高。我们购买农资（种子、化肥、薄膜、杀虫剂等）一般都买农经站的，化肥是自愿买的，农药是强迫性的，农民对此非常不满意。本村耕地可以满足本村的需要，人均耕地面积3.5亩，耕地质量到目前为止还可以。关于土地承包，我只知道本村就一次承包。村里有集体地，1000亩左右地被人承包。村长的哥哥承包了500亩地，而且村民都不知道一亩地按多少钱给他们承包的。村民对此非常不满意。本村耕地的用水基本保证需要，水费农民不清楚，村里没有说，没有喷灌、滴灌。农民的负担越来越重了，现在的情况是水费也靠银行贷款。虽然本村没有温室，但是村民都掏了温室费每亩地17元。50%的村民付不起这一类的费用，反正每年贷款，第二年还款，然后又贷款。"

"生产方面，政府或干部们管农作物和义务工，一年有200天义务劳动，效果可想而知，希望政府在收入方面、看病方面、交通方面、教育方面进一步重视。"

"养殖的主要牲畜有牛、羊、毛驴、鸡、鸽子。养殖的方式是圈养。村里养殖专业户有3个，收入不错，村里鼓励农民从事养殖业。"

"本村的农牧产品进入市场很方便，产品销售的主要途径是自己到市场销售。感觉买卖是较公平的。如：买羊、买鸡，价格都比较合理。"

"生产上从银行贷款的近90%人，主要投资农业生产。贷款没有优惠政策，贷多少一般看耕地面积的多少。村里外出打工的大概有50~60人，男人较多，一般都在20~30岁左右，小学文化程度，汉语说得不怎么样。他们外出打工一般都是自己去找，干的基本上都是重体力活，如盖房、搬运工等，外出打工的收入比种地高一点。现在只要家里有人种地，其他人都希望去打工赚钱。我们希望最好能集体组织去打工。"

"本村有外来打工人员，人数不确定，主要是 9~11 月摘棉花的时候，一般都是女人。没有库车以外的地方来的，收入还可以，所以有些人每年都来。拾花工和村民的关系非常好。出去打工是否要履行一些行政手续我不太清楚，要是家里没有人耕地就不会出来打工。"

"村民中有 10 人左右到外地做买卖的，一般到乌鲁木齐，他们的收入不错。他们能够出去的原因是家里有人耕地，好多人出去赚钱后不会来了，这样本村的一些人也跟着他们出去赚钱了。不能出去的人很羡慕。"

"在村内开饭馆的有一家，有 5 个商店，跑运输的有一个，资金的来源是贷款，没有开工厂的。村民没有从事手工业制作（如织毯、织绸、织布、制陶、铁匠、木匠等等）的。"

"每年有 5~6 次各种农牧业生产技术的培训，乡里来人讲课，培训在村里的会议室进行。村民参与的热情非常高，效果也很明显。村里没有组织出外打工人员的培训，也没有农牧科技人员。乡里的农牧科技人员培训的时候来，其他时候不来，这些人一般都认识，县里或自治区的农牧科技人员也来过。希望科技人员经常来讲课。"

"2004 年格代库勒村人均纯收入达 3349.69 元，比上一年增加了 541.93 元，增长了 22.23%，人均纯收入增幅高于全疆。2006 年格代库勒村村民的人均纯收入则达到 3613 元，是比西巴格乡 15 个行政村中人均纯收入较高的一个村。"

附3 村里基本情况

访谈对象：卡哈尔·卡日（村长），巴哈尔·库尔班（副书记）

据村长介绍，村里有4个小组，共1029人（200户），其中48人（11户）是汉族。村民主要从事农业生产，林果业、畜牧业也有一点（五户养殖户），从全乡的经济收入来看，格代库勒村目前是全乡比较富裕的村，综合经济指数排在第8位。

附4 村里的文化生活

时间：2007年9月12日下午

地点：村委会办公室

访谈对象：阿帕尔·赛皮

访谈人：菲尔东

阿帕尔·赛皮，男，52岁，农民，四组，村里的文化积极分子。

据阿帕尔·赛皮介绍，情况如下：

1. 本村90年代初通电视。村里80%的村民有电视机。有些贫困户或残疾人，孤寡老人家没有电视机，主要是经济比较困难的人家没有。本村200户村民中大约100户有彩电，其他50户是黑白电视机，50户左右没有电视。大的主要是21英寸的，这样的少一点，其他的多是18英寸和14英寸的电视。

现在能收看两个维吾尔语台，库车县电视台，新和县电视台。村民主要是看库车县电视台维语台。喜欢看的节目有动画片、新闻（新闻联播）、农业节目、歌舞、电影、电视剧等节目。

2. 变化：

有了电视以后村民的文化程度提高了，开了眼界。对村民来说多了一种娱乐方式。对外界的了解更多了。了解了国外、国内、区内发达地区的变化。

看了这些节目后，村民受到很多启示，发展致富的决心更强了。

3. 能看电影的机会很少，一年一次。主要是科技、农业方面的片子。今年还没有看过故事片。村民还是喜欢看电影。有好看的电影来的人就多，不然就来的人少一点。村民喜欢的主要是战争片、武打片。

4. 村民喜欢看外国电影和电视剧。主要是巴基斯坦、印度、美国等国家的影片。

5. 村里订了报纸。有4种报纸。村民什么时候都可以来看报纸。村民中没有自己订报纸的。有拖拉机的农民每年都必须订《新疆农业机械化》杂志，都在看。

6. 村里看报纸的主要是村干部。对文化、社会事务、新闻比较感兴趣的人来村里看报纸。来看报纸的人多是男的。女人忙家务、农活，没时间来看。看报纸主要是年轻点的、文化程度高一点的人。村民比较喜欢看《法制日报》、《新疆经济报》等，喜欢看的栏目有法律、新闻、案件等。

7. 喜欢看书的人数不太多。村民喜欢看关于农业生产方面的书，农业机械化方面的书，还有小说。

有个部门捐给村里不少书，这些书对村民提高文化素质方面，提高农业生产技术方面有很大帮助。

村民在订报纸、买书方面有困难。农民都比较缺钱。有时想看的报纸没钱订，想看的书没钱买。

村民希望村里能订更多的报纸（种类应该多样），买更多的新书（农业科技、娱乐方面的）。

8. 村里在节日期间把民间艺人组织起来跳麦西莱甫、斗狗、拔河、打篮球、打羽毛球等。这些活动都是村委会组织的。活动的次数和质量村民还是比较满意的。

村民喜欢的主要娱乐活动是麦西来甫。因为是民间的娱乐活动，一直流传下来的。

叼羊、赛马活动 3 年前每年都组织。近三年来因为空地减少、改成耕地，村里无法组织这两项运动。

希望上级部门能在经济方面扶持这些文化活动。这样农村的文化建设发展的更快一些。组织的娱乐文化活动更加多一些，村民的文化生活会更加丰富多彩。

村里民间艺人有 15 个左右。主要是弹唱民间歌曲、跳舞的民间艺人。多数是 40 ~ 50 岁左右，最大的 70 岁。主要是男的。女的有 4 ~ 5 个。他们多数是在库车县文化馆学的。岁数大的都是向老艺人学的。他们目前没有专门收的徒弟。乡里、县里常来组织这方面的工作，对老艺人很关心。

乡里每年至少一次组织全乡各村艺人的汇演。一般在 3.8 妇女节期间组织。拔河比赛是各村之间进行的。

附5 医疗卫生

时间：2007 年 9 月 13 日

地点：村委会办公室

访谈对象：库尔班江，村医

访谈人：菲尔东

库尔班江，男，30岁，本村人，姐姐以前是本村村医（主要是打疫苗），他是从姐姐那儿学的。后来村里派去县防疫站学习一个半月，去阿克苏学习三个月。现在是村医。

据库尔班江介绍，情况如下：

1. 本村没有从事传统医术的人，以前就没有。村民以前有用蒸汽治病等方法。现在基本上没有用传统医疗方式治病的人。因为那样效果不明显，慢。都去医院治病。

2. 村里有医务室。医务室是2005年底设立的，现只有库尔班江一人。

一般可以治疗（以前是不治病的，去阿克苏培训回来后开始看病）轻一点的病，如感冒、咽喉疼、咳嗽、皮肤过敏等。用去阿克苏学的技术来治病、消炎。可以输液。针剂有的是病人自己带的，有的时候用医务室的针剂。

3. 乡卫生院可以治疗住院的病人，有35张病床。治疗各种疾病，不能做手术。一般病在门诊就可以处理。

乡和村医务室技术不太高。大一点的病还是要去库车县城治疗。

乡卫生院的医疗设备有氧气、牙科器械、B超（黑白）、X光机、听诊器、血压计。

村医务室有听诊器、血压计、体温表、称、量身高器。还有检查妇科病的床，小冰箱（存放疫苗），药柜。

参加新型合作医疗后村民去乡卫生院的人比以前多了。因为不去乡卫生院，直接去县医院就不能报销。

到村医务室来的人比较少。夏天少，冬天多一些。因为现在有合作医疗，村民基本上都去乡卫生院治疗。乡卫生院花费不是很高,药物都有固定价格,都有公示。

4. 乡、村医务部门不能治疗的(比如做手术)等疾病去县医院治疗。

5. 村里较常见的疾病是一些小病,如感冒、拉肚子等。本村没有特别严重的传染病。到现在发现的肺结核只有一例。

村医务室治疗费最多不超过 25 元。农民基本上可以承担。

6. 本村没有地方病、传染病。

防禽流感: 每年春季和其他固定时间乡农牧站派人下来打疫苗。

7. 本村实行合作医疗(85%)。是 2006 年 12 月 30 日开始实行。村民每人一年交 15 元,县里交 20 元。参加合作医疗的县医院报销 60%。现在生孩子也被纳入合作医疗里。参加合作医疗的 75 岁以上老人、独生子女或两个女儿的人也有一些优惠。

刚开始实行合作医疗,收参保费时有一些人还反对,后来看到好处后都想通了,愿意交了。合作医疗方面村民确实得到了实惠。

8. 实行合作医疗后农民没钱治病也可以去治病,可是手续比较繁多。

村民的生活水平还是比较低。合作医疗报销的项目还是不全,报销的也不多。门诊费不报。

能不能包括更多的治疗,报销的比例能不能提高一些。最好门诊费也可以报销。

9. 村里没有念咒、驱邪等治疗方式。

附6 宗教信仰情况

时间：2007年9月13日

地点：村委会办公室

访谈对象：塞买提卡日，助理伊玛目

访谈人：菲尔东

塞买提卡日，男，64岁，维吾尔族，小学文化，家有4口人，16亩地，是清真寺助理伊玛目，寺管会成员。塞买提卡日介绍：

"1. 本村在清真寺一天只做两次礼拜，早礼和晚礼。其他三次礼拜在家里或在田间干活的地方作。居马礼拜（星期五礼拜）在清真寺做。

早礼去清真寺的人有30~35人，晚礼去清真寺的人有8~10人，居马礼拜去清真寺的人有50人左右。封斋的人一般封30天，全村约30%的人封斋。塞买提卡日是从父亲那儿学的宗教知识，会念经。

2. 宗教在宣传做人、与人为善、教育子女、禁毒、防治艾滋病、不偷不赌等方面有很大作用。

3. 村里去麦加朝觐的人有7个，我是其中一个，我是2004年去的。朝觐回来后，村民对我的态度基本上没什么变化，村里的地位也没变，只是叫我"阿吉"。本村有两个私朝人员，是15年前去的。这两个人都已经去世了。近年来没有私朝的。有组织的去朝觐，在安全、住宿、吃饭、医疗、翻译、维护国家名誉、培训等方面优于私朝。我拥护有组织的朝觐。全村想去朝觐的人有5%左右。但是他们在年龄、经济状况等方面不符合条件。

4. 宗教人士在本村的威望很高。村里人对我的态度也好，听我的话，尊重我们。我们对村民也是很友善。

5. 村民主要是在家里有婚丧等大事的时候来找宗教人士帮忙。

6. 讲经：

按国家的宗教条例和上级下发的书来讲经。内容包括：做人为善、教育好子女、不做违法违纪的事儿、宗教信仰自由、学生和党员不能参加宗教活动、反对非法宗教活动、重视国家的政策法规等。结合宗教教义里的积极思想来引导群众。

7. 信教的好处：

（1）我们是穆斯林，所以必须要完成五功。

（2）信教的人不轻易走错路，不做违法的事、不赌不嫖、不喝酒，应做一个守法的人。

年轻人当中5%的人能做到宗教教义中的做人为善、不违法、不赌不嫖等要求。

8. 我没有给自己的孩子传授宗教知识，孩子也不想学。

9. 村里党员、干部中没有参加宗教活动的。因为政府规定党员、干部不能参加宗教活动，群众也理解。所以党员、干部在群众中还是有威望，群众听他们的话。

10. 宗教不能干涉教育、婚姻、政治。这是对的。因为国家的社会事务、婚姻、教育都是由法律来规范和管理的。在一个法制国家中宗教是无权管理这方面事务的。

11. 村民对国家的宗教政策、宗教管理是满意的。因为信教或不信教、做礼拜或不做礼拜都是自由的。谁也不强迫。

12. 村里信教群众在宗教政策和管理方面没有什么问题或困难。

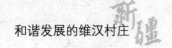

我个人有一个要求：我是助理伊玛目，没有生活费。每月为了清真寺的事务或去乡里开会我自己要花一些钱。能不能给一些生活费。"

附7 贫困户访谈，翻译：艾则孜。

访谈对象：托呼提·库尔班，男，维吾尔族，74岁，其老伴叫尼亚莎·努尔，现年55岁。有一个孙子12岁，在上四年级。家里有7亩地，种4亩棉花、3亩小麦。

托呼提·库尔班说："我第一个老婆和我有6个孩子，都分别成家了，老婆去世后，又娶了一个，即现在的老婆，孙子是从一岁由我开始养的，孙子的户口在我的户口上。"

"家里比较困难，原因是由于我年龄大，身体有病不能干活，每次都到17医院去治疗，治疗多次，每次都花去三四千元的钱，主要是心脏病，还有肺结核、心绞痛和胃病，这些病一下子也治不好。把钱也全花光了。"

"三年来把挣的钱都治病了，生活越来越不行了。今年以来，肉基本上没有吃过。去年乡里给了三袋子煤，一袋子大米（25公斤），一袋子面粉（25公斤），2公斤清油，我感到非常高兴，没有吃的时候，乡里帮助我们渡过了难关。我太高兴了。"

问："村上的富裕户、宗教人士有没有对你进行过帮助？"

答："没有。我在住院的时候，公社书记王治仑来慰问过我，拿的有方块糖、茶叶等。合作医疗乡里给报了60%，到县里治疗报50%，麻烦的是乡医院很难转到县医院，有一个女的在乡医院治疗，由于没有及时转院，治疗过程中死了。必须一级一级的转，直接到县上住院治疗没有经过乡医院的不给报销，危急的病、重的病直接到县上治疗他们不允许，必须通过他们转，否则不报。"

问："如何能脱贫?"

答："我自己说不来，我年龄大了，已经74岁了，干活不行了，脱贫的事情不好办，像年轻人一样干不了，害怕心脏病犯了，看后代怎么样，能否改变面貌只能靠他们。"

问："盖抗震安居房是否影响经济?"

答："必须要盖，没有办法，严重影响经济，我借了4000元买的砖，9月30日盖不起来，要给乡里交1000元的罚款。乡里过来数一数，看几户没有盖完，直接到村里罚款，村里再找我们，村民还以为是村里罚款的，实际上是乡里从村里直接把钱拿走了，乡里不直接找村民，而是直接找村里拿钱。"

问："目前需要得到什么样的帮助?"

答："已经两年没有吃过肉了，你们来找我们谈话，我们很高兴，我也不好意思，提什么要求。"

问："老了不能干活，子女管不管?"

答："多多少少也帮一些，经常离不了钱，一个儿子因搞饲料时手被机器切掉了，现在干不了活，也帮不了我。"

问："生孩子多了是否影响家庭经济?"

答："孩子小的时候有影响，孩子长大以后有好处。子女应该管老人，可是我一个儿子手断了，一个儿子生活过得也比较差，四个女儿都嫁人了，由她们的丈夫管着，过一段时间来看一看，帮不了什么大忙。"

问："村上困难户有多少?"

答:"总户220户,贫困户大概60户,有10个残疾人。其中有一个胳膊断了,有一个精神病,有一个腰断了之后腰上有钢板,把腿弄长了,一个是驼背,有一个女的瘫痪,两个月前他丈夫去世了,是因病瘫痪,有一个是胳膊细,有一个是拐子。"

附8 2007年9月13日,与格代库勒村清真寺买曾吾买尔·司马义访谈有关宗教信仰问题

访谈:何运龙 翻译:艾则孜。记录:陈琪

访谈对象:吾买尔·司马义,男,维吾尔族,现年63岁,家里有4口人,我和老婆、儿子、儿媳,其他分家了。住的地方离那几户汉族人家很近。家里有16.7亩地,3亩小麦、2亩果园、12亩棉花,家里总收入7000~8000元,银行贷款10000元,是给儿子娶媳妇、种地花了。

问:"你对宗教信仰知道些什么?"

答:"我只知道一点点,不懂经文,爹妈没让上学,不认识字,没有读过书,知道一点也是听老人说的。"

问:"宗教信仰是否自由?"

答:"有自由,我没有朝觐过,想不想去?我不想去。"

问:"清真寺去的人多不多?"

答:"我是买曾(玛津,又称宣礼员)早晨鸡叫头遍我就起来到清真寺进行宣礼。"

问:"村上有没有其他想去朝觐的?"

答:"有两个人,有想去朝觐的愿望,朝觐要花很多钱,要给孩子娶媳妇,共产党员不允许,《古兰经》里也不

允许在贫穷的情况下去朝觐。"

问："封斋开始了没有？"

答："开始了，封斋的人多不多？我说不上，我没有调查，我是光明正大的人，我是清真寺的买曾，都没有封斋，我相信好有好报，恶有恶报，来不来清真寺，信不信教是个人的自由。去年一个汉族同志说，种地缺钱，给我说了之后，我借给他1000元，秋后他把棉花买了就还了。我吃什么菜给他说一声，他们就给我送过来，。有一次我的儿子有病，在汉族医生那里治疗时因没有钱，但是汉族医生却把病给治好了。我很感谢他。"

"汉族和维（吾尔）族的关系会越来越好，他们和我们亲如兄弟。乡卫生院来人要把汉族医生赶走，我们不同意，这个医生很受欢迎，乡周围的人也在他这儿看病，他看病的技术比较高，乡卫生院的技术不行，头痛开的是别的药，看病还要挂号排队，路又远，很不方便，所以我们都愿意到村上汉族医生那里去看病。"

问："村里有没有强迫群众信教的事情？"

答："我们的哈提甫是爱国主义者，没有强迫群众信教的事情，县里批准他带三个塔里甫，有宗教资格合格证的才有工资，我没有，清真寺打扫卫生跑前跑后的我愿意干。"

问："村民对目前的宗教政策是否满意？"

答："能正确对待，正确认识。"

问："村上懂经文的人多不多？"

答："有两个卡日（会背《古兰经》，但翻译不出意思）。"

问："党员干部信教的有没有？"

答："没有，学生娃娃也不去，来了我们都不让进去。我的孩子学了一些经文，但上面不让学之后我就马上制止了，再没有学。等、要、靠的思想不能有，《古兰经》上都要求人们要勤劳致富，我是清真寺的买曾，但地里的活我照样干，不能等别人。"

问："做五次乃玛孜的人多不多？"

答："做两次的人多，做五次的人少，我们是农民，都要干活呢，哪里有时间作五次乃玛孜。"

附9　2007年9月16日，星期日，上午，与格代库勒村一组的裁缝访谈

访谈对象：米可日古丽，女，维吾尔族，现年42岁，初中毕业，有残疾（小儿麻痹后遗症），家里有三口人，自己、老公、一个女儿。自己会汉语。1982年在库车巴扎学的裁缝。

问："这些衣服都是你设计制作的吗？"

答："是的。"

问："你设计制作这些衣服购买的人多不多，主要是格代库勒村的人、科克提坎村的人，还有库车县我父母的单位的人知道我做民族服饰比较好，比较受欢迎，还来定做我的服饰呢？"

答："所制作的主要民族服饰，其他的大众服饰主要是照书上的款式来做，有民族服饰的套装、半大衣、皮装、棉装等。"

问："你制作的服饰有没有到库车巴扎去出售？"

答："没有。因为我腿不好，没有徒弟，我离不开，所以都是别人到我这里来购买服饰，基本上都是邻居，周围县乡村的群众，我母亲是库车县人民医院的，我父亲是库

车县兽医站的，所以我小的时候都是与汉族同志在一起，所以我会汉语。"

问："现在的民族服饰与过去的民族服饰有什么变化？"

答："有一些，以前的是艾迪莱丝，有像朝鲜服装那样的胸卡、腰卡，现在的衣服领子没有了，卡胸卡腰的少了，料子也都是新颖的。

问："你做的衣服是新款的销得多。

答：还是老款的销得多。"

"新款销得多，销售对象年轻的有，老年的也多，现在的许多裁缝不会做老年人的衣服，周围几个村的老人的衣服基本上都是我给做的，到我这订做。"

问："你做衣服工商税务管不管？"

答："工商税务如果在城里开店，管的，在这里不管。"

问："你行动不方便，村、队、乡干部关心多不多？"

答："关怀和慰问没有，和其他村上农民一样，没有什么特别关照。"

问："你是城镇户口还是农村户口？"

答："我的户口在城上，是库车县城的，我们城里没有房子，老头子是乌什县的，没有在村上，户口都在县上，我爸爸退休时，村上说是五区的，让在这里盖房子休息，村上给了2亩地，盖的房子，我爸爸是老干部，参加过长征。后在畜牧局工作，离休了领3个月工资。我爸爸85岁了，非常愿意做好事。"

问："你参加村上的活动不？"

答："不参加，因我的腿不方便，村上的干部也不叫我们参加，我们在这里安居乐业。"

问："你自己感觉村上村民和干部的关系如何？"

答："亚克西（很好），我在这里从事缝纫工作，很少到外面去，我爸爸要求我们把自己的事情管好，不要参加外面的一些乱七八糟的事情。格代库勒村有一些汉族，我们也不分汉族、回族、维吾尔族，都一视同仁、友好往来。我爸爸单位上的汉族同志对我们非常关心，我的腿是小儿麻痹后遗症。给我办了一个残疾证。我得到了村民的关心。"

问："我在这个村住了有两年了，周围的社会治安很好。"

问："有无重大案件？"

答："有几件事：一是有一个男的调戏一个女的，把女的打成了精神病，内部处理了，没有被判刑。已有6~7年了。二是有一个酒后开摩托，撞了拖拉机，虽然抢救过来了，但成了植物人。三是有一次有人请喝酒，不喝就打人，把我丈夫也打了一顿。四是原来赌博、吸麻烟的人多，后来集中整治之后，局面改变了，没时间闲着了。五是村上干部一般不说实话。村干部有后台，有靠山。村书记的妹夫打了一个人，（因喝酒）无缘无故把人打伤住院花了2000多元，受害人要到法院起诉，但是经过调解，给了2000元就完事了。派出所也让内部处理（被打的人是我的一个亲戚）。他们说我们的工作是打击村霸、乡霸，如果这样的情况怎么能是平安村呢？我们把事情反映之后，没有人来了解。打人的人说得很清楚，就说是有仇要打，但我的亲戚与打人的人并没有什么仇，我的亲戚非常勤快，通过种地致富，并且还经常帮助别人。六是打我丈夫的人被拖拉机撞成了重伤。我的父亲教育我们不要越级上告。"

附10　2007年9月12日，关于婚姻习俗

访谈对象：吾守尔·巴斯提，男，维吾尔族，70岁，没上学但识字，自学小学二年级

家里有6口人，4个劳动力，种46亩地。

以下据吾守尔·巴斯提口述：

（一）婚事习俗

男人一般22~23岁娶妻，女孩18岁满了以后出嫁，18岁以下结婚的没有，最大的女孩20多岁没结婚的也有，男子30多岁没结婚的也有。这些人该找对象不找，错过了时间，谁也不要，谁也不嫁，这主要是个人原因，有的人有钱，不注意言行，娶不上老婆。没有终身未婚的人。

大龄未婚人具体数量不太清楚，一两个总有。

儿子满20岁考虑要结婚，女儿18岁做好出嫁准备。

男女双方自由恋爱为主，男女双方心中有意后，男方父母的姐姐、哥哥、嫂子转告女方家里，送聘礼，说儿女长大了，可以组成一个家庭，只要儿女同意，政策法律允许，父母也没有想不通的。

村里男女也有结婚娶外村的女孩，也有女孩嫁给外村、外乡城区的。男的也是一样，只要有缘分，自由恋爱的就行。库车、沙雅、新和、拜城的女孩都有嫁到这里的，女孩出嫁也是一样的范围。三代以内亲戚不能结婚，不然生育残缺儿女，没有近亲通婚的。

男方和女方择偶要求：文化程度较高想找文化层次一样的，老师找老师，男的一定找比自己小的。

男方理想老婆：会做饭，孝顺父母，各方面比较好的。

女方理想丈夫：考虑父母好，家庭富裕。

女儿出嫁嫁妆 5000 元，女方父母给男方父母买服装、饮料、食物、鞋子、被褥、床单。

男方彩礼一般 15000 元，包括金三项（金耳环、项链、戒指），服装。

男方有最多有出两三万元的。

男孩出彩礼少，女方家里会看不起他，但这种情况只占 10%，协商为主。

几乎没有不领结婚证就生活在一起的人，有也占不到 1%，具体的人他不知道。

领结婚证不请客的情形也是有的。

居住情况：

如果家里只有一个儿子就和父母住，有两个儿子，老大结婚后就分家过，小儿子就跟父母住，小儿子是继承人。

村里有两三户上门女婿，女方的生活条件比较好，没有劳力，女婿就去女方家，还有女方父母都有病残，无劳力，招个女婿进来当儿子，结婚过程基本上和正常一样，比如说家里儿子多，住到女方家从事生产，这样的女婿外地、本地都有，维持自己的生活，从事一般劳动。

村里人都会开女婿的玩笑，说他是嫁给女人的人，女婿不生气，但不好意思，女婿在女方家里地位一样，吃住不干活，人不说。

男方父母同意把儿子做别人的女婿，保持与家里关系正常，男方父母也会把本村女孩嫁外村，但是不给分土地，和男方一起种地，女孩的地留在本村由父母种。

娶来的媳妇也不分地。

本村对此没有意见，地不够可以租地种。

本村没有试婚的，别的村有，听说过，在今后 20～30 岁以内，各民族试婚的情况较多，维吾尔族和汉族关系很好，越来越好，民族团结万岁。

村里的婚姻比较稳定，离婚的人很少。

一家男女一心一意，诚心诚意，家里繁荣昌盛。

男女离心离意，就会有矛盾。

男方品质好，女方也好，就不会离婚。

人品好的男人只娶一次老婆，品质好的女人一般嫁一个男人，不会离婚。道德观念决定，素质差男人多娶多离，女人也一样。

离婚后一人一个子女，或有人提出全养的也行。

两人结婚十年要离，调解干部（村干部调解不成，民政干事再调解），会把 60% 财产分给女方，女方有优势。

房子一般归男方，女方把东西带走，回娘家，娘家也没办法，很不高兴，在娘家干活、生活。

男人死老婆后，找第二老婆不好找，嫁给他的女人可能会担心他会不会死。

女人死丈夫的再找也不容易，"人是好女人，老公不会死"。

离婚和丧偶的再婚过程差不多。

本村有婚前性行为，很少有未领结婚证睡觉的，这样的小伙子和姑娘都会被视为人品低，影响坏，别人不愿到他们家，当事人家里在村里人眼里没有威信，女方的哥弟会找男方的麻烦，会教育女方不要这样做。

人死后，子女传噩耗，通知别人，村里的男女老少都来参加乃麻孜，表示悲痛心情。在死者父母墓地旁边挖好墓坑，埋之前把死者送到清真寺，做五次乃麻孜，信教群众在村里的五次都去。

人死了伊玛目要净身，若死者为女性，由伊玛目妻子净身，用棉布裹，然后用毡子裹，放在灵柩里，把他生前喜欢的花帽放在灵柩的前部挂着，灵柩上锁藻毯，送到清真寺（时间，头天死，第二天做巴木达提乃麻孜之前送到）。伊玛目带领信教群众念经，会的背，不会的模仿，他时间有五分钟。新疆下午三点乃麻孜再念经，乃麻孜做完送到墓地埋葬。挖的坑要大一点，不要碰着头、脚，埋葬完，伊麻目再念一遍经就结束了。然后三天村上男女老少都来乃麻葬礼一般花 2500 元。

（二）本村的家庭

爸爸、妈妈、儿子、儿媳在一起生活，没分家的多。

孩子多的家就要分家，最后小儿子和父母住，老大儿子和小儿子结婚没地方住，他就分家另过。

其他儿子对没一起住的父母要养，有病大家一起伺候。

村里有父母年老了没人养的情况，这种情况现在还逐渐多了，一个父母可以养十个子女，十个子女长大后也养不活两个老人，村民都说这些子女，说他们不是正当男子汉，不是人，父母从小把他们养大，现在倒不管父母了。

家庭的户主一般是男的，也有女性当户主（丈夫死的）。

户主的权利：

在生产劳动中他和老婆一起干，老婆做饭洗碗，男的干些小事，如劈柴、挑水。

一般家庭关系处理得好，户主能控制家庭，负责家庭一切事务，结婚时间长了，公公婆婆不进儿子媳妇的房子。

媳妇在公婆面前注意礼仪，穿戴要整齐，坐得要有规矩，不能翘二郎腿，双腿并拢。

一般来说，妇女在家里都服从男的。

在重大事情上，男女双方商量，意见分歧通过商量统一意见，最后还是听男的。

（三）本村生活习惯

主要吃面，米饭吃得不多，节日时吃米多一些。牛羊肉、鸡肉，苹果、橘子、葡萄，一天三顿饭，都有蔬菜吃，冬天夏天一样。瓜果夏天吃得多，冬天在巴扎上买着吃。

一年四季，一家人都吃肉奶，穷一点的人没有，但是过节时每户都有。村民的生活状况有差距，各家各户情况不一样。

村里原先有食堂，现在没有（今年没有了），棉花收了以后，村民有钱了食堂就开。有人从县上买馕到这卖，村民买的少，主要是单干户买。

村民很少到裁缝那里做衣服，几年全部到街上买，，内衣外衣都是街上买，现在服装便宜。

老人喜欢穿传统民族服装，年轻的喜欢穿时装。

附11 2007年9月13日，对村干部的访谈

亚森书记介绍：

乡里工作任务多，对农民有负担，农民对村干部有意见，20%～30%的村民对村干部有意见。

干群关系比以前好，因为生产、生活上都与农民协商。

工作比以前要难，以前，任务是指导性的，现在是指令性的硬任务。

如：植树不按时植，一亩地罚100元。抗震房：9月30日前建55家，少建1间房罚1000元。

一亩种两行有3000亩地，200个人4～5天内种完。林果业工作最难，主要是红枣，前几年是杏子。

农民对国家政策关心，而村里的土政策、规定有差别，希望按国家政策执行。村民希望修水渠、桥梁、道路、排碱渠，不想种红枣，认为风险大。

挖排碱渠村里不能解决，种红枣是硬任务，必须执行。

对义务工意见大，工作量大，电视上其他村有报酬，这里没有。有的执行不下去，罚村民钱，他们也没钱。

去年10月份，种红枣树，每亩地收300元苗子钱，今年2月，见有些地不适合种，只种了100亩，把剩下的苗子让给其他村，村民签名同意，钱一直没退。500亩地已挖好，没种红枣，也没退钱。

今年，10户汉族农民带头把村长告到县里去了，县里让村长把人拉回来，在路上请他们吃饭，一直也未解决。

农民希望用水费抵销，乡里让村上收水费，村干部夹在中间很难做人。

党组织主要任务培养党员，政治学习，而现在经济等都要管，和村委会一起抓，与农民打交道较多，农民有意见，党组织威望降低，党组织对农民做的好事很多，但农民只记得硬性规定。

农民觉得自己买的东西好，村里给买的再好也不用，放到车库。上面有任务，村民又不用，村干部夹在中间很难。

希望村支部退后，村委会在前，但上级检查都找党支部，不找村长，找书记。

希望政治上的问题问书记，经济上的问题问村委会，个人的问题（待遇）没有时间讨论。

如计划生育：流动人口教育，给妇女主任安排后，因行政工作多，没时间问工作的完成情况。

近来六七年，机械化程度提高，除摘棉花以外，都是机械化作业，从种红枣以来，红枣间种小麦、玉米，无法机械化，市场上有小型机械，但村里的农民都没钱买。

以前提倡依法治国，和谐社会，人性化管理，小偷小摸的事就没有了。"新农村"范围广，现在搞抗震安居房、道路建设，环境卫生等。安居房去年已建42户，今年任务是建成55户。

附12 与三老人员的座谈：9月13日 上午，于核桃树下

访谈对象：加马力·巴斯提，79岁，男、维，有7个孩子，4男3女，5口人，夫妻俩，儿子、儿媳、1个孙子，现和最小的儿子住。

加马力·巴斯提说："1954年小学毕业，1956年当格达库勒村合作社的会计。1963~1993年当村党支部书记。1993年退休。"

"1964~1966年在社会主义教育运动中，虽然是会计，也挨整了，但没查出什么问题。社教时，别的村长等都有贪污，他没问题。"

"以前大队书记是女的，女的不当了，他开始当大队书记，说实话，现在很多事想不通。"

"现在村里5个三老人员，村里人尊重，村民有问题也找他们商量，村委会解决不了的也找他们，发挥他们的影响力。"

"如：去年村里提出土壤盐碱地的意见是在三老人员的建议下提出的，每年给1000元补助，乡里人不认识他们，

没有优待措施，也没慰问。村里过节慰问，1993年退休时，答应给400元/年，我不要钱要4亩地，不收费用。补助虽然不够，但也认为党是伟大的，家里人也感谢党。"

"村民也说我们辛苦工作，收入不如伊玛目。作为穆斯林，库尔拜节时也做乃玛孜，过年、过节，不参加也不好。"

"自己没什么困难，比以前生活好多了，有伟大的党。村里许多贫困户让人心酸，他们也不说自己有困难。"

"以前这儿有个美丽的湖，叫"古扎丽库勒"，顺口后称作"格代库勒"。最早这个村本来是一个湖，湖的周围有5户人家，1956年全村250人，现在1035人，这十几户是1962年迁来的，那些汉族同胞也很辛苦。"

"干群关系不错，我见了干部让他们不要贪污，村民很穷。近年来，有退步的趋势，主要原因干部也要执行上面决定，各种各样的税太多。村民告状，乡里人不听，又去县里告，有的解决了，有的没解决。村里有村规民约，今天就拿了一份遵守法律的文件。挺多的，经常发。中央的政策很对，但到下面落实不下去。"

"干部重视治安情况，有些事情让人反感。如：退耕还林，给每个农民补10元钱，还扣2元。一般是斗殴、小偷小摸，他们就报派出所，我认为应该教育教育。村民不听治安干部的话，他们心虚，直接让派出所抓。共产党特别正确，但到下面50%执行不了。"

"村里出现的问题有时找调解委员会调解，太大的事去法院。村民也找我们调解，也找伊玛目，调解委员会说不要搞危害稳定的事，打架斗殴也调解。"

"本村有赌博，较多，吸毒不知道，村干部亲戚赌博多，影响大。法律执行对村干部的执行与别人不同，偷盗有点减少，打架斗殴也有，不多。家庭纠分不多。很多村民反对赌博。"

关于多民族关系：

"1962 年时，我们用毛驴车把他们（汉族）迁过来，有人结婚互相去，不论是哪个民族。我也有个汉族朋友。他叫郝功明，去年去世了，他的孩子想回伊犁，我去劝他们：'你的爸爸灵魂在这"，后来他们没走。'"

"村里的汉族和维吾尔族居住在一起，是他们要求住在一起，虽然习俗不同，但是关系很好。生产劳动时合作得很好。想种地，要什么生产工具，互相借用。过节，汉族也来参加，结婚也去，过年时让一个维吾尔族妇女带上自己的锅碗去吃饭。汉族备花生、大豆酒。村干部选举都坐在一起，村里有个党员是汉族。汉族小孩去机关农场上学。这里的汉族大人、小孩都会维吾尔语，会汉语的只有七八个维吾尔族。村里推荐 3 个汉族孩子到机关农场当老师。具体的不用说，"

附13　访谈对象：帕提古丽（女，维吾尔族，25 岁）妇女干部

问："请你说说本村妇女的节育年龄及节育方式？计划内和计划外生育的状况？节育人数及避孕率？计划生育经费的投入？奖惩政策及实施的情况？"

答："主要以带环为主；乡里每三个月检查一次；村里每一个月检查一次；计划外没有生育的；108 人采取节育措施；节育年龄为满 19 岁；节育方式 17 人药物避孕，4 人做

手术，3人停经，3人单身（伴侣去世），6人不孕。计划生育经费比任何其他经费都多；每年村里的投入一般在5000多元；一般在每年的三八妇女节给予最少30元的物质奖励。"

问："离婚后子女、财产如何分配？离婚女性的去向、地位如何？"

答："一般谁有扶养孩子的能力就给谁；离婚女性一般都回娘家；我就是离婚的，也没有人看不起我。"

附14　关于学校教育的访谈

访谈对象：乌斯曼·托乎提（男，维吾尔族，56岁）

问："规模（学生数量及来源）、教学设施（教室、桌椅、图书、远程教育设施等）、师资情况（数量、年龄、专业、工资及收入水平、代课教师等）、教学语言、管理、教学质量、经费、存在的问题？"

答："学校的学生主要来自本村；有212名学生；74名学生是双语班的；教学设施（教室、桌椅、图书、远程教育设施等）较齐全、有14名职工、11名老师，男老师9名、女老师2名，3个工人编制；专业老师非常短缺（数学、汉语、体育、文艺）；没有代课老师；以维吾尔语授课为主。

意见：（1）专业老师严重短缺，体育器材都没有，没有化验室。（2）村里上初中的学生得走12公里路，希望政府重视这个问题。（3）一方面师资力量严重短缺，另一方面没有编制。（4）希望教师队伍年轻化。（5）老师用在教学备课上的时间不多，大部分时间用在填表格上，现在教育局让老师填的表格有42种，9月份开始填到第二年的9月份，年年都填（3年以来）。（6）教师的培训费用自己出，由教育局安排，不管老师愿不愿意强迫性地安排他们学习。上面给学校的钱教育局压下来不给学校。"

问："村里有学校吗？孩子们一般在哪儿上学（小学、中学、高中）？学校距家有多远？学生住校吗？"

答："本村没有学校，和别的村合校；只有小学，本来去年有初中，但是因为师资力量短缺今年就没有办起来；学生上小学一般都到本校上学；没有住校的；家住得都比较近。"

问："一般孩子们上学要多少钱（小学、中学、高中、中专、大学）？家庭负担重吗？上哪类学校负担重？如何解决学费问题？举例说明。"

答："免费上学；家庭负担非常重；医学类学校的学费高上不起；学费一方面靠奖学金，另一方面贷款；初中毕业后一般都不想上学，因为毕业后不能马上就业。"

问："村民享受政府对中小学的学杂费、书本费的减免政策是哪一年开始的？现在中小学生上学还交钱吗？为什么交？一年交多少？家庭承担的了吗？"

答："2003年开始的；不交钱。"

问："村民希望自己的孩子上学吗？为什么？孩子们喜欢上学吗？为什么（可和上学的孩子随意交谈）？失学、辍学的数量？原因？"

答："一般孩子初中毕业后父母就不让他们继续上学；原因是毕业后不能就业；孩子们希望上学，觉得上学是唯一的出路；上高中后失学的、辍学的很多，10%~20%都会失学；原因一方面经济条件不允许（因为高中在县里上，交通、吃饭等都得花钱），另一方面到县里不适应、学习跟不上，因此本人也不愿意上学）；一般上高中的几乎都是村干部的孩子，因为他们不上学回来也不会有地种。"

问："幼儿教育情况（场所、教师、入托数量、教育方式和效果、双语教学情况等）？"

答："没有幼儿园。"

问："希望孩子们上几年学？希望他们上大学吗？希望或不希望的原因？"

答："村民认为九年义务教育完了就可以了；希望孩子们上大学，但是由于经济方面还有毕业后不能就业的原因，不让他们上大学。"

问："对学校教育的质量如何评价？老师的教学态度是否认真？"

答："教育质量还可以；老师的教学态度也比较认真。"

问："本村有上汉语学校的少数民族孩子吗？大致有多少？为什么要上汉校或上民校？进汉校容易吗？这些孩子的成绩如何？汉语程度怎样？老师的汉语程度怎样？愿意孩子们在学校学汉语吗？为什么？"

答："本村上汉语学校的学生有10人左右；上汉语学校的主要原因是，现代社会不懂汉语寸步难行，而且上汉语学校毕业后找工作较容易；进校比较难；这些孩子的成绩非常好；汉语程度比我们想象的好得多；老师的汉语水平只能说还可以；村民非常愿意让孩子们上汉语学校；现在让孩子上双语班的家长较多。"

问："村里有毕业后没有找上工作，又回村的大中专毕业生吗？有几个？村民对此怎么看？"

答："有 10 人左右；村民觉得让孩子上大学没有用。"

问："（返乡的大中专毕业生）求学经过？上学期间的家庭开支？求职情况？"

答："大部分是高考后上大学的；一个孩子上学到毕业一般花 4 万元左右；单位录取时汉族学生录取的多，少数民族学生录取的少；男的录取的多，女的录取的少。"

附录二　比西巴格乡第一批党的民族宗教法规学习教育活动工作总结报告

比西巴格乡学习党的民族宗教政策、法规学习教育领导小组，根据县委、学习党的民族宗教法规学习教育领导小组的安排，高度重视学习党的民族宗教法规学习教育活动，加强学习教育活动领导力度，为了全面落实党的民族宗教法规，健全宗教事务管理体系，进一步加强对广大干部群众的宣传教育，全面提高各族人民群众对党的民族宗教政策的认识，保证我乡社会经济和各项社会事业的又好又快发展，在第一批党的民族宗教政策、法规学习教育活动中，做了以下几个方面的工作：

1. 为了保证学教活动效果，切实加强了学习教育活动领导力度。

为了深入开展学习党的民族宗教政策、法规学习教育活动，保证学习效果，乡党委高度重视学习教育活动，在2007年6月5日专门开党委会议，讨论研究了以成立了比西巴格乡党的民族宗教政策、法规学习教育活动领导小组为内容的专题会议。通过会议研、究决定成立乡党委书记为组长的17个人组成的比西巴格乡党的民族宗教法规学习教育领导小组，领导小组下设办公室，落实办公室专职人员。切实保障了学习教育活动的顺利开展。

2. 大力宣传党的民族宗教政策、法规学习教育活动。

比西巴格乡党的民族宗教法规学习教育活动领导小组，为了扩大学习教育活动覆盖面，2007 年 6 月 7 日召开了比西巴格乡第一批党的民族宗教法规学习教育动员大会。这次动员大会共参加了乡领导，机关站所干部，各村党支部书记、村长和各学校负责人等 158 人。在动员大会上乡党委副书记、乡长专门作了动员讲话，安排部署了学习教育活动的具体工作。乡党委书记在如何深入开展学习党的民族宗教政策学习教育活动方面提出了几点要求。同时，确定第一批党的民族宗教政策学习对象，学习对象共84 人。通过动员大会，进一步提高了我乡广大干部群众对党的民族宗教政策的认识，切实确保了学习教育活动的顺利开展。

3. 加大了学习教育活动宣传力度。

为了加大学习教育活动的宣传力度，在机关、各站所共挂横幅 3 个，张贴宣传标语 120 张。另外乡广播站每天上午 30 分钟和下午 30 分钟播党的民族宗教政策、法规广播宣传。另外，举办以党的民族宗教政策为内容的黑板报比赛，加大了学习教育活动的力度。

4. 有关党的民族宗教政策、法规学习资料发给每个学员，确保了学习效果。

学习资料是开展学习教育活动的保障。因此，乡学习党的民族宗教政策领导小组高度重视此项工作，为了确保学习效果，购买"五观四认同"、"辉煌新疆"、认清"伊斯兰解放党"反动本质、"阿克苏地区民族宗教政策学习材料"等 500 多份学习资料，有关党的民族宗教政策法规的学习资料发给每个学员，切实确保了学习效果。

5. 加大了集中学习力度。

乡学习教育领导小组专门制定学习操作表。为了确保各阶段的学习效果，确定每周三下午和周五下午为集中学习日，确定负责领导和授课领导，确保了把活动按学习操作表来进行。授课老师都是由副科级领导组成。在学习过程中要求每个学员撰写5000字以上的学习笔记、1500字以上的形势报告、1500字以上的心得体会，为了测试学员掌握党的民族宗教政策的水平，6月15日和7月26日举办了两次以党的民族宗教政策为内容的专门考试。

6. 抓好了对照检查、整改提高工作。

在学习的基础上，"乡学教办"为了提高干部职工对党的民族宗教政策的认识，找出自身存在的差距，组织了学员对照检查、整改提高的活动。在对照检查、整改提高活动中每个学员认真找出自身存在的差距和问题并在此基础上写出3000字以上的剖析材料和整改措施。该项措施进一步提高了干部职工对党的民族宗教政策的认识。比西巴格乡第一批党的民族宗教政策学习教育活动领导小组办公室，在第一批党的民族宗教政策法规学习教育活动中做了上述一系列工作，全面提高了我乡各族干部群众对党的民族宗教政策的认识。

社会科学文献出版社网站

www.ssap.com.cn

1. 查询最新图书　　2. 分类查询各学科图书
3. 查询新闻发布会、学术研讨会的相关消息
4. 注册会员，网上购书，分享交流

　　本社网站是一个分享、互动交流的平台，"读者服务"、"作者服务"、"经销商专区"、"图书馆服务"和"网上直播"等为广大读者、作者、经销、馆配商和媒体提供了最充分的互动交流空间。

　　"读者俱乐部"实行会员制管理，不同级别会员享受不同的购书优惠（最低7.5折），会员购书同时还享受积分赠送、购书免邮费等待遇。"读者俱乐部"将不定期从注册的会员或者反馈信息的读者中抽出一部分幸运读者，免费赠送我社出版的新书或者数字出版物等产品。

　　"网上书城"拥有纸书、电子书、光盘和数据库等多种形式的产品，为受众提供最权威、最全面的产品出版信息。书城不定期推出部分特惠产品。

咨询／邮购电话：010-59367028　　邮箱：duzhe@ssap.cn

网站支持（销售）联系电话：010-59367070　　QQ：1265056568　　邮箱：service@ssap.cn

邮购地址：北京市西城区北三环中路甲29号院3号楼华龙大厦　社科文献出版社　学术传播中心

邮编：100029

银行户名：社会科学文献出版社发行部　开户银行：中国工商银行北京北太平庄支行　账号：0200010009200367306

图书在版编目（CIP）数据

和谐发展的维汉村庄：新疆库车县比西巴格乡格代
库勒村调查报告／古丽燕，陈琪著.—北京：社会科
学文献出版社，2012.6
（当代中国边疆·民族地区典型百村调查. 新疆卷.
第2辑）
ISBN 978 – 7 – 5097 – 3210 – 6

Ⅰ.①和… Ⅱ.①古…②陈… Ⅲ.①农村调查—调
查报告—库车县 Ⅳ.①D668

中国版本图书馆 CIP 数据核字（2012）第 048413 号

当代中国边疆·民族地区典型百村调查：新疆卷（第二辑）

和谐发展的维汉村庄

———新疆库车县比西巴格乡格代库勒村调查报告

著　　者／古丽燕　陈　琪

出 版 人／谢寿光
出 版 者／社会科学文献出版社
地　　址／北京市西城区北三环中路甲 29 号院 3 号楼华龙大厦
邮政编码／100029

责任部门／人文分社（010）59367125　　　　责任编辑／孙以年
电子信箱／renwen@ ssap. cn　　　　　　　　责任校对／王红杰
项目统筹／宋月华　范　迎　　　　　　　　 责任印制／岳　阳
总 经 销／社会科学文献出版社发行部（010）59367081　59367089
读者服务／读者服务中心（010）59367028

印　　装／北京季蜂印刷有限公司
开　　本／889mm×1194mm　1/32　　　　本册印张／9.625
版　　次／2012 年 6 月第 1 版　　　　　　 本册插图／0.125
印　　次／2012 年 6 月第 1 次印刷　　　　 本册字数／212 千字
书　　号／ISBN 978 – 7 – 5097 – 3210 – 6
定　　价／196.00 元（共 4 册）